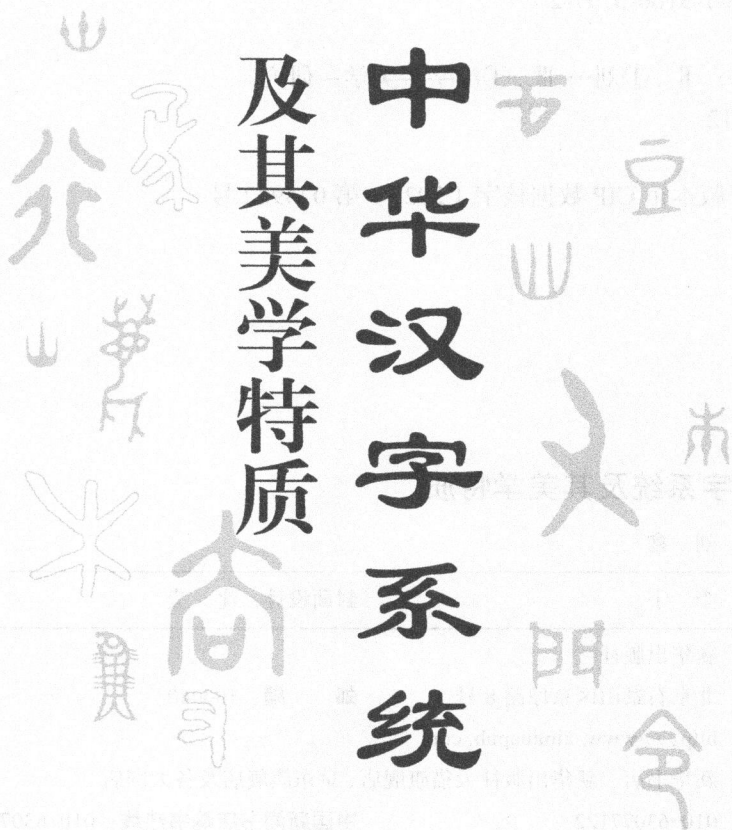

中华汉字系统及其美学特质

刘 鑫／著

新华出版社

图书在版编目（CIP）数据

中华汉字系统及其美学特质 / 刘鑫著 .
-- 北京：新华出版社，2023.4
ISBN 978-7-5166-6797-2

Ⅰ . ①中… Ⅱ . ①刘… Ⅲ . ①汉字—美学—研究
Ⅳ . ① H12

中国国家版本馆 CIP 数据核字（2023）第 074982 号

中华汉字系统及其美学特质

作　　者：刘　鑫	
责任编辑：李　宇	封面设计：沈　莹
出版发行：新华出版社	
地　　址：北京石景山区京原路 8 号	邮　　编：100040
网　　址：http：//www.xinhuapub.com	
经　　销：新华书店、新华出版社天猫旗舰店、京东旗舰店及各大网店	
购书热线：010-63077122	中国新闻书店购书热线：010-63072012
照　　排：守正文化	
印　　刷：天津和萱印刷有限公司	
成品尺寸：170mm×240mm　1/16	
印　　张：12.5	字　　数：221 千字
版　　次：2024 年 1 月第一版	印　　次：2024 年 1 月第一次印刷
书　　号：ISBN 978-7-5166-6797-2	
定　　价：72.00 元	

作者简介

刘　鑫　副教授，硕士生导师，延安大学汉字研究中心执行主任。中华美学学会马克思主义美学专业委员会会员，陕西省喜剧美学研究会秘书长，延安市文艺评论家协会副主席兼秘书长。主要从事汉字美学、马克思主义美学研究。主持或参与各类重要科研课题 16 项，在国内期刊及学术会议上发表论文 30 余篇。曾荣获陕西省教学成果二等奖（2019）、陕西省研究生教育成果二等奖（2021）、延安市十大社科成果奖（2021）。

序

开启汉字研究新篇章

梁相斌

这些年中国经济飞速发展，全球资本主义体系危机加剧，"汉字出现"成为全球商业文化传播的聚焦点，也成为汇聚中外学术前沿思想的时代强音。以此，如何赓续中华汉字发展的审美文化史传统，进而在文化全球化视野下创新汉字形态学及其教育实践路径，愈发成为汉字研究者的学术任务，成为中国学界的时代使命。汉字研究是一项繁杂而艰巨的学术工作，汉字形态学的研究更是一种"冷门绝学"，然而互联网时代为汉字研究提供了无与伦比的资料信息和学术交流的重要平台。各种关于汉字形态演化的电子文献通过互联网传播，为汉字形态研究提供了图文并茂的演示信息，这使得汉字研究的思考方式比以往历史上任何时候都更直观，也使得汉字研究成果产出的学术周期大大缩短，这是汉字研究正在从"冷门"趋于"显学"的技术因素；当然，互联网上的汉字研究成果及传播信息错杂纷繁，关于汉字演化的一些视频信息直观却并不精确，汉字史"资料"丰富却不易于知识产权界定。正因为如此，无论是汉字研究史的文献整理，还是汉字学研究，都需要学界同仁不断探索并总结出具有时代特征和中国特色的汉字研究经验。

肩负新时代汉字研究使命，基于汉字学发展、汉字教育法革新、汉字文化传播的诸多思考，我们倡导成立延安大学汉字研究中心，中心成立2周年之际，各位同仁酝酿许久的"汉字研究"成果陆续问世。中心筹备成立时我们就提出中心将要开展的"汉字研究"就是立足于汉字学，统揽中华民族5000多年源远流长的汉字文化史，充分彰显汉字的教育价值和美学价值。同时，我们也商拟这一研究既要紧紧围绕汉字研究的学术传统，包括汉字形态学与汉字传播学的学术传统，筑牢中华民族的文化根基；也要传承马克思主义文字观，心系天下，关注中华汉字海外传播对构建人类命运共同体的深远意义。要充分展示这些学术内涵，不是一两项成果可以完成，但是刘鑫的这部《中华汉字系统及其美学特质》可以显现汉字研究中心的学术立意与定位。该著作以汉字"内部研究"的视角，揭示汉字的系统品格，分析了汉字起源的谱系化生成特征，总结了汉字形体的体系化演变规律以及汉字音意的系统化传播路径，探讨了"象形与指事""会意与形声""转注与假借"等"汉字形态学"内涵。该著作从汉字"外部研究"视角，分析了汉字传播的文化系统，基于精神文化、民俗文化、宗教文化、政治文化叙述，进一步梳理了字谜巧用、楹联精用、故事妙用的汉字应用系统，为汉字的美感系统的研究富集了大量经典案例。在此内外互动的进程中，将汉字感悟体验美学、汉字艺术设计美学视角下汉字形态美、意蕴美、书法美的"汉字美学"研究推向了汉字研究的学术前沿。当然这种由内向外、由文化到审美的汉字研究表明汉字研究在"汉字形态学""汉字文化学"与"汉字美学"交叉的学术空间取得了最新研究进展，这种尝试性的学术路线在内在的逻辑演进和充盈的学理阐述方面还需要更多思考。

　　我熟知刘鑫是一位十分勤奋、非常有学术理论追求的青年学者，长期在高校担任马克思主义美学、文艺学、延安文艺等领域的教育教学工作，他的学术注意力主要是在文艺美学研究方面。这样的学术积淀及学术环境形塑了他鲜明的思想立场、果敢的学术锋芒、深邃的理性思辨，以及周详的案例叙述特点，从而成为汉字研究中心一位比较有独立思想见地的学者。他倡导以马克思主义文字观为指导，构建具有"中国特色、时代特征、兼容并蓄"的汉字文化学体系与汉字教育体系；他身体力行地从美学视角切入汉字研究，充分发挥文艺美学的学术优势，着力开启汉字研究新篇章。当然，作为一部汉字研究的著作，这部《中华汉字系统及其美学特质》在研究、撰写和文献使用上难免有思考不周之处和论述深浅不一的情况，这里恕不逐一指出。我相信著作出版后一定会得到汉字研究学界的关注，并且能给当下的汉字研究带来一些启示，增添一些学术氛围；同时，我也希望汉字研究中心的各位同仁与汉字研究学界一道，产出更多汉字研究成果，为繁荣新时代中国特色哲学社会科学做出更大的贡献。

（梁相斌：延安大学特聘教授、汉字研究中心首席专家）

前　言

　　中华汉字历史悠久，是中华民族进入文明时代的文字发展形态和文化审美价值载体，是中华民族审美情感的符号记忆，是中华民族独特审美精神的文化标识，更是中华文明绵延数千年的审美文化根基。中华文明传承和传播的历史表明，作为文化审美经验的确证，汉字虽历经时代变迁和审美文化观念嬗变，却适时在自身形体演化中悄然锲入社会审美文化系统，照耀着中华民族文化的前行历程，辉映着社会文化审美情感波幅，蕴含着社会文化审美思想，彰显着社会文化审美观念的时代谱系。从美学的视角看，汉字是中华审美文化的国脉、国粹、国魂，系统化的汉字发展是中华文明的传承，是中华审美文化符号、中华民族审美形象的表达。汉字是世界上发展最久远的文字之一，也是当今世界上使用人数最多的文字，汉字及其审美文化精神对于凝聚中华民族力量、强化国家认同，构筑包容性、凝聚更大的中华民族命运共同体，具有独特的文化向心力，是世界上最具地域特色、最具审美魅力、最具意义内生性的一种文字。因此，对中华汉字的研究离不开对汉字的美学研究，即汉字美学研究。汉字美学从美学角度来研究汉字本体的审美形态、汉字文化的审美观念、汉字演变的审美谱系；同时汉字美学也从文字学角度来研究汉字的美学风貌及其时代变迁。由于美学是一门体系性的思辨学科，汉字美学研究的特色之一就是从宏观思辨的视野，在美学与汉字学的交汇中，探索中华汉字的系统化形态及其独特的美学品格。

　　本书共分为六章内容。第一章内容为中华汉字的系统品格，主要从四方面进行了介绍，分别为中华汉字系统概述、中华汉字起源的谱系化生成、中华汉字形体的体系化演变、中华汉字音意的系统化传播；第二章内容为中华汉字的结构系统，主要从三方面进行了介绍，分别为中华汉字的"象形与指事"、中华汉字的"会意与形声"、中华汉字的"转注与假借";第三章内容为中华汉字的文化系统,主要从四方面进行了介绍,分别为中华汉字的精神文化、中华汉字的民俗文化、中华汉字的宗教文化、中华汉字的政治文化;第四章内容为中华汉字的应用系统,主要从三方面进行了介绍,分别为中华汉字字谜的巧用、中华汉字楹联的精用、中华汉字故事的妙用;第五章内容为中华汉字的美感系统,主要从三方面进行了介绍,分别为中华汉字的形态之美、中华汉字的意蕴之美、中华汉字的书法之美。第六章内容为中华汉字美学特质,主要从三方面进行了介绍,分别为中华汉字美学的传承发展、中华汉字的感悟体验美学、中华汉字的艺术设计美学。

在撰写本书的过程中,作者得到了多位汉字研究专家和美学同行的帮助和指导,参考了大量的学术文献,在此表示真诚的感谢。本书内容系统全面,论述条理清晰、深入浅出,但由于作者汉字研究水平有限,书中难免会有疏漏之处,希望广大同行及时指正。

作 者

2022 年 2 月

目 录

第一章 中华汉字的系统品格

本章内容为中华汉字的系统品格，主要从四方面进行了介绍，分别为中华汉字系统概述、中华汉字起源的谱系化生成、中华汉字形体的体系化演变、中华汉字音意的系统化传播。

第一节 中华汉字系统概述

一、汉字形态与发展

（一）文字是语言的对应形态

说话是人类与生俱来的本领，这里的"话"指的就是语言。一般而言，不同地域、不同民族的人有不同的语言，据语言学家统计，当今世界存在至少 5000 种不同的语言。语言是人类社会发展到一定阶段的产物，是人类交流最直接的工具。语言的产生对人类社会的发展具有重大的意义，有学者认为，没有语言，人类社会就组织不起来。语言是通过声音的传播来达到交流的目的，而声音是稍纵即逝的，传播距离也有限，因此语言交流要求说话双方或几方必须同时在一定的范围内，人类的语言交流自然受到时间和空间的限制。在没有录音设备的时代，人类通过语言传递信息，只能依靠口耳相传，然而通过口耳相传的方式传递信息，很容易发生错误，玩过口耳相传游戏的人都知道，一句话从一个人口中说出，等传到最后一个人耳中，再说出来的话可能已经与原话内容大相径庭了。为了克服语言交流难以传于异地、流于异时的局限，人类便思考借助其他方式来辅助信息的传递，文字便应运而生了。

文字的产生就是为了克服语言传递信息的局限性，文字是用来记录语言的，一种文字一定对应一种语言，不过，有的语言，例如远古部落的语言，就没有创造出相应的文字。文字是在语言之后出现的对应物，是人类掌握语言之后的文化创造。这正如语言学家形象地指出，将 36 亿年的生物进化史比喻为一年的话，文字仅仅是在这一年的最后一天的最后一分钟才创造出来的。然而，这一刻的文字创造却具有深远的意义，文字作为具体而有形的交流工具，通过其符号体系记录语言、传递信息，可以打破时间空间的限制，大大方便了人类的交流。如果说会使用语言，使得人类从动物世界脱离，逐步迈上人类文化主体性自觉的道路；那么，文字的创造则进一步加速了人类文化主客体相统一的文明步伐。在此意义讲，创造和发明文字是人类从古远社会发展到现代文明的必由之路。

（二）汉字是悠久的文字形态

今天，说起汉字大家都耳熟能详，但明确规定用"汉字"一词来称呼我们的文字则是中华人民共和国成立后的事情。在秦朝以前，人们把汉字称作"文""名""书"或"书契"，秦代始见使用"文字"一词，这一称呼为后世沿用。最早使用"汉字"来称呼我们的文字的应该是历史上存在于中原王朝周边的少数民族，而且应该是汉朝以后的事情。"汉"本来是一条河流的名字，即"汉水"，"汉中"即因"汉水"而得名。公元前 206 年，项羽自立为西楚霸王，封刘邦到汉中为汉王，后来刘邦建立汉朝，便沿用了此称号。汉朝是中国历史上较为强盛的王朝，对后世有很大的影响，我们今天所说的"汉族""汉服""汉语"等，其中的"汉"都是源于汉朝，"汉字"之"汉"，也源于汉朝。由于汉朝的强大，周边少数民族政权习惯将中原王朝之人称为"汉人"，中原王朝使用的文字也就是"汉字"。南宋江少虞编纂的《事实类苑》一书中有"盖用汉字"的记载，是迄今所见较早记录"汉字"一词的文献，看来至少在南宋时期，中原王朝的汉人已经开始接受"汉字"这种对文字的叫法。两宋时期，北方的辽、金、蒙古长期与宋王朝对峙，特别是南宋时期，中原战乱之际，民族冲突和融合促进了"汉字"之说的传播，"汉字"一词应该就是在此时为宋人熟知并运用。

南宋覆灭后，蒙古人入主中原建立元朝，并将统治区域的人民划分为"蒙古人""色目人""汉人""南人"四等，"汉人""南人"大部分都是宋朝遗民，"汉字"一词也因此被广泛使用，这在蒙古人所著文献中多有体现，如《金史》《辽史》等书中，"汉字"一词频繁出现。到满族建立清朝，前期以满文为官方文字，汉字为辅，"汉字"一词则更广为流传。"中华民国"时期，多称汉字为"国字"。中华人民共和国成立后，"汉字"成为法定的国家通用语言文字。

（三）汉字对应多样化的读音形态

文字的本源现象是记录语言，汉字自然是用来记录汉语的。世界上的文字成百上千，但现代文字大致可分为两类：一类是表音文字，又叫字母文字，简言之就是用一个一个的字母组成的线性符号，世界上绝大部分文字都属于这一类，如英文、法文、日本假名、朝鲜文等；另一类就是意音文字，文字中既有表示读音的部分，也有表示意义的部分，即由声符和意符组成，我们的汉字就是属于这一类文字。

一般而言，拼音文字一个读音就对应一个文字形态，读音相同写下来的文字就是相同的。我们的汉字与语音不是一对一的关系，一个汉字可能会有多个读音，如汉字"和"在普通话中就有 hé、hè、hú、huó、huò 等多个读音，如果再加上各地方言读音，那就更多了；一个读音也可能对应多个汉字，汉字是一个一个独立的方块，每个汉字有着特定的形态，汉语中同音字很多，但记录这些同音字的汉字是各不相同的，这就可以把相同的语音区别开来。如读音为 yú 的汉字有鱼、于、余、盂、榆、臾等多个，如果不借助汉字，只单独说一个 yú，那我们就不能明白说话者究竟说的是什么，但只要写出汉字，就一目了然了，不会混淆。跟汉语一样，日语和朝鲜语中也存在大量的同音词，日本自己发明的假名属于拼音文字，同样的读音写出来的文字就是相同的，不能准确记录语言，因此日文中至今还保存有大量汉字，以保证文字记录语言的准确性。韩国和朝鲜历史上曾使用汉字记录他们的语言，20 世纪两国相继废止汉字改用拼音文字，但他们的语言受汉语影响很大，也存在大量同音词，拼音文字不利于记录他们的语言。近年来废止汉字的弊端日益显现，韩国国内恢复使用汉字的呼声也日益高涨。

一种语言的读音是会发生改变的，古代人说话和今天的人说话是有差别的，今天各地不同的方言，一定程度上就是语音变化的历史写照。用拼音记录语言，语音变了，文字的形体自然会随之改变，如果让普通英国人去读莎士比亚作品的原稿，他们可能会一知半解，因为古代英文和现代英文是有很大区别的，莎士比亚距今还不算太远，如果再久一些，那可能就会不知所云了。我们的汉字就不一样了，汉语的读音虽然一直在变化，但记录汉语的汉字始终没有发生太大的变化，我们今天使用的是这个字，古人使用的同样是这个字，虽然外形有一些变化，但始终一脉相承。今天即使不是专业人士，去读古人的文言文，也能大致读懂，这就是汉字超时间性的体现。

　　我们的汉字也是超方言性的。汉语是世界上众多语言中的一种，是汉民族日常交流使用的语言，汉语和汉字虽然是汉民族的语言和文字，但汉语与汉字自古以来都是历朝历代的官方语言与文字，为生活在中华大地上的各民族共同使用。今天我们一提到汉语，首先想到的就是普通话，普通话是中华人民共和国成立后人为规范的汉语，为广大人民共同使用，之所以要对语言进行规范，就是为了克服各地方言差异，方便各地人民交流。其实，据文献记载，中国历史上各朝各代都有自己的通用语（相当于今天的普通话，只是古人不这么叫而已），汉以前叫"雅言"或"雅音"，汉及以后改称"通语"，元以后多称"官话"，民国时期称"国语"，这些不同的称呼，其实都是就汉语而言的。

　　汉语的使用者很多，由于历史和地理的原因，汉语形成了许多分支，即我们说的方言，汉语方言多种多样，一般而言有七大方言区，各方言区的人说的都是汉语，但彼此差异很大。假如一个福州人与一个温州人都用自己的方言进行交流，彼此之间可能完全听不懂对方在说什么。汉语各种方言差异虽然很大，但归根结底它们还是同一种语言，记录这些方言的文字也只有一种，那就是我们的汉字。汉字是记录汉语的符号，为汉民族所共用。不同方言区的人都可以用自己的方言来读汉字，因此，几乎可以认为有多少种汉语方言，就有多少种汉字读音，这是世界上其他文字所不能比拟的。

（四）汉字方块化的书写形态

　　汉字因其书写图形的方块状而被称为方块字，汉字的这种方形书写状态是从久远的甲骨文开始实践的。百余年来，人们在殷墟等处发现的154600块甲骨中，虽然有的甲骨上有合文、有文字大小的不规则情形，但总体上是一个字占据一个格状位置。从考古出土的青铜器来看，商周以来的《宗妇鼎》《陈曼簠》《宗妇盘》《陈纯釜》等铭文，均依据预制的方格而铸，五格成行，每字一格，横竖展列，形成了方块字的书写布局。从这些铭文书写来看，商周以来，方块汉字的书写形态就趋于稳定。正是在方格中铸字的方式，使得商周以来汉字的书写外形就向"方"的维度渐次发展。从美学的视角看，从篆书到隶书的变化使得隶书以"笔画"构字代替了篆书的"线条"构字，方块汉字的"方"形显现出汉字"正方""均衡""稳定"的美感特征。书写体制外，汉字的"方块形状"也与其所依存的"文化系统"密切相关，体现了古人所持"天圆地方"的哲学观念。在中国古人的阴阳平衡、动静互补的哲学思想中，地是方形的，由地扩展而成的宇宙空间也是方形的。因此，古人的文化思维中"方形"成了文化载体的形式特征，尤其是"鼎"

这一类的器皿就依据汉民族文化思维来铸造而呈现出"方"的外形。汉字以"方正"为形的铸造法和书写法，体现了古人在哲学观念下所表达的美学之趣，稳定、端庄、平衡成为方块汉字显示典雅之美的艺术追求，表征着中华文化以"方"为美的审美观念。

汉字"方"的品格认知需要有中华审美文化观念的积淀，才能生成审美期待视野。与英文、法文、德文等字母组成的文字相比较，欧美国家的人们对汉字的认识和书写就会遇到很大困难，主要是对方形汉字所承载的丰富文化信息缺少感性经验。中华汉字教育教学中，以笔画书写起始，分析汉字结构，教育汉字意涵；而在脱离中华文化语境的异域文化教育中，见到方块汉字就像观看一些奇异的图画，将汉字误解为画框内布满杂乱无章的线条。方块汉字的独特之处，就在于对汉字的认识需要经历对文字感性的审美外形与理性的思想内涵协同认知的过程，这也正是汉字美学特征的要旨所在。事实上，汉字传播中，认知和书写过程的核心是基于对汉字之"方"的理解。初期接触和阅读汉字，会形成汉字图画感受，理不清纷繁复杂的笔画并将之直观为众多折线，造成汉字传播与接受的障碍；初写汉字也会相应形成画画的机械模仿。经过接受汉字审美文化教育之后，汉字书写的难度就会大幅降低，写字的文化感觉逐步取代图画复制步骤，并能够在审美文化熏陶中留下方形系统的文字接受心理。当汉字构形规律的意识超越字形的图画描述过程时，方块汉字的审美认知和文化学习就会渐入佳境。

方块汉字的审美文化也受到国外美学家的重视。英国文艺复兴时期的哲学家、美学家弗朗西斯·培根（Francis Bacon）认为，将汉字与拉丁字母对比后就会发现汉字是"真字"。在培根看来，汉字不是表音文字，也不是记录意义的单词，而是用于标记事物及其概念的符号。从语音标识、书写速度来看，国外的拼音文字比汉字更能适应现代社会快节奏的文化生活，而就文字富集文化思想内涵、传递文化变迁的时代性来看，汉字表意的特点更为突出。此外，汉字以其书写形态跨方言障碍甚至表现出超语言的文化信息传递功能，则是表音的文字所无法实现的。方块汉字由诸多笔画和部件构成了复杂内部结构，组成了数量众多汉字家族，现行汉字中方位关系的部件结构就有 14 种，这对于汉字书写、记识和理解造成很大负担。可见，在汉字文化的对外教育和传播中，始终要把握好汉字作为表意文字的特性，区分其与拼音文字"见字知音"与"见音知意"的表达明晰度，汉字对外教育时既要分析字形的结构，也要分析字形、字音、字义与文化传统的深层关系。然而，方块化的汉字系统也有一定科学规律可以认知和把握：

（1）日常使用的汉字数量和范围基本稳定。汉字发展史上汉字数量达 15 万个以上，形成了庞大的中华汉字宝库，但是人们常用的汉字基本稳定在时代文化发展需求的文字数量内。汉字的生僻字具有科学研究价值，但不太用于日常交流使用。现代汉语学界将常用字（包括次常用字）确定为 3500 个左右，其中用于基本书写的是 950 多个，需要熟记书写的是 580 多个，用于日常阅读的是 2300 个左右。异域文化的汉字初学者需要掌握 2900 个，其中掌握 800 个一类汉字就可以满足基本交流，并能完成日常的汉语阅读和生活交流。

（2）形声字是汉字构字的数量主体，形声字由表音部分和表意部分相结合，表音的声旁和表意的形旁搭配，生成诸多新字，这样的汉字造字系统中，汉字的表意基础比较稳定，发音则可依据各地方言的不同而有变化。

（3）现代汉字由"笔画、部件、整字"作为构字单位，形成了汉字的三级结构。汉字的笔画顺序可以使汉字书写实现最短距离的两笔连接，能提供并适应现代文化生活的高速度书写。汉字的部件以笔画数分类，可分为单笔和复笔部件；按部件能否独立成字，可分为成字和非成字部件；按照部件构字层次，可分为基础和合成部件。

（4）汉字表意系统的构字规律最能显示中华文化的独特性，这是汉字美感魅力的基础。因此，"汉字之美"可以从表意系统分析，汉字的书写也往往突出书写者对汉字表意部件的积极而独到的认识，因而在文化实践中写出风格多样的汉字书法形态。

二、中国古文字字体形态

讲到中国的古文字，很多人想到的是殷商时代的甲骨文和金文。这种理解是以偏概全，甲骨文和金文其实只是汉古文字的两种字体。这里的"汉"指汉民族。汉语跟汉字是分别用来描写汉民族的语言和文字的。与汉字相对的，是少数民族文字。

中国是一个多民族国家，除汉族外，还有 55 个少数民族。这些少数民族都有自己的语言，他们在各自发展的不同历史时期，也创制了记录本民族语言的文字，如纳西东巴文字、尔苏沙巴文字、藏文、满文、彝文、傣文、白文、契丹文、西夏文、方块壮字、水书等。中国的各个少数民族使用自己创制的文字，书写了极其丰富的民族古文字文献。因此，在中国古文字版图中，少数民族古文字是不可或缺的一大板块。

在中国少数民族古文字中，有些是音节文字，仅有表音符号，如藏文、满文、傣文等；有些是含有表意符号的文字，如方块壮字、西夏文、契丹文、水书等等；

有些是自源文字，如纳西东巴文字、尔苏沙巴文字，都是纳西族人或尔苏人在生产劳动中创造出来的文字。这两种文字创制和使用的年代都比汉字晚，但却具有浓厚的原始文字的特征。源文字更多地表现在那些含有表意成分的少数民族古文字中，如方块壮字、水书、契丹文、西夏文等，这些文字都是各民族在学习使用汉字的过程中，参照汉字创制而成。在这里，我们将这类文字称作"汉字型文字"，以表明其所借鉴的文字来源。

（一）汉字型文字形态

汉字发源于中国黄河流域的中原地区。大概在 2000 多年前汉字与其承载的汉文化就陆续传入少数民族地区。这些地区的民族学习使用汉语汉字，并借用汉字来书写少数民族的语言。少数民族真正仿效汉字创制自己本民族的文字，大概是在公元 10 世纪前后，也就是唐、宋、元三大王朝统治时期。当时中原强大的政治势力和繁荣的民族文化也带动了周边少数民族的发展，这些民族地区的人民进一步仿照汉字的原理和形体，创造出本民族专用的文字。具体的方法可以在下面两种汉字型民族文字的介绍中了解到。

1. 方块壮字形态

早在秦汉时期，汉字就传到广西壮族生活的地区。壮族人民学习和应用汉字长达 1000 年以上，到唐宋时期他们开始借用汉字书写自己的语言。大概也就是从唐朝开始，出现了方块壮字，到宋朝已被广泛使用。方块壮字在当地又叫"生字""古壮字"或"土俗字"。这一名称主要是为了与 20 世纪 50 年代新创制的拉丁字母壮字相区别。

当地人用方块壮字书写壮语歌谣和故事。如图 1-1-1 所示，为古壮字文献《传扬歌》（壮族著名的哲理诗）开头的一段。其中单数行是原文诗句，双数行是古壮字专家用汉字做的注释，以括号的形式写在每个壮字的下面。一一对照古壮字与汉字注释，可以发现，文献中大量借用汉字书写诗文。这些被借用的汉字，有的保留原汉字词的意思，如"笔""道理""传扬""书""心"等；有的却表达与汉字完全不同的意思，如"初""亘""乃""助""祥"等，画线的壮字即属这种情况。除了借用汉字外，文献中也有不少仿造汉字原理而自造新字的情况，如"垩""祥""眛""吶"等壮字就是通过不同汉字部件的组合构成一个新的合体字。这些合体字可能是会意字，也可能是形声字，得进一步明确每个壮字的读音后才能加以判断。还有一种古壮字是在原有汉字的基础上，通过添加或省减笔画的方式自造新字，如"ㄇ""丹"等就属这种情况。

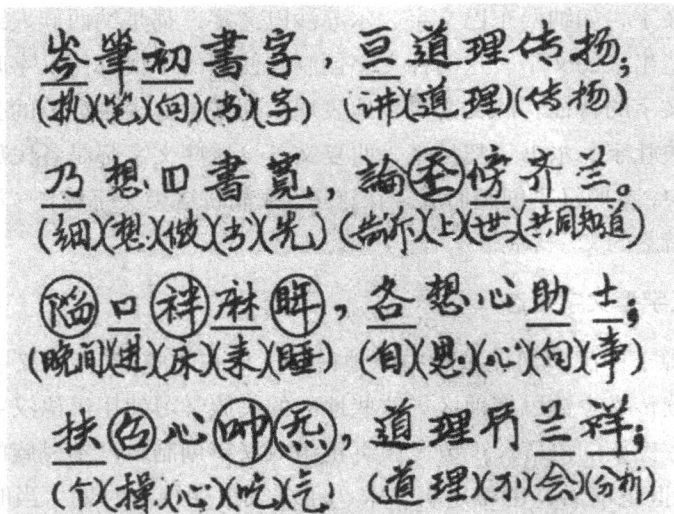

图 1-1-1　古壮字文献《传扬歌》片段

学习并借用汉字，继而仿造汉字而自造新字的方法，不仅是方块壮字，也是其他一些少数民族文字产生的重要途径，这在西南少数民族文字中并不少见，如苗字、瑶字、布依字、侗字、白文、哈尼文、仡佬字等，几乎都是如此。而在中国北方，汉字型文字的创造又呈现出另一番情景。

2. 西夏文形态

西夏是中国历史上党项族在中国西北即今天的宁夏、甘肃一带建立的政权。西夏本没有文字，公元1036年，西夏首领李元昊命大臣野利仁荣创造文字并颁行，这就是后世所说的西夏文，在当时被称为西夏"国字"，并得到广泛使用。西夏文中并无借用汉字的现象，但其形体面貌却与汉字颇有几分相似，我们可以从西夏文中分析出与汉字一样的横、竖、撇、捺、折、弯钩、提等笔画。很明显，西夏文是模仿汉字方块字的格式并借用汉字的笔画来构成一个全新的字形，笔画的组合相对繁复，也别具特色，似乎有意避免与汉字雷同。

历史上与西夏文的创造有类似之处的文字还有契丹大字、女真字等等。受汉字及汉文化的影响，契丹人、女真人在为本民族创造文字的时候，均模仿汉字的格式，利用汉字笔画以构造全新的文字符号。今天，这些民族所建立的政权已灭亡，这些民族也渐渐同化于汉族或其他民族中，但他们的文字及其记录的文献，不仅成为后世解读该文字及其文化的钥匙，也为汉字的发展与传播留下了重要的史料。

（二）纳西东巴文字形态

纳西东巴文字通行于中国云南的丽江、中甸、维西等地区，它是纳西族的东巴教巫师在书写经书——东巴经时所使用的一种文字。

"纳西"又称"么些""摩梭""摩沙"，纳西族主要生活在云南西北和四川西南的金沙江、无量河和雅碧江流域，以云南丽江为聚居中心。纳西人称本民族的宗教巫师为"东巴"，意即"智者"。东巴在纳西族地区社会地位很高，是巫、医、学的典型代表，也是纳西艺、匠的重要传人，是纳西族传统文化建设的推动者。传说东巴文字是由东巴所创制，但没有详细确切证据可以研究其创设初衷。不过有一点可以确定，东巴文字主要为东巴书写经书时使用，而且一般用竹笔或铜（铁）笔将经文写在自制的土纸上，"东巴文字"也由此得名。东巴文字创始于何时，没有明确的记录，但运用东巴文字书写经书，在公元 11 世纪就已经出现了，由此可以推测，东巴文字创始的时间应该比这更早。东巴文字至今仍在纳西族生活的地区流传，为东巴、研究者和艺术家所使用。因此，纳西东巴文字被视作当今世界唯一存活着的"象形文字"。

"东巴文字"的纳西语汉语音译为"森究鲁究"，意思是"木石之标记"。这种文字见木画木，见石画石，也就是以直接描画事物形象的方法写成文字。东巴文字带有明显的图画性特征，可以让人由形知义，不学可识。但图画性特征过于浓厚，也限制了其表义的范围。

《古事记》是纳西族人民记录世界和事物起源的经文，除了每一个东巴文字所具有的图画性特点之外，字与字之间在表达意义关系方面还采用了一些较为古老的方式，如"左""右"两个概念是通过"风"与"蛋"的位置关系来决定的；蛋破发光的表示方法是在"蛋"这一符号的基础上加射向四方的波浪线来达到表义的目的，离开"蛋"这个符号，我们将无法确知线条的意义；"黑"则是用一个黑的色块来表示。所有这些方法，与东巴文字的图画性特点相对应，说明东巴文字在造字之初，字符的构造组合能力较低，以至于造字者只能采用类似方位、线条、颜色等方式来辅助表达意义。但在这一节经书中，我们同样也看到了假借和形声两种表示方法。通常情况下，文字只有发展到一定程度后才会出现这两种表示方法，但在这里并不能说明东巴文字已经是成熟的文字，因为即便是形声，其所使用的字符仍然具有明显的图画性。当然我们说东巴文字不成熟，最主要的还是因为它不能完整地记录语言，几个文字的组合却表达出一个语段的内容，文字与语言之间显然不是一一对应的关系。

（三）尔苏沙巴文字形态

尔苏沙巴文字总共有 200 多个单字，与东巴文字相比，其记录尔苏语的能力十分有限。但与东巴文字一样，尔苏沙巴文字所代表的客观事物和文字形体很相似，像是画下来的，而且大都是独体字。纳西东巴文字与尔苏沙巴文字都还不是成熟的文字，与世界上其他民族古文字相比，这两种文字更多保留了人类早期文字的原始性特征。

首先，这两种文字都无法完整地记录语言。我们把这种不能完整地记录语言的文字称为原始文字。纳西东巴文字与尔苏沙巴文字都处在文字发展的最初阶段，而且至今仍存活着。无疑，这两种文字为人类文字发展史的研究提供了极其有价值的文字范例。

其次，在记录语言的方式上，两种文字更多地采用象形的方法，而且记录的大都是表示事物的名词。这一点对于世界文字共性的研究也提供了重要的依据。纵观世界文字发展的整个历史可以发现，象形是世界各民族早期文字最根本的结构方式，而且这些民族的象形字无论在字形还是字义上都十分相似。

最后，从形体上看，两种文字都充满了浓厚的图画性特征，都利用颜色、方位、变形等手段表达意义，因此它们都具有原始图画文字的特点。图画文字（带有图画性质的文字）不同于文字画（带有文字性质的图画），虽然都以表形为主，但比起文字画来，图画文字已具备文字的特点，其文字的作用也大大提高。当然，也正因为其图画性，两种文字都无法按照语词次序完整地书写语言，需要借助使用该种文字的东巴或沙巴的帮助，以他们的口头传授来补足文字本身的内容。因此，这两种文字仍处在原始语段文字阶段。

虽然尔苏沙巴文字比纳西东巴文字更为古老也更为原始，但与成熟的文字相比较，两种文字距离形成完整记录语言的文字体系都有很长的一段路要走。纳西东巴文字和尔苏沙巴文字是世界文字宝库中的瑰宝，人类目前仅存的古文字活化石，因此，两种文字及其文献的发现，引起了国内外诸多学者的兴趣并竞相进行研究。

三、汉字形态发展趋于简化

在甲骨文中，一个字常常有简体和繁体的不同写法，比如"子"有简体的"孖"，也有繁体的"巤"。简体字是和繁体字相对而言的，一个字如有两个及以上的形体，笔画简单的叫作简体字，笔画繁多的叫作繁体字。宋朝改进了印刷术，大量书籍印刷促进了民间文化的发展，汉字字体在民间得到进一步简化和流传。因此，我们今天可以在古代的一些文献、书法和画作中，见到诸如：礼（禮）、云（雲）、据（據）、头（頭）、尔（爾）、无（無）、后（後）等简体字。古人在文化繁荣时期大量使用汉字，为了文本印制和写作的简洁、省时和方便，创造出简体字来代替笔画繁杂的汉字，这就使得笔画繁杂的正体字和相应"化繁为简"的简体字在文化发展中并行传播。

简体字一般用于账簿、当票、药方、小说、唱本等，没有繁体字的书写艺术性强，在当时没有获得官方文化的充分认知和采用。在中国古代汉字史上，文化统治集团未赋予简体字文化合法性，但是，汉字简化的努力和简体字运动作为民间文化的独特诉求一直持续到近代。清末陆费逵首次提出普及教育应当使用俗体字，但是在当时的社会背景下，没有产生太大的影响。五四运动、新文化运动推动了汉字简化运动的发展，1920 年，钱玄同的《减省汉字笔画的提议》一文在《新青年》上发表，提出汉字阻碍了文化发展，需要进行汉字改良的观点。但当时正是学界高呼制造拼音文字的时代，而不是如何施行好汉字的时代，钱玄同坚持中国仍然需要使用汉字的立场，并表示继续沿用汉字就要解决汉字难识、难写的问题。1922 年，教育部附设的推行国语的机构"国语统一筹备会"召开第四次大会，作为部辖学校推选的参会代表，钱玄同向大会提交了《减省现行汉字的笔画案》。钱玄同的提案主张使用八种方法减省汉字笔画。一是删减多笔画的汉字；二是采用固有的部分草书字体；三是保留少量多笔画的汉字；四是用简单的几笔代替多笔画部分；五是采用古体字；六是用笔画少的字代替音符；七是别造一些简体字；八是假借其他字。钱玄同主张把汉字史上流行于民间的简体字应用于官方文牒。钱玄同不仅提出汉字简化的理论，也身体力行地使用简化汉字取得了一些的成效，不过，在文化守旧力量的反对下，研究基础薄弱的简体字未能得到政府支持，推行起来遇到很大困难。这一阶段的简体字改革始终处于汉字拼音化改革的从属地位；何况在具体实践中，脱离本字较远的简体字一定程度上突破汉字原本结构，反过来给汉字的学习和使用造成诸多问题。可是，从汉字发展历史的角度看，中国近代的汉字简化体运动在文字理论方面的探讨和文字革新方面的实践，都为之后的中国汉字简化工作积累了宝贵的实践经验，提供了鲜活的丰富的理论方案。其中，"简化字"与"简体字"就是在汉字简化过程中出现的两个相关联的重要概念。一般认为，简体字和简化字的内涵是有所区别的，简体字是指在群众中广泛传播，没有进行整理和改进，字形相对简易的民间惯用字；简体字没有国家文字的强制性，其写法并不固定，在不同地方和文化发展时期，字形有很大不同。简化字是吸收简体字经验基础上发展而来的，经过研究人员的整理、改进后，成为政府公布的法定文字，其形态固定为一种同行字体。

（一）汉字形态简化的方法

中华人民共和国成立以后，全国人口中百分之八十以上是文盲，而国家政治、经济和文化建设和综合国力的发展都需要大批有文化、有思想的知识分子；但是，笔画多而结构繁杂的汉字，造成文盲向知识分子转型的教育"瓶颈"问题。加之战后重建的生产任务和农业劳作任务较重，广大人民群众多忙于日常生产，没有充足的汉字学习时间。这样，汉字简化就成为国家文化建设的一项重要任务，在普及教育和普及文化知识的文化重建中，汉字简化成为文化教育的重要内容。为此，国家成立"文字改革委员会"，专门负责研究和整理简体字的语言文字工作。1955 年 10 月，教育部和文字改革委员会联合举行"全国文字改革会议"，研究如何推广普通话和简化汉字的问题。次年国务院颁布《汉字简化方案》（以下简称《方案》），方案由文字改革委员会拟定草案，然后经会议讨论。与会人员有文字学家，也有各地语文教师代表，还有部队和工会的文教工作者，形成了数十万人的会议规模，讨论这个《方案》；会议商定了 515 个简化字（学界称"第一批简化字"）和 54 个简化偏旁。改革延续到 1964 年时，国家在《方案》的基础上，出台《简化字总表》调整简化汉字的偏旁，简化字在原有基础上增加了 1721 个。1986 年，国家语委重新颁布《简化字总表》，该表精简了汉字系统中的生僻字，删去了一些汉字的繁杂笔画，也调整了少量的简化字，确定了 2235 个简化字的字形规范以供学习和使用。

总体来看，这一阶段汉字简化的基本思想是在减少笔画的基础上参照"约定俗成"的字形。也就是说，汉字简化的具体实施过程中，减少汉字笔画遇到理解困难时，就参照民间已"约定俗成"的简化写法，让汉字简化遵循一定的规律。前述第一批简化字中的 515 个简体字，就根据汉字发展上简体字流传情况而确定，有一些取自古代书法使用的草体字，一些源自"古本字"和古代的"通用字"。例如这批简化字中的"无"这个字，在汉碑中就已经普遍简化使用，以此类推其他 514 个简化字也并非凭空生造。

简化字体现了深远的历史文化传统，具有深厚的群众文化积淀，它不仅是民间创作的文字，也是古代艺术家和知识分子参与文字创造的体现。根据李乐毅先生《简化字源》（华语教学出版社，1999 年版）对简化字断代溯源的研究，现在日常使用的简化字中，164 个字最早出现于先秦两汉时期，32 个字最早出现于魏晋南北朝时期，29 个字最早出现于隋唐时期，82 个字最早出现于宋元时期，53 个字最早出现于明清时期（含太平天国），60 个字最早出现于民国时期。可见，汉字简化是在汉字研究的基础上，既尊重中国历史文化传统，又兼顾其实用性和便捷使用的需求。在这些汉字简化的工作中，研究者们主要采用七种主导方法：

其一，草书楷化法。"專"简化为"专""長"简化为"长"等等。

其二，同音替代法。"後"简化为"后""發"简化为"发"等等。

其三，减省笔画法。"廠"简化为"厂""時"简化为"时"等等。

其四，偏旁简化法。"趙"简化为"赵""戲"简化为"戏"等等。

其五，会意法。"塵"简化为"尘""筆"简化为"笔"等等。

其六，形声法。"郵"简化为"邮""態"简化为"态"等等。

其七，古字今用法。"雲"简化为"云""網"简化为"网"等等。

（二）汉字形态简化的经验

从 1956 年起，国家将简化字作为规范文字推行。相对于简化字，过去一个阶段使用的传统汉字被称为"繁体字"。所谓"繁体字"的"繁"是指汉字书写笔画多而且汉字构成的结构复杂，人们在认读、书写和记忆中感到十分烦琐。而简化字的"简"则是指汉字的笔画数目减少、结构简洁，书写较为便捷。据统计，《简化字总表》中收录的 2235 个汉字，原繁体形态的平均笔画在十五画以上，而简化后的平均笔画则降到了十画以下。这样，简化以后的汉字较为简洁，书写汉字的时间大大减少。简化汉字就是减少汉字笔画，不仅便于记忆，而且更加巩固了汉字的形态。笔画简化与结构简化同步互动进行生成简化字。总体来说，简化字是在减少汉字笔画的同时也简约了汉字结构，减少了汉字的一些复杂部件。例如，"聽"简化为"听"，"燦"简化为"灿"，"歸"简化为"归"。繁体字的笔画多而结构复杂，字体内部构成十分不清晰，不利于识别，例如，"矗、靈、糰、鬱"，字体小时，就会显得漆黑、模糊、杂乱，而简化后的字体字如"灵、团、郁"变得简单清晰而便于阅读，容易在计算机上输入，顺应了信息时代的文字电子化需求。

一些繁体字支持者则指出，繁体字的字形本身蕴含了悠久的历史和深厚的文化传承，有些繁体字是汉字原生形态，有利于汉字学习者了解汉字的发展历程和相应的文化传统，也有利于保护文化根脉；而汉字简化增强了汉字作为文字符号的外在特征，削弱了汉字作为"象形"文字的内在特性，减少了汉字蕴含的原初文化信息，破坏了汉字的构形规则。作为表意的文字，汉字字形与字义具有内在的贯通性，有的简化汉字追求笔画简单而忽略了汉字的表意性，使得这类汉字甚至不能用"六书"的造字法来解释。比如，"車"这个象形字，在隶、楷中简化后的"車"虽已没有了甲骨文"▨"、金文"▨"的形象性，但是仍然可以从字形结构中感知汉字象形魅力，可以通过"草书楷化法"而简化的"车"字，则完全不具备象形特点。会意字"盡"在甲骨文中写作"▨"，在篆书中写作"▨"，意思是"吃完盛器中的食物后用毛刷清洁器皿"，也就是"器物是空的"；可是简化后的"尽"字就不能"以形会意"地表达字意。一些简化字改变了汉字原有的偏旁，将原本表音、表意的偏旁简化为符号，例如，"爐"的简化字"炉"，将声旁简化成了"户"，变成了构字符号，声旁不能提示字音；"聽"简化为"听"，则形旁不能提示字义。

简化字也进行了部分汉字造字的理据重构，一些简化字的表音表意功能更优于繁体字。例如繁体字的"衆"，采用同体会意的方法简化为"众"，比"衆"字更容易理解其内涵；繁体字"滅"是形声字，简化为"灭"失去了"声旁示音"的功能，但是，简化后的"灭"更能体现会意字的特点；繁体字"遲"简化为"迟"，简化后声旁更准确地标示原字的语音。这种简化后汉字更加构形理据，符合汉字使用时避难就易的要求，顺应了文字发展的大趋势。从延安时期的拉丁化文字改革到中华人民共和国成立之初的汉字简化，汉字从繁到简的改革工作在文化教育方面、扫除文盲提升大众文化素质方面，发挥十分重要的推进作用。汉字简化工作最大的成效是人们不仅已经接受了简化汉字，并且也产生了对简化汉字的美感体验和审美价值认同。现在，简化了的汉字是法定的国家通用文字，普遍应用于教育行业、新闻出版事业、公共文化服务、电子信息处理和对外公务交流领域。通过国际文化交流和汉语国际教育，简化汉字已经被世界各国学习和接受，获得国际普遍承认，成为中国文字美感的典型样态。

四、中华汉字形态改革的历史承传

汉字属图像结构文字体系，它走的是一条图像发展之途。它不像声像文字，从绘画图形一直简化到音符，走到符号图形的极限。图像文字有一个意象主题的字义表达，有会意成分的实际存在，它就不可能向纯声像的音标字母的方向发展，有一个最低限度的结构需求存在。从绘画图像向汉字演变，其结构的复杂程度究竟应该简化到怎样的程度，才能真正达到汉字符号化标准，这是一个难点。而这一难点的把握，取决于我们对汉字文化本质的了解。因此，有关中国汉字改革探索，就是有关汉字文化本质的根本性讨论。然而，只要人对汉字文化的本质把握是无意识的，那么，人在文字活动中就会发现某种结构残留上不确定性的水分存在。当人对汉字使用无意识态度转变成一种汉字改革运动规律，并在中国本土上演时，人同样会对汉字实施变革，并进行无休止的"挤水"运动。

第一次文字改革发生在秦代。当社会区域民间自发创造的古汉字图像结构严重混乱，影响到社会政治、经济发展时，对汉字图像结构的统一有需求时，就需要社会政治力量的干预。当时秦对古汉字改革的社会意图，主要是建立在人的视觉生理基础上的，它充分调动和利用人的视觉心理因素，最大限度上完善和提高了汉字图像结构的识别、记忆系统的活动规律，并把这一文字经验归结为"三表六书"，即在"听、读、看"经验中，有条理地把握汉字结构的实在进行梳理。经过图像归类统一的结构性调整，使得汉字结构更符合人对图像结构的识别、记忆的认知生理、心理的活动。因此，中国社会第一次汉字改革是图像与视觉、听觉和阅读生理活动的综合和统一，它使得图像字义向更容易识别、记忆和理解的方向发展。

第二次汉字改革发生在近代。近代汉字改革从世界列强经济、文化的冲击下中国封建体制衰落的社会形态开始，经历了新中国经济从低谷逐步向一个世界强国的发展历程，在这样一个起伏跌宕的社会背景中，追溯人对汉字文化的认识以及它与社会关系间各种联系所表现的思想变化，我们不难发现，对于这一历史时期成长起来的中国人，他们都受到了社会既成事实的两层意义的文化预先决定和选择：一方面，他们会发现两个既成的社会书写文化；另一方面，他们会发现处于这一环境中既成的两种思维模式和行为模式。于是，在这一历史十字路口上，一种是继承过来的书写文化，一个挥之不去的民族情感——"书法"。同时，被继承的还有适宜于这一环境的文字活动的思想。一种是为了更好地适应于当前社会书写环境而产生的新的文字活动方式，在两种思维模式和行为模式之间，社会汉字活动潜在地存在着一个主体思想的发展倾向，即哪一种行为方式对社会书写主体而言更可接近。正是这种选择因素的存在，决定了人的思想，成为一个社会文字改革的选择要素，并试图用新的书写模式转型去取代它，并进行新的尝试。

近代中国社会文字改革的思想是在这一极其复杂的新旧矛盾冲突的困境中，形成了一种自由主义和历史保守主义相结合的文字改革方案。在汉语向白话文进化的过程中，将汉语一分为二：一套是古汉语体系，是当今不使用的文字体系。一套是白话文体系，是目前使用的汉语体系，对目前使用的汉字进行了一次历史性、综合性、全方位的大手术、大改革。于是，在运用当前社会认知结构为现实生活创造出一套新的汉字活动模式时，它对文字改革的总量就巨大。从清朝主张并实施对部分汉字简化其结构的汉字结构简化思想萌发，到中华人民共和国成立后的简化字改革，中国近代以来推行的文字改革涉及面相当宽泛，归结起来有如下三个方面内容：汉字声像结构的匹配统一、汉字图像结构的简化、书写行向规则的改变。由于社会倾向于在新形势下的理解汉字文化。因此，它既与日、朝文字改革有着相同的思想起源，又是这一历史时空的实际延伸。

第二次文字改革与历史上第一文化改革相比，它既有相似之处，又有不同之处。相似之处是它也是以视觉操作活动开始，不同之处是，第二次文字改革有一个历史社会遗留问题没有解决——"书法"。那么，从软笔向硬笔书写转移中，社会文字改革就潜在地存在着一个汉字使用上的集体无意识动机，于是，推动汉字改革的社会意图，迄今还活跃在我们现代汉字的活动之中，它不断地影响着我们的汉字行为，并一直在使之失效的方向上前行。由于第二次汉字改革中所形成规范和形式与汉字的历史遗留问题无关。改革中所忽略的问题并非在历史社会过程中已经终止，相反，它总是在社会历史转折过程中，像一个幽灵一样，无时无刻地在左右汉字文化的发展。一方面，经历了漫长的文字改革，迄今为止尚未达到一个阶段性的完善，即海峡两岸的汉字统一。另一方面，随着中国国际地位的上升，对古老的汉字文化解释迫在眉睫，一个强盛的中国需要对汉字文化有一个清晰的了解。如何挖掘这一古老文字深邃的文化内涵和核心价值，使两岸汉字在同一思想基础上得以圆满统一，并使其重新绽放光芒、立于世界文化之林，这是本书进入尾声的重要内容和高潮。因此，鉴于对这次长达百年的汉字改革的文化意义定位，迫使我们去回顾和思考这一改革运动的思想起源和导向动机，究明改革中的现代汉字对汉字文化发展的实际意义。

第二节 中华汉字起源的谱系化生成

文字的起源是很多人都感兴趣的话题。因为文字的出现是人类进入文明时代的标志之一。对一种文字起源的探讨，直接关系到一个民族古代文明的开端这一重大的课题。如果问，中国最早的文字是什么？很多人的看法可能是殷商时代的甲骨文，因为这是人们能够看到的古文字。其实汉字发展到甲骨文已经是非常成熟的古文字了。根据纳西东巴文字和尔苏沙巴文字给我们的启示，甲骨文之前，汉字肯定还有更早的更原始的形态。那么，这种更原始的形态到底是怎样的呢？

20世纪50年代开始的考古发现为我们提供了关于汉字起源的重要信息。此外，一些关于文字起源的传说，也为我们描述了汉字形成之前人们记事、传递信息的手段。这些与汉字的产生或有渊源关系。总之，关于汉字的起源问题，从字体形态、书写方式、文化传说等方面形成了纷繁的脉络，本书主要致力于梳理这一谱系。

一、汉字字体形态源于记事图画

文字起源于图画，汉字也不例外。纳西东巴文字和尔苏沙巴文字都带有浓厚的图画性质，而且还不能完整地记录各自民族的语言，这是原始文字的特点。据此可以推测，成熟的汉字形成之前，肯定也经历过一个原始文字阶段，而且当时的汉民族也曾用画图画或作图解的方式来记事或传递信息。

（一）彩陶上的象形符号

我国已出土的原始社会器物上可见大量与原始汉字相关的符号，这些符号是刻画或描画的汉字符号。其中有许多描画具体事物形状的象形符号，它们多出现在原始彩陶上。1954年，中国考古队在西安市东郊半坡村北发现了半坡遗址的文字符号，考古专家们认为，早在6000年前半坡人就能够创造文字符号，还相关性地创作了绘画、雕塑品。半坡遗址出土的人面鱼纹彩陶盆、彩陶鹿纹盆等就是其中的代表。

如表1-2-1所示，我们截取彩陶上"鱼"和"鹿"的形象，与甲骨文、金文里的两字字形进行对比发现，尽管它们的写法不是一模一样，但却有着共同的表现方式，即都在描画"鱼"或"鹿"的直观形象。彩陶上的象形符号是原始汉字的重要形态，体现了原初先民的"以象形为美"的文字美感观念。

表1-2-1　"鱼"和"鹿"：彩陶上的符号与甲骨文金文的比较

彩陶上的符号	甲骨文	金文	
		（族名金文）	（西周金文）

具有对称、匀称之美的"鱼"和"鹿"这类单纯的实物图形在古代的岩洞、山崖、石壁等处并不少见。它们是文字吗？可以肯定的是，原始人所描画的这些图形，一定与远古时代人类的文化生活有关。然而，无法断定的是那些原始艺术家在完成这些实物图像时是否在有意识地利用这些图画符号来记录语言。今天，我们能认识到的是这些图画可能对文字创造产生影响。商代的甲骨文与族名金文与半坡彩陶制造的时间相差近 3000 年，甲骨文金文的"鱼"和"鹿"仍能看到彩陶上图画的影子，它们是否就是彩陶上符号的继承和发展，有待更多的考古资料的证实。

（二）大汶口文化的象形符号

大汶口文化因山东省泰安市大汶口遗址而得名，其年代距今约 6000 年。在大汶口文化晚期的山东莒县陵阳河遗址中发现了四个象形符号，如图 1-2-1 所示，图中（1）—（4）四个符号。在同时期的山东诸城前寨遗址中发现了一个残缺的象形符号，图中（5）所示图形。这 5 个象形符号全都刻在同型的灰陶缸外壁靠近口沿的部位。关于这些象形符号的性质和意义，前人说法颇多。有一种观点认为这些象形符号是原始文字。

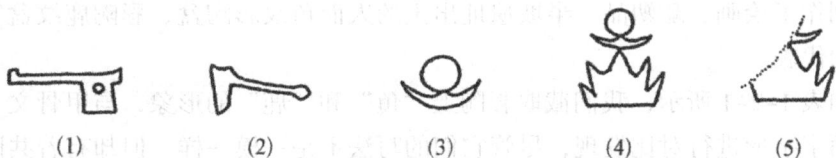

(1)　　　　(2)　　　　(3)　　　　(4)　　　　(5)

图 1-2-1　大汶口文化晚期的象形符号

唐兰先生把这些符号看作是脱胎于图画的原始汉字，并且将它们分别解释为（1）戉（yuè，"钺"的象形）、（2）斤（即斧斤，像斧子一类的工具）、（3）炅（jiǒng）、（4）"炅"的繁体、（5）是（4）的残文。显然，唐兰先生将后 3 个象形符号都解释为"炅"。这 3 个符号上面刻着太阳，太阳下面是火，火下是山。图形（3）只在"日"下画出火形，"山"被省略了。唐兰先生认为这些象形符号与商周青铜器文字、商代的甲骨文以及陶器文字，都是一脉相承的。

类似的象形符号在大汶口文化的陶器上多有发现，有的如（4）一样为完整的图形，有的为（4）的简化或残缺的图形，类似（3）或（5）。其中的"火"有人解释为"月"的，有人解释（4）像日月出于山之形的，种种说法似乎都有道理。只是从现有的资料看，我们仍然很难证明这些象形符号已经被用来记录语言了。但它们确实跟后来的古汉字相似，而且还有繁简的区别，它们之间不会一点关系都没有。因此，这些象形符号有用作原始汉字的可能性，或者这些符号曾与原始汉字同时存在，曾对汉字的产生起过一定的作用。若能找到更多这方面的资料，我们就可以断定，中国有文字可考的文明时代，至少有 5000 年之久了。

（三）图画记事与文字的区别

我国近现代著名的文字学家唐兰在《中国文字学》里对原始文字做了的大量研究。该著将原始岩窟艺术中"人射鹿"的图画，与甲骨文的"人射鹿"进行对比研究后认为，原始岩窟艺术中"人射鹿"的图画清晰地表达了绘图的意图，满足了人们的交际目的，完全没有必要撇开图画的意义传达去另造文字符号来表意。

原始岩画中"鹿"的图形与甲骨文象形字的"鹿"并无二致，都是"鹿"的实际形象的描写，岩画中的"𦏵"描画的是一个人拉弓射箭的形象，虽然这一形象在甲骨文中用了"人"和"射"两个字来表示，但甲骨文中的"人"与"𦏵"中"人"的形象非常契合，"射"虽然变成了一只手（彐）、一张弓（弖）和一支箭（𝒕）的组合，与"𦏵"相比似乎抽象了一点，但从表面上看，"𦏵"既与"𦏵"的形体相近，也没有改变岩画中"𦏵"这一图形想要表达的"射"这一动作的特点，因此，人们看到"𝒕""𦏵"与看到"𝒕""𦏵"产生的联想是一样的。究其原因，与"人""鹿"所表达的具体事物的形象有关，不管在图画中还是在象形字中，它们都可以通过类似于写实的办法将其描画出来，动作"射"在甲骨文中相对抽象，但构成"射"的几个符号却是具体事物的组合，它们也可以用画图的形式表现出来。因此，要严格地区分"𝒕""𦏵"和"𝒕""𦏵"的不同并不容易，两者在表达"人射鹿"这一概念时所起的作用是一致的，它们的界限并不清晰。从另一个角度来看，我们可以很确定地认为"𝒕""𦏵"是汉字，但却不能断然地认定"𝒕""𦏵"就是图画而不是文字。

分析古汉字可以发现，一个初次接触汉字的人，即便其不会说汉语，但看到这些字的形体，大概也能猜出其中的意思。为什么呢？原因在于这些图画文字的字形本身就是该字所表达的意义，而并不表示该字的读音。在文字学上，学界把这一类字称为表意字。

总而言之，汉字跟世界上许多民族古文字一样，与图画有着很深的渊源关系。汉字产生于图画是毋庸置疑的，但图画不是文字，只有当图画发展到能记录语言的情况下才能成为真正意义上的文字。当然在从图画发展到文字的过程中，存在两种情况并存的现象，也就是说，有些图形符号是亦文字亦图画，没有明显的区别，这也是人们对这一阶段文字名称的争议所在，即“文字画”还是“图画文字”。

二、汉字书写方式源于原始契刻

所谓契刻，就是在器物上刻痕以表示一定的意义。与原始图画相比，契刻更多地表现为一些形体相对简单的几何形刻画符号。这一类符号同样见于原始文化的陶器或陶片上，偶尔也见于骨器或石器上。

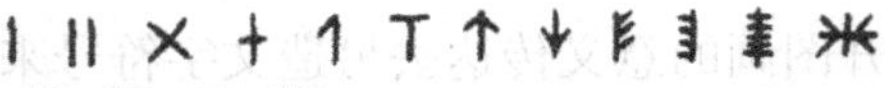
（半坡遗址）

（陕西临潼姜寨遗址）

（河南偃师二里头文化遗址）

图 1–2–2　半坡遗址、陕西临潼姜寨遗址、河南偃师二里头文化遗址（上、中、下）

图 1–2–2 的符号分别采集不同文化遗址的陶器上。半坡遗址属于仰韶文化，距今 6000 多年，这里摘录的刻画符号多出现在半坡出土的彩陶的口沿上。陕西临潼姜寨遗址发掘于 20 世纪 70 年代，考古专家在遗址里同样发现了 6000 年前的彩陶，在各个彩陶的口沿处共发现 100 多个刻画符号，这里摘录的是其中较为复杂的四个符号。二里头文化一般认为是夏文化的遗存，因河南偃师二里头遗址而命名。二里头遗址发现有不少的刻画符号，绝大多数都刻在大口尊的内口沿上，以上摘录的是其中部分符号的形状。

陶器上的这些刻画符号，引起了学者们的深思和研究。郭沫若先生认为这些是“具有文字性质的符号”，他还指出殷代青铜器上的一些表示族徽的刻画文字与彩陶上的那些符号极其相似，这些刻画符号就是“中国文字的起源，或者中国原始文字的孑遗”。郭沫若先生以一种谨慎的科学态度说出刻画符号与中国文字的关系。这是有依据可循的，因为从新石器时代开始，中国各种文化遗址出土的陶器上便有刻画符号出现，及至商代的陶器符号、战国及秦汉时期的陶文，已经构成了一个不断延续和发展的序列。只是它们之间的关系，还需要更多考古资料的证实。

现在可以肯定的是这些刻画符号决不会是一种完整的文字体系，也没有发现它们被用来记录语言的任何证据。但它们却有着明显的共同特征：（1）从刻画的位置看，这些符号几乎全部刻在同一种陶器的同一个部位上，规律性很强。说明不是任意的刻画，而是具有一定意义的记号。（2）这些符号不但重复出现在很多个器物上，而且还出现在不同的遗址里。（3）若干符号和后来古汉字里的数字十分相似。然而至今为止，我们都还没有足够的证据来证明汉字中的数字写法就源于这一类型符号。

毫无疑问，原始时代的契刻有一定的目的。但还不能就此确定原始契刻中普遍使用的几何形刻画符号就是文字。我们不排除有少量符号为汉字所吸收的可能性，但从大多数文字观察，汉字的产生与契刻符号并没有什么直接的关系。和其他古老的文字起源一样，汉字更多的是源于图画。

三、汉字文化源于古典传说

（一）"仓颉造字"说

"仓颉造字"是关于汉字起源流传最广、影响最大的传说，据文献记载，仓颉原姓侯冈，名颉，俗称仓颉先师，又史皇氏。传说仓颉"龙颜四目，生有睿德"：相貌不凡，长着四只眼睛，天生聪明伶俐、品德高尚。对于其身份历来有不同的说法，有的说他是黄帝的史官，有的说他是某部落的首领，前一说法较为流行。东汉许慎《说文解字·叙》中记载，黄帝的史官仓颉，看到鸟兽脚印各不相同而可区分为何种鸟兽，受其启发而始创文字。因传说其创造了文字，被后世尊为"造字圣人"，早在汉朝就已经为仓颉立庙供奉，今仓颉陵、仓颉庙、造字台等有关仓颉的文化遗迹更是灿若星辰。

关于仓颉造字的传说，早在2000多年前的战国时代，就已经广为流传了。成书于战国时期的《荀子》记载："故好书者众矣，而仓颉独传者，壹也"这是今天我们可以看到的关于仓颉造字的最早记载，大意是说古代喜欢创造文字的人很多，而仓颉是唯一整理和传承文字的人。这条记载还比较朴实，可能符合文字起源时的原始面貌：文字并非一个人发明创造而出，应该是集体智慧的结晶，但这些文字一定是经过整理的，才使散乱的文字成为有体系的文字，方便大家使用，而这个整理文字的人，后世把他称作仓颉。战国时期另一本文献《世本》有"沮诵、仓颉作书"的记载，提到了另一个创造文字的人——沮诵，说明在战国时期人们并没有把造字的功劳完全加在仓颉一人身上。随着时间的推移，其他造字之人逐渐淡出人们的视野，到了秦汉时期，"仓颉作书"已成为唯一，仓颉也逐渐被神化。先秦时期只有仓颉造字事迹的简单记载，没有关于仓颉容貌的描写，而秦汉时期，仓颉的面貌也逐渐清晰。秦丞相李斯所著《仓颉篇》第一句便是"仓颉作书"。西汉刘安编撰的《淮南子》将仓颉造字进一步神化：古时候仓颉创造了文字，致使天上下起了粟雨，鬼神也在夜里啼哭，可谓是惊天地、泣鬼神。由于汉代谶纬学的发达，造字的传说也在此时被完全神化，后世各种仓颉造字的传说基本都在此基础上改造而成，"仓颉四目"的形象也是在此时形成的。西汉末年的《春秋元命苞》记载，仓颉龙颜而四目，天生会书写，能洞察天地万物的变化，于是观魁星圆曲之势、察人兽鸟形之迹、看山川河湖之状而创造了文字，这显然已是进一步的神化加工了。

历史上仓颉是否真的存在过，我们已经不得而知。但汉字绝非某一个人可以创造出来的，汉字从起源到成熟应该经历了漫长的岁月，是先民们在生产生活中不断积累起来的，这些散乱的原始文字在某一时期应该经历过系统的整理，我们已不知这些整理者的姓名，可能是仓颉，也可能是其他人。在不清楚某事物来源的情况下，古人习惯将某一事物的产生归功于某一圣人，如杜康造酒、奚仲作车、后稷作稼、皋陶作刑等，仓颉造字也同于此类现象。

（二）"八卦演绎"说

八卦是古代占筮的符号，用"⚊"代表阳，用"⚋"代表阴，用这两种符号，按照大自然的阴阳变化平行组合成八种不同形式，即☰（乾）、☱（兑）、☲（离）、☳（震）、☴（巽）、☵（坎）、☶（艮）、☷（坤），称为八卦。传说八卦由上古的伏羲氏创造，有人认为八卦也是汉字的起源之一。

许慎在《说文解字·叙》提到了上古时期庖牺氏创八卦以治万民的故事，庖牺氏即我们今天所说的伏羲氏，伏羲根据天地自然现象以及鸟兽皮毛纹理创制八卦，并运用八卦来治理部落。《尚书序》中也有类似的记载，并明确指出伏羲氏"始画八卦，造书契，以代结绳之政，由是文籍生焉"。这些记载表明古人认为在上古时期，存在一个用八卦符号来记录事情的阶段，八卦是文字的雏形。纬书《易纬》则进一步将八卦各卦象与汉字对应进行解释。该著认为，乾卦是天字、坤卦是地字、离卦是火字、坎卦是水字、巽卦是风字、震卦是雷字、艮卦是山字、兑卦是泽字，这些卦都是相应"字"的象形古文。宋人郑樵也有类似的看法，他在《通志·六书略》中说汉字"水""火""川"是分别从"坎""离""坤"三卦演变而来的。今人罗君惕也有此说，他在《六书说》一文中指出，八卦就是汉字的起源，其中，八卦的阳爻"⚊"，后来演变为"一"字；两个阳爻"⚌"，后来演变为"二"字；乾卦"☰"，后来演变为"三"字；坎卦"☵"，后来演变为"水"字。

汉字起源于八卦的观点在古代较为盛行，却是不符合文字发展实际的，事实上汉字与八卦分别属于两种全然不同的符号系统。八卦起源于古代占卜活动，出土的商周甲骨及青铜器上有类似于卦象的数字卦符号，有学者认为这些是后世二元阴阳符号卦的前身。也就是说，今天我们所见的这些卦象，产生时代较晚，是在文字已经成熟之后才产生的，所以八卦不可能是文字的起源。与"八卦说"类似的传说还有"河图洛书说"，认为文字源于"河图"和"洛书"，与八卦一样，河图、洛书出现较晚，也不可能是汉字的起源。

（三）"结绳演化"说

我国古代文献有很多有关汉字起源的表述。《周易·系辞下》："上古结绳而治，后世圣人易之以书契。"《郑氏周易注》："结绳为约，事大，大结其绳；事小，小结其绳。"这里所谓"结绳"而记事就是关于汉字起源的一种传说。"书契"即文字。上古时代没有文字，人们就采用结绳的办法来约定事情，治理天下。可见结绳是一种原始的记事方式，古人有大事就在绳上结大结，有小事就在绳上结小结。许慎《说文解字·叙》："及神农氏结绳为治而统其事。"说的也是这种情况。

一些人类学、民俗学的材料可以证明在文字被发明之前，人类曾经使用结绳的方法来帮助记忆，提示事情，交流情况等。

古代秘鲁（Peru）的印第安人以结绳闻名世界，他们称神秘的绳结为奇普（Quipu）。它是在一根主绳上平行地系上数量不等的副绳，利用不同的颜色、打结的位置、打结的大小和数目等来记录账目、人口、财政、军事等相关数据和重要信息。秘鲁的奇普有的还特别复杂，副绳上面还可以再挂第二层、第三层甚至更多的绳索。这样的奇普目前所发现的有 600 多个。大多是公元前 1400 年到 1500 年间结成的。研究者认为，对它的解读，将有助于世人更清晰地了解秘鲁所代表的古代印加文明的真实面貌。

中国的一些少数民族也曾使用结绳记日子、记账目等。中华人民共和国成立前，我国云南的独龙族就采用结绳方法记事。独龙族的人们出门时在绳上打结，以此来计算天数。哀牢山深处的哈尼族人也用结绳法记事，结绳来记录村寨中所发生的事。彝族有一些简单的彝文，仅有巫师认识部分彝文，而普通族人则不识彝文，平常生活中采用结绳法记事。西藏的珞巴族会讲族群语言，一直保留着原始结绳记事法的传统，却没有形成族群文字。

结绳能帮助记忆，这一点与文字的功能相似，不过它也仅能作为补充性的记号，而不是文字，并不能直接作为族群语言记录的物化形态，但我们不能排除结绳对汉字产生的一些影响。原初先民采用的结绳记事方法对造字构形的思维模式产生过积极的推动作用，这在甲骨文与金文的一些数字及个别汉字中可以见出。如："♠"（甲骨文"冬"字）、"⋒"（金文"冬"字），字形很像是在一根绳子的两端各打一个结，表示结束、终了的意思。《说文解字注》："冬，四时尽也。冬之为言终也。"有人认为"冬"就是来自结绳记事。金文中的"♦"（十）像是一根有绳结的直线，而"Ｕ"（廿）、"Ｗ"（卅）、"Ｗ"（卌）像是将两根、三根或四根有绳结的绳子相连接，有学者也认为这些数字是绳结的书面记录。

原初先民所采用的结绳记事法能辅助实现记忆目的，可以作为备忘的记号，但不能直接用于语言的记录，因此，"结绳"并不是文字，也不是语言的物化形态。结绳与汉字有一定的思维关联，这种关联就是在汉字产生前的漫长时期，原初先民用结绳法来记事的思维，影响了语言对应的物化形态的创造思维。随着生活的复杂化，当大量文字被发明并用于语言记录时，结绳法因简单而难以适应实际生存需要就逐渐消失了。

（四）"起一成文"说

宋人郑樵认为所有的汉字都是由"一"演变而来的，他根据《说文解字》540个部首从"一"开始至"亥"结束的排序，结合道家"道生一，一生二，二生三，三生万物"的哲学思想，创立了"起一成文说"。他在《通志·六书略》中详细阐述了他的看法，提出汉字"一"可作五种变化，用来概括汉字的各种结构。郑樵所处的时代能见到的古文字材料很少，他的这种看法是建立在小篆字形或隶楷文字基础之上的，结合道家学说附加演绎，显示出主观解释的态度，对汉字演变本规律的认识存在诸多局限。

第三节　中华汉字形体的体系化演变

汉字形体的演变可以分成两个大的阶段，即古文字阶段和隶楷阶段。前一阶段从商代后期开始到秦代，代表字体有商代的甲骨文、从商代一直沿用至春秋战国时期的金文和秦始皇统一六国后的小篆。后一阶段起自汉代一直延续到现在，主要字体有通行于两汉时期的隶书以及它的辅助字体草书、始于东汉晚期的行书以及盛行于魏晋并沿用至今的楷书。秦始皇统一六国之前，秦国有自己的文字，当时的六国文字也各有分歧。而两汉通行的隶书早在战国时代的秦国就已萌芽，因其还未成熟而被称为"早期隶书"。以上汉字形体演变的整个过程，如图 1-3-1 所示，这样可以看得更为清楚。

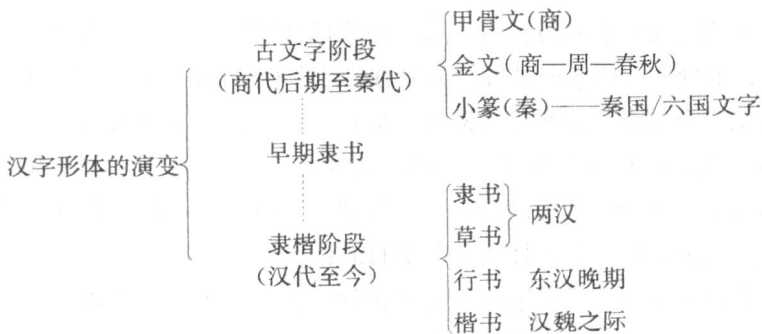

图 1-3-1　汉字形体的演变

一、古文字的字体形态嬗变

古文字阶段大约起自于商代后期（公元前 14 世纪），终于秦代（公元前 3 世纪末），历时约 1100 多年。古文字阶段的字体主要有甲骨文、金文和小篆。

（一）甲骨文系统

1. 甲骨文介绍

甲骨文是刻写在龟甲和兽骨上的占卜用的文字。在殷商时代，流行用龟甲或兽骨（主要是牛的肩胛骨）进行占卜的习俗。占卜的巫师即卜者，也叫贞人，其所进行的占卜活动就叫"贞"，表示"卜问"的意思。在甲骨卜辞中，经常可见"×贞"字样，"贞"的前面一般是卜者的名字。

殷商时代的统治者笃信占卜，事无大小都要请贞人占卜一下，有关祭祀、耕种、狩猎、出征、疾病、天气、生儿育女等等，都要问一下鬼神的意思。于是贞人就将加工修治过、钻过孔（实为凹痕）的龟甲和兽骨放在火上烧灼，钻孔的地方遇热就会裂开，那些裂痕被称作"兆"，贞人便根据兆痕的走向来判断吉凶，以此指示人们该不该做这件事。占卜完后，再将卜问的时间、卜者的姓名、卜问的事情及结果等都刻写在龟甲或兽骨上，看看是否灵验。这些刻写下来的文字就是甲骨文了。甲骨文又称"契文"或"殷契"，因为甲骨上刻的都是贞人卜问的话，人们又将这些刻在龟甲或兽骨上的文字称为"甲骨卜辞"。

我国的汉字在殷商时代就已经盛行，这是甲骨文已经发展出成熟的文字形态和书写系统。商朝衰落后，当时写有文字的龟甲和兽骨也在殷墟遗址的甲骨窖穴中沉寂了近3000年，真正被后人发现仅是这100多年间的事情。

2. 甲骨文的发现

甲骨文的发现颇有几分传奇色彩，前文已述甲骨本是占卜使用的工具，占卜结束之后，甲骨作为档案记录可能会被有意地保存一段时间，以备留档查看之用。商末的都城在今河南安阳小屯村附近，周武王克商，纣王自焚而死，商朝随之灭亡。商朝的都城被弃成为废墟，"殷墟"之名便是由此而来。作为占卜记录的刻有文字的龟甲、兽骨也被掩埋于地下，从此销声匿迹，在此以后直到清末的数千年时间里，文献中从未有甲骨文被发现的记载。

清朝末期小屯村一带的农民在耕种田地、挖井取水、取土建房等翻整土地的时候，常会挖掘出龟甲或者兽骨。在当时的条件下，普通的农民可能连自己的名字都不会认、写，更不要说几千年前的古文字了。这些甲骨在当地人看来可能就是古时候普普通通的骨头而已，而在中药里有一味以动物骨骼为原材料的药——"龙骨"，可以用来治疗心悸、失眠健忘、金疮出血等症。因此当地人便把刨出来的大块甲骨当作药材卖给了药铺，而那些小块的散碎的骨头则被回填或者当作废品丢弃。

哪一位小屯村的村民在哪一天最先挖到甲骨，现在已无法得知。无论是挖掘甲骨的村民还是药材商，都不是饱读诗书、通晓古今的知识渊博之人，无法对这些材料的性质做出正确的判断，"龙骨"入药服用前要经过打碎研磨，使甲骨文字被人发现的概率大大降低。然而历史总是如此巧合，恰恰有这样一位因生病需要服用的读书人王懿荣，发现"龙骨"上的符号是文字。

王懿荣，字正儒，山东烟台福山人。他出身书香门第，祖父为嘉庆年间的进士，曾官至山西巡抚；父亲则官至四川按察司使。王懿荣青年时期便喜好金石之学，广为搜求文物古籍。他与著名的金石学家潘祖荫、吴大澂等人交往颇深，高中进士之前，就已经成为名闻京城的金石学家。后来王懿荣曾担任清政府的国子监祭酒一职，国子监是当时国家的最高学府，出任此职足以说明其学识过人。正是这样的人生阅历，为王懿荣奠定了辨识甲骨文的基础。1899年，王懿荣因为感染疟疾而服用中药，药材中正有"龙骨"，王氏平素略通医道，发现药方中的"龙骨"寻常未见，待家人抓回药材后，王氏出于好奇打开药包查看，发现"龙骨"上有一些图画式的符号，经过仔细辨识，他确信这些符号应是古老的汉字。

辨认出龙骨为古老汉字以后，王懿荣便高价向中间商求购，一时消息传出，甲骨成为世人争相抢购、收藏的文物，古董商人便趁机哄抬价格。据记载，当时的甲骨价格曾高达"每字一两"和"每块银二两"。王懿荣虽然是最早发现和竭力收藏甲骨的学者，但是他并没有给后世留下甲骨文的研究著作。1900年，八国联军进犯北京，王懿荣投井自杀，以身殉国，王氏去世后，家人将其所藏甲骨卖给了刘鹗。

刘鹗原名孟鹏，后更名鹗，字铁云，又字公约，号老残，江苏镇江人，出身官僚世家，是清末著名的小说家，著有《老残游记》。刘鹗在王懿荣的影响下也开始收藏甲骨。他选择众多甲骨收藏品中的一部分加以墨拓，汇编为《铁云藏龟》，"铁云"是刘鹗的字，"龟"指甲骨。《铁云藏龟》是第一部甲骨文著录书，具有重要意义，该书明确提出甲骨文是"殷人的刀笔文字"，准确判定了甲骨文的时代。

甲骨文的流传受到商业助推。古董商人知道"龙骨"的价值之后，便开始坐地起价、囤积居奇，一方面到小屯地区怂恿村民大肆挖掘，然后从村民手中低价收购；另一方面为了垄断销路，则对外诡称甲骨乃是得自河南汤阴。后来罗振玉经过多年的打探，最终在1908年得知甲骨的确切出土地点是在河南安阳的小屯村。这个时候离王懿荣开始对甲骨进行辨识收藏，已经过去了10年之久。

3. 甲骨文的特点

甲骨文有以下特点：由于当时的书写工具是刀笔骨板，因此线条细瘦、笔画多直少曲、排列不整齐、大小不一致、多数字的形体还没有完全定型。这反映了甲骨文属于古老象形字。

4. 甲骨文的分期

甲骨文最初被发现的时候人们仅知其为古老文字，后来逐渐清楚其为殷人文字，再后来得知甲骨出自殷墟小屯村以后又辨明其为殷末文字。然而殷末的商王有武丁、祖庚、祖甲、廪辛、康丁、武乙、文丁、帝乙、帝辛9位，时间跨度达200年。能否将众多的甲骨进一步分期具体到每一个王世，是当初不少学者一直在努力解决的问题。

最初的甲骨文一直是小屯村当地人私挖乱掘所得，出土的甲骨经过转手倒卖，最终散落于各处私人手中，资料缺乏完整性、系统性。直到1928年我国才开始了对殷墟甲骨的科学考古发掘，结束了甲骨被盗掘毁坏的历史。董作宾先生是当时发掘工作的主持者之一，董先生在整理出土甲骨文资料时发现不同王世的"贞人"往往不同，"贞人"即占卜命龟之人，在卜辞中出现在记录时间的干支以后、"贞"字以前。以此为基础，董氏提出了以卜辞相关材料中的世系、称谓、贞人、坑位、方国、人物、事类、文法、字形、书体十项内容来判定甲骨的时代，并按照这十项标准将商代甲骨文分为了五期：

第一期是武丁及其以前的文字；第二期是祖庚、祖甲文字；第三期是廪辛、康丁文字；第四期是武乙、文丁文字；第五期是帝乙、帝辛文字。

董先生的这一发现打破了以往对于甲骨文分期的模糊认识，其成果直到今日仍被沿袭使用。五期分类法提出以后，有学者发现在同一王世下会存有几组不同贞人集团的卜辞，而同时某一组贞人的卜辞又会存在于不同的王世。因此依照王世来划分卜辞尚不够精密，主张先将卜辞按照字体等内容先划分为若干类，再对各类卜辞存在的王世进行考证，这种分期的方法比之前的五期分类法又前进了一步，使甲骨文的分期分类更为精确。

（二）金文系统

中国夏商周三代时期流传下来的古文字，除甲骨文外，大都铭刻在铜器上面。因铜器为金属物，故这些文字被称为"金文"。铜器种类繁多，但钟鼎为最重之器，故"金文"又称为"钟鼎文"。金文由甲骨文演变而来，同甲骨文形体接近。金文大小方正，排列整齐，表明汉字的方块状外形逐步形成。金文减少了甲骨文的笔画而代之以虚拟性的线条，简化了图像而代之以象征性的轮廓，因此汉字的符号性得到加强。

在青铜器上铸刻铭文，最早是在商代前期。这个时期的青铜器没有繁复的纹饰，有铭文的器物也很少，其中的铭文仅两三个字。到了商代晚期，纹饰和器种都在增加，但铭文仍很简短，多数只有一个到六个字，主要记刻做器者的族氏或名字，有的记刻所纪念的先人的称号，如"妇好""父乙""祖辛""司母戊"等。这些简短的铭文里的字，写的都颇具象形特征，所以从某种程度而言，金文特别是族名金文，其象形程度远远超过甲骨文。今出土商代后期的一些铭文篇幅较长，不再是商代前期铸刻铭文的寥寥数字，但最长的也才40多字的篇幅。

青铜器铭文在西周时期达到鼎盛。这时期的铭文逐渐加长，到了西周中晚期，出现更多长篇铭文的青铜器。在已发现的青铜器中，周宣王时期的毛公鼎铭文字数最多，共32行，497字。

西周时期的金文字体风格在西周的前后期也有很大的变化。裘锡圭先生曾将西周前期与西周后期、春秋时期金文形体的风格进行对比（图1-3-2），认为西周前期的金文仍承袭商代晚期金文的特点，但是后期字形逐渐趋于方整，并呈现出线条化、平直化的趋势。如"天""古""王""火"等字，粗壮的组件开始变细，变细了的线条进一步取代了一些方形或圆形的团块状组件。其中多见的"贝"字"笔画中"，原本曲折象形的线条开始变得平正而抽象，一些原本不相连的线条也被连成一笔来书写，表现出汉字书写和改进的某种自觉意识。

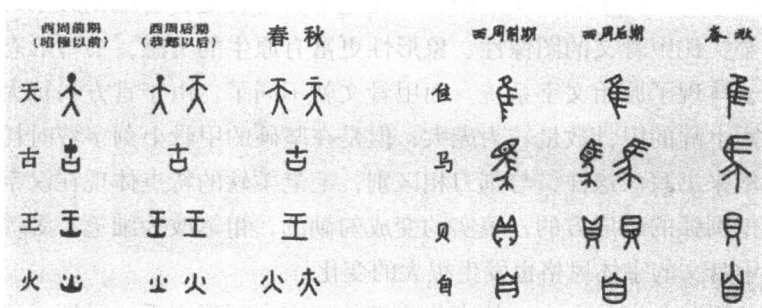

图 1-3-2　春秋时期金文比较

　　春秋时代各国的金文，字形构造上大体与西周晚期相似。但是由于周室衰微，诸侯的势力逐渐加强，青铜器的地方特色也日益凸显。在春秋中晚期的金文里，出现了明显的美术化倾向。比如，有些地方金文字形特别狭长，线条宛曲；有的地方流行鸟虫书，即加鸟形、虫形等文饰的一种特殊的美术字体。需要注意的是，金文的美术化倾向与汉字因象形而曲折是两回事，美术化的结果反而大大降低了汉字的象形程度。这样的金文字形大多出现在当时东方和南方各国。与此同时，西方的秦国继承西周晚期铭文的风格，并在此基础上形成了秦国自己的字体——大篆或籀文，具体可参考小篆部分的介绍。

　　总之，由于金文使用的年代上至商代早期，下至秦灭六国，约 1200 年，其前后字体风格的变化之大可想而知。

　　同时，我们也应该注意到金文与甲骨文字体特点的不同。很多人认为金文是从甲骨文演变而来的，这其实是一种误解。从商代后期的文字资料里可以发现，甲骨文和金文的资料都非常丰富。从考古发现的情况看，金文可能比甲骨文使用得更早，时间也更长。就以商代为例，除了有甲骨卜辞，还有铜器铭文，两种字体并无时间先后、互相继承的问题。首先，它们的不同是由于书写材料的不同造成的，从两种字体的名称就可以发现，一个是龟甲兽骨，一个是青铜。其次，对比甲骨文与金文的字体可以发现，虽然两种字体所代表的字形在历时层面上各有变化，但从总体而言，金文的字形比甲骨文更规整，商代的青铜铭文甚至在象形程度上也比甲骨文表现得更明显。

　　青铜是铜、锡、铅按一定比例冶炼而成的铜的合金，其坚硬程度比一般的铜要高，也远远超过龟甲和兽骨，但金文的字体为什么反而显得圆实方整呢？这与青铜器的铸造方式有关。古代青铜器的铸造要使用泥制模型来压制，这种模型被称为"陶范"。金文的铸造就是预先将文字雕刻在陶范上，然后再将金属倒进模型，冷却后铸出文字。由于陶范质地松软，比龟甲、兽骨更容易雕刻文字，因此，商代以来的金文比甲骨文的图像性、象形性更富有原生的美感，书写形态具有质朴浑厚之美，体现了原始文字系统。而甲骨文就不同了，由于官方举行大量的占卜仪式，刻写卜辞的甲骨数量较为庞大；但是在坚硬的甲骨上刻字费时耗力因而采用毛发制笔来书写。这样，与刻刀相区别，毛笔柔软的特点体现在汉字书写形态上，就是把圆弧的改成方的，填实的变成勾勒的，粗笔改为细笔，等等，就在这改动中，甲骨文的字体风格也发生很大的变化。

不管是甲骨文还是金文，从商代晚期的汉字书写形态看，早期"汉字"与纯粹的图画记事有了很大不同，但"象形性"仍然是汉字的主要特点。两种字体都有异体众多、写法不固定、字形方向不一、繁简程度不同等问题。

与甲骨卜辞内容的丰富性相对应，青铜铭文所记录的内容范围也极广，涉及古代分封奖赏制度、祭祀与战争、政治与经济、婚姻、土地关系、法律事务等等，对研究商代社会文化意义重大。此外，青铜器物本身的形制、纹饰、工艺及出土情况等等，对于青铜器的研究来说，也具有极高的价值。

（三）大篆系统

大篆，又叫籀文，遗存石刻石鼓文，相传为周宣王时期太史籀核定的字，因太史籀著录的字书《史籀篇》而得名。许慎《说文解字》指出："篆，引书也。"引书，就是一笔一画引长地写。大篆是秦国早期通用的文字，以"石鼓文"为代表。

（四）小篆系统

在很多文献记载中小篆是由秦代的李斯等人发明的，汉代的《说文解字》就曾说："秦始皇帝初兼天下，丞相李斯乃奏同之，罢其不与秦文合者。斯作《仓颉篇》，中车府令赵高作《爰历篇》，太史令胡毋敬作《博学篇》，皆取史籀大篆，或颇省改，所谓小篆者也。"大意就是："秦始皇刚兼并天下的时候，丞相李斯上奏建议统一天下文字，废除与秦文字不同的文字，李斯、赵高、胡毋敬在大篆的基础上，省简其字形，创造出小篆，分别写成《仓颉篇》《爰历篇》和《博学篇》。"《仓颉篇》《爰历篇》和《博学篇》实际上就是秦时教授儿童识字学习的课本，这段话就是说李斯等人从大篆中创造出小篆，教习学童，通行于秦。

　　小篆，是首次出现的规范化字体，其主要特点包括：其一，线条化，使用圆转匀称的线条，形体整齐，确立了汉字的符号性；其二，统一化，将各类偏旁按照固定形式进行整合，相似的偏旁整合为一种形体，为汉字系统化建构奠定基础；其三，偏旁定型化，将汉字的偏旁固定在汉字形体的特定位置，这样每个汉字偏旁就确立为特定单一的组成部分，并且单个汉字书写的笔数也基本固定。此后的篆书中采用的小篆就是这种字体。

　　此外，小篆由籀文整理而成，曲线圆转，统一匀称，结体谨严，遒劲庄重。在中国文字及书法艺术上，都有极大的影响。古人认为，篆书笔法为各类书体的基本。著名书法家弘一大师（李叔同）认为，书法须由篆字下手，每日至少要写五百字，再学隶书，然后进入楷书，楷书学成，然后学草书。

　　许慎《说文解字》即以小篆为依据。小篆是一切篆字的正轨，相沿至今。正式的纪念作品，多以篆字为尊。公私印章，都以篆字为信。专攻国学者，为研学文字的由来，也得写篆书。篆字实际为民族文化之所寄托，历史文化之所产生。因此，某种意义上讲，学书法者肩负了发扬光大篆字的职责。

　　篆刻艺术就是将书法（主要是篆书）和雕刻相结合的传统艺术，是汉字特有的艺术形式。《泰山刻石》《琅琊台刻石》等均为秦宰相李斯手笔，内容多歌颂秦始皇的功德，不仅书法渊深秀密，而且字画严整，实为高妙之作。

　　小篆由大篆省改而成，而大篆又继承了西周晚期铭文的风格，如果将小篆、大篆及西周晚期金文做一排列对比就会发现，春秋战国时代的秦国文字是逐渐演变为小篆的。裘锡圭先生曾经拿春秋战国时期秦国的金石文字（以时间先后排列）与西周晚期金文进行比较，又拿石鼓文与小篆进行对比，并由此得出结论：秦统一六国后的"书同文"就是对汉字字形进行方正化、结构化的规整，在美感上实现汉字"寓杂多于统一"的匀称之美。

　　确实如此，与六国文字的变化多端相比，秦国文字表现出更多的是对西周正统的继承，字形的变化相对保守而稳定，并逐渐向规整匀称发展，至小篆达到了高峰。小篆比起石鼓文、诅楚文来更显得规整匀称，字形的变化也考虑到书写的简便，一部分字形经过明显的简化，如"吾""道""中""草"四字就属这种情况。经过这样的变化之后，汉字已初具方形的格局，但文字的象形程度却越来越低了。汉字发展到小篆阶段，已逐渐定型，其象形意味削弱，符号性加强。但与后代的文字相比，小篆的图画性仍强于符号性，观其书法时字形所表现的整齐、圆润、俊秀的美感跃然目前。

二、隶楷文字实现字体形态定型

汉字发展到秦汉时期，开始了一个新的阶段。这个阶段，隶书开始形成并广泛使用，汉字的发展也进入到今文字阶段，即隶楷阶段。一般认为，隶楷阶段起自汉代，一直延续到现代，但由于隶书的发端可以追溯到战国时期的秦国，因此，这一演变过程应该更长。

汉代官方通行的字体主要是隶书，草书是文化人所辅助使用的字体。从东汉中期开始，一些比较简便的俗体字或称简化字从隶书中演变而来。文字发展至东汉晚期，一些俗体字经过一定程度的草化而形成行书；发展至汉魏之际，楷书逐步在文化领域出现。楷书盛行开来的时期，隶书和相应的俗体字很长时间里仍然在官方行文中使用。魏晋时期文字发展的 200 年左右的时间里，楷书逐步发展为主导性的字体，被广泛使用。

（一）隶书系统

秦代用小篆来统一文字，渐次形成隶书系统。在书写工具和文字载体比较缺乏的背景下，秦代用小篆统一文字固然可以解决汉字传播交流中存在的字体形态识别困难的问题，但是小篆不能根本上改变汉字刻写不够便捷的问题。统一而庞大的国家政权下，人们参与的社会事务更加纷繁复杂，对汉字书写简便期待更为迫切和具体。因此，书写便捷的目标下，汉字的篆体并没有通过简化小篆而获得合法地位，转而借鉴选用古字体，并将圆转的线条改成方折的笔道，实现汉字形态由线条向笔画的重大发展，由此中国汉字书写史上形成了比小篆更便于书写和交流应用的隶书字体。

隶书传说是一个名叫程邈的人创造的，唐代的书法家、书学理论家张怀瓘所著《书断》认为："邈，字元岑，始为衙县狱吏，得罪始皇，幽系云阳狱中。覃思十年，益大小篆方圆而为隶书三千字，奏之，始皇善之，用为御史。以奏事繁多，篆字难成，乃用隶字，以为隶人佐书，故名隶书。"大意是说，程邈善于书写大篆，起初在县中作监狱官，后得罪秦始皇，被关押在云阳的监牢中，经过十年深思，改变大篆、小篆"方折圆转"的笔法，造出三千字的隶书，秦始皇称赞说这些隶书"好"，便赦免了他的罪行，让他担任朝廷里的御史。因为这种字体便于低级官吏的隶人使用，所以就称为"隶书"。

从汉字发展史来看，秦代开始出现隶书是人们为了处理大一统国家更为繁忙的国家和社会事务而采用的一种相对简便的字体。不过，考古文字资料也表明，战国晚期隶书就已出现，只是到秦汉时期趋于成熟罢了。也就是说，战国晚期的秦国为了文字书写方便，在使用汉字的时候，力图不断突破篆体文字烦琐的结构布局，顺势产生一些草率、简化的字体写法。这就是秦国的俗体字，也是隶书形成路径之一，与之前存在的隶书合而构成汉字书写史上的隶书系统。

隶书作为秦国的俗体字，力图采用方折的笔道改进篆文圆转的笔法，并在全国逐步盛行开来。20 世纪 70 年代在湖北云梦睡虎地秦墓中出土的大量竹简，都是用毛笔直接书写的，简文中有很多使用方折、平直笔画书写的汉字，可以反映当时文字使用的真正面貌。裘锡圭先生摘录了简文中的一些字形，并附小篆字体与之相对照，可以清楚地看出简文字体与正规篆文有明显的不同。就简化的文字体书写风格看，它已经具有浓厚的隶书意味了。裘锡圭先生的《文字学概要》中还特别记录，中国考古专家在湖北江陵秦代古墓发现了两枚同文玉印，但是两印的字体迥然有别：一枚（甲印）的字体是篆文，而另一枚（乙印）的字体是与秦简的隶书相吻合。一个非常值得注意的现象就是甲印中构字的字符（水）在乙印中被写作三，这完全是隶书的风格。很显然，那时候隶书已经形成，而且还在一定范围内使用。可见，玉印乙和秦简的字体是由篆文的俗体演变而成的，显示出一种新字体的形态变化。秦简大量出土后，学界才认定简上的文字就是早期的隶书。

由此可以表明，隶书至少出现于战国晚期，是在秦国俗体文字基础上逐渐形成的字体形态。当然秦简所代表的隶书还只是一种尚未完全成熟的隶书。为了跟成熟的隶书相区别，人们把秦在战国及统一后使用的隶书称为"秦隶"，也叫古隶，或将它和西汉早期的隶书合称为"早期隶书"。而将汉代才成熟的隶书称为"汉隶"，或称"今隶"或"八分"。"秦隶"是隶书发展的早期形态，最初只是为了写篆文时能够简捷一些，因此其用笔点画并没有特别的法则，有很多字的写法与正规篆文仍然很接近，形体上仍带有古文字体的意味。到了汉代，隶书正式取代小篆成了主要字体，其形体也发生不小的变化。

经过进一步改造和变化后的汉隶，成为汉代官方的正式字体。汉隶对隶属的定型表现为，汉隶对早期隶书的构形和笔道的根本改变。从汉字美学的角度看，汉隶的笔势舒展而有浩然之气，笔画蚕头燕尾而有运动之力，字体扁方而有沉稳之质。今天能够看到的汉隶代表作品，以东汉时期的《史晨前后碑》《汉郃阳令曹全碑》和《汉故谷城长荡阴令张君表颂》等为代表。

隶书系统的发展演变是汉字发展史上一次重要的文字形态更迭与推进。学界把汉字从"篆书"向"隶书"的演变称为"隶变"。晚期的篆书大量采用笔画书写，点、横、竖、撇、捺等笔画在书写上的采用，使得篆书在字形结构上最终发生根本改变，成为隶书。可以说，"隶变"是汉字发展史上最重要的文字形态定型性转折，不仅扬弃了汉字古文字形态的图画书写，也同步开启了汉字趋向笔画构成的新文字形态，更趋向于当代汉字形态。隶变对汉字的发展意义重大，它使汉字进一步变成纯粹符号性质的文字，同时它也是汉字由繁趋简演变过程中，汉字形体发生的一次大变化。隶书之前的古汉字具有图形意味，而隶书之后的汉字是由笔画组成，是真正的书写。隶书之前是古文字时代，隶书之后是今文字时代。因此，"隶书"被认为是古今汉字的分水岭。隶变之后的汉字系统，形态上稳定地发展并逐步趋向于当代汉字，显示出中华汉字美感系统的定型。

（二）草书系统

从书写形态上看，草书是由书写草率而快速形成的字体形态。常人做事讲究经济高效，急迫之时更是如此，写字也不例外。南朝时期，南阳新野的庾肩吾在《书品》中认为："草圣起于汉时，解散隶法，用以赴急。本因草创之义，故曰草书。"这位"高斋学士"指出草书产生是从汉代开始兴起，因用于急写而成。

草书起于汉代，由隶书演变而来，一般人都赞同这一说法。《说文解字·叙》："汉兴，有草书。"但也有观点认为，秦国文字从篆体字更迭为隶书时，就出现了草率书写的隶书，或类似于快速书写隶书的草书。即使在隶书字体定型后，这种由草率而成的隶书仍然作为字体形态在民间使用。草书就是在这些草率写法的基础上形成的一种简便字体，主要用于起草文稿和通信。说法不一，但可以肯定的是，成熟的草书至少在西汉末、东汉初就已经出现了。

草书有章草、今草和狂草之分。章草起于西汉，东汉时颇为盛行。经过文人和书法家改进，章草的笔法保留了隶书的形迹，上下字独立，字体形态规整而严谨，能够在官方场合使用。古代书法家写的章草在传世法帖中保存下来的不少，如《急就章》被认为是章草范本之一，如图 1-3-3 所示，为《急就章》明拓本，拓本草体旁边加注了楷书释文，对识读章草提供了很大的帮助。该拓本所展示的章草字体带有一点隶书的味道，如保留了隶书的波挑和捺笔，字字独立，每个字都不相连接，但一字之内，笔画勾连不断，字形比隶书简单，不少点画都有所省略，变体较多。

图 1-3-3 明拓本《急就章》

今草是在章草的基础上发展而来。东汉著名书法家张芝擅长章草，他还开创性地将字字独立带有隶意的章草，改为上下牵连的今草。经这样改变之后的草书不再具有隶书的特征，不但一字之内笔画之间可以勾连，上下字之间也相互牵连呼应，书写更加自由灵活。张芝的草书富有独创性，在当时影响很大。张芝被誉为"草圣"，其书法被誉为"一笔书"。可惜张芝没有墨迹传世，仅北宋《淳化阁帖》收有他的《八月帖》等刻帖。到了东晋，今草的发展达到了高峰。被称为"书圣"的东晋大书法家王羲之有较多的草书作品传世，几乎都是今草，《初月帖》就是其中最具特色的草书代表作之一。

草书到了唐代，又发展出"狂草"。一个"狂"字，非常形象地概括了这一时期草书的特点。"狂草"的代表人物是张旭，他继承了东晋"二王（王羲之和王献之父子）"今草的书法艺术，并开创了草书新的风貌。张旭的草书将形、气、韵三者和谐地联系在一起，把草书的艺术美发挥到了极致，从而使自己的狂草艺术在盛唐达到一个高峰。唐朝文宗皇帝称张旭的草书与李白的诗歌、裴旻的剑舞为天下"三绝"，可见对其评价之高。李泽厚在《美的历程》中称盛唐的草书是"纸上的舞蹈"，更是对张旭草书的高度赞誉。之后唐代的高僧怀素继承了张旭的狂草风格，传下著名的《自叙帖》《苦笋帖》《圣母帖》等书法作品。张旭、怀素两人都喜好狂饮，酒后疾书，世人称张旭为"张癫"，怀素自号"醉僧"，所以有"癫张狂素"的说法。草书发展至此，已完全变成了一种艺术，供人欣赏而失去其作为文字应有的意义，这也意味着草书走向衰落了。

草书中的狂草不易辨认，多用于欣赏而不便于在日常生活中交流使用，加之狂草改变了汉字的结构体系，也就自称书写艺术系统。草书过度简化了字形，容易被学习者混淆，因此草书无法像小篆转为隶书的"隶变"那样，取代隶书而发展为全新的字体形态。但是，正由于草书笔画比其他字体简单，使得它对后来的汉字简化产生很大的影响。今天所用的简化字中有大半都是草书楷化而来，可见草书在汉字发展过程中还是有一定的积极意义的。

（三）行书系统

行书是今草与楷书之间的一种字体书写形态，不同于不易辨识的草书，也区别于一笔一画的楷书，唐代张怀瓘在《书断》中认为："行书者，后汉颍川刘德升所作也。即正书之小伪，务从简易，相间流行，故谓之行书。"意思是说，"行书是刘德升创作的，行书就是正书，也即楷书的伪变，书写时务求简易，笔画如行云流水，所以称之为行书"。行书集楷书和草书优点而成，具有二者的特点，接近楷书多一些的行书又被称为"行楷"，同理，接近草书多一点的又被称为"行草"。

行书产生于东汉末年，魏晋时代开始在民间流行，是人们日常书写、记录、起草文稿等运用最为广泛的手写字体。东晋王羲之创作了大量行书作品，几乎都介于楷书和今草之间。王羲之最著名的行书作品是《兰亭序》（又称《兰亭集序》）。永和九年（公元353年）暮春之际，王羲之与友人在山阴（今浙江绍兴）的兰亭修禊，饮酒作诗，并辑诗为《兰亭集》，王羲之为之书写序文。《兰亭序》共28行324字，章法、结构、笔法都很完美，是王羲之五十岁时的得意之作。后人评论《兰亭序》"其雄秀之气，出于天然，故古今以为师法"。《兰亭序》体现了王羲之书法艺术的最高境界，被世人称为"天下第一行书"。

《中秋帖》是王献之的名作之一，又称《十二月帖》，被誉为"十大行书"之一，被乾隆皇帝誉为"三希"之一。细观此帖，笔力雄健，挥运之际，情弛神纵，一气呵成，米芾对此书帖十分钦佩，在其《书史》中曾评价此书帖："大令（因王献之曾任中书令，人称大令）《十二月帖》，此帖运笔，如火箸画灰，连属无端末，如不经意，所谓一笔书，天下子敬第一帖也。"

行书并没有严格的书写体例。当汉字书写得像楷书一样规整，就称为真行或行楷；写得像草书一样稍微放纵一些，就称为行草。这样，行书的书写有"连笔"而比楷书快，又不至于一线连成而比草书容易辨认，因此，在汉字手写体的文化交流中，行书被广泛使用至今。

（四）楷书系统

楷书，又叫真书或正书。楷书萌芽于西汉，成熟于东汉，盛行于魏晋南北朝，一直通行到现在。相传，东汉（一说秦代）上谷郡沮阳县（今河北省怀来县）的王次仲，改变隶书笔势（去其挑法，收其波磔），以隶字作楷书；三国钟繇所书《贺捷表》，微有隶意，备极章法，后人尊为正书之祖。

从楷书书写系统的角度看，"楷书四大家"的笔法是楷书书写审美形态的创立者，形成了不同的楷书审美风格。这四大家中，唐代欧阳询的欧体笔力有严谨而险峻之美，唐代颜真卿的颜体笔力有遒劲而恢宏之美，唐代柳公权的柳体的笔力有瘦劲而清健之美，元代赵孟頫的赵体笔力有秀逸而圆熟之美。

1. 颜体

颜真卿的楷书，有刚正严肃而大气磅礴的美感，《多宝塔碑》最有名。《多宝塔碑》是颜真卿所书，受到王羲之、王献之、欧阳询、虞世南、褚遂良等书法家"尚韵（梁巘语）"的影响，但又颇具唐代人"尚法"的笔法特色。《多宝塔碑》整篇结构严密，显示出颜真卿少年笔法圆整而秀丽刚劲之美，虽尚未达到颜体刚劲雄强、沉雄浑厚、大气磅礴的审美风格，但也基本奠定了颜体的审美格调。《多宝塔碑》是今见颜体书法中最早的楷书作品，是唐代"尚法"的代表碑刻之一，学颜体者多从此碑下手，入其美学堂奥。

2. 柳体

柳公权的楷书，与颜齐名，因去颜丰腴，加以遒劲，棱节显露，论者有"颜筋柳骨"之说。其《玄秘塔碑》最有名。

《玄秘塔碑》为柳公权所书，是柳公权书法审美风格演进的一种标识，也是柳体楷书的代表作品，标志着柳体书法的独特魅力。此碑用笔骨力深注，爽利劲健，方圆兼并，又含蓄圆润。横长则瘦挺舒展，横短则粗壮有力；竖画悬针为粗，以为主笔，垂露稍细，求其变化；其撇，长则轻，短则重；捺则重出，力度强健；其钩、踢、挑必顿后回锋迅出。

3. 欧体

欧阳询的楷体，结体特异，独创一格，权威尤大，其势力深入社会，几为学书的标准本。欧体楷书以《九成宫醴泉铭》最为著名。《九成宫醴泉铭》是欧阳询的作品，其书写的是宰相魏徵拟就的文字内容。据传，唐贞观五年，即632年，唐太宗命令将原属隋文帝的"仁寿宫"修复后更名为"九成宫"。632年4月16日，唐太宗游览九成宫时，欣喜地看到宫中有一口清泉，就让魏徵撰文，由欧阳询执笔，在泉水边立一座石碑，刻《九成宫醴泉铭》为碑文："历览台观，闲步西城之阴，踌躇高阁之下。俯察厥土，微觉有润，因而以杖导之，有泉随而涌出，乃承以石槛，引为一渠。其清若镜，味甘如醴。"

欧阳询的这篇《九成宫醴泉铭》笔法上融隶于楷，笔力上浑厚沉劲而意态饱满，显示出圆融流畅而弯转曲圆的心意状态，被后世赞为"天下第一铭"。诚如明代陈继儒的评论："此帖如深山至人，瘦硬清寒，而神气充腴，能令王者屈膝，非他刻可方驾也。"明代赵山在《石墨镌华》中称此碑楷体为"正书第一"。此碑的政治背景是中国封建社会极盛时期的"贞观之治"，唐太宗主导立碑，因而具有重要的历史意义。一是因魏征拟定碑文内容上的文辞，简洁深刻、立意高远；二是因欧阳询的书写笔法，刚劲险峻、法度森严，三是因刻工的刀法传神、技艺精湛，《九成宫醴泉铭》被尊为"三绝"碑，受到后人赞赏。

4. 赵体

赵孟頫是吴兴（今浙江省湖州市）人，受钟繇、"二王"、李邕、赵构等书法影响，成为元代初期最为重要的书法家、画家。《元史》专列赵孟頫传，认为赵孟頫的作品"篆籀分隶真行草书无不冠绝古今，遂以书名天下"，可见对其赞誉很高。赵孟頫所书《道德经》是赵孟頫小楷代表作之一，书于延祐三年（1316），字体工整秀丽，笔法稳健，独具秀逸的审美风格。

赵孟頫在画作卷首绘了一幅老子画像，旁边整卷洋洋洒洒地书就小楷《道德经》。赵孟頫偏爱书写小楷字体的《道德经》，该篇书法布局严谨，用笔精到，显示着稳健而灵动的心意，展现出精致而静穆的美感，通篇风韵和谐一体，堪称中国古代小楷书法中秀逸而圆熟的精美之作。

第四节　中华汉字音意的系统化传播

一、汉字在我国少数民族地区的传播

中国的汉字是从秦始皇一统天下后统一为全国性的通用文字，但是汉字在中华大地上的传播历史更为久远。在中国的许多少数民族聚居区，如吴楚、巴蜀、南诏、大理龟兹、大宛、契丹、女真、匈奴、白狄等居住地都有汉字传播，这使得汉字不再只是汉民族的通用用字，发展为整个中华民族共同体的通用文字。汉字的传播是在文化传播中进行的，文化传播也促进了汉字的传播，汉字与汉语文化对民族或部落地区产生了潜移默化的影响，这样，汉字文化受到民族地区长久以来的广泛关注和学习。

我国的许多少数民族为原游牧民族，他们在文化上长期以来处在一个落后状况，受汉字深远影响，也逐步地从愚昧趋向了开化。在当时，以汉字为代表的中国文化对其形成产生了十分巨大的深远影响，特别在创制属于本地区少数民族的文字方面。中国汉字发展过程经历了由甲骨文到行草书阶段，在这过程中，对中国少数民族以及邻近少数民族地区的周边国家创制汉字起着重要深远影响。在汉字的深远影响下，契丹族的耶律阿保机首先采用并仿照汉字的偏旁，创制出了本民族的古文书。契丹族汉字也因此形成，为中国其他少数民族创制本少数民族的汉字开辟了先例。此后，西夏党项的李元昊又模仿中国汉字的楷书字体创制出了西夏汉字，另外还有东女真以汉字正楷为基础，又仿照了契丹文的创制方式创制出中国少数民族汉字。除此以外，还有满蒙、哥巴文、八思巴文字等，也都是在汉字的深远影响下，创制出中国少数民族汉字。有史为证，西夏、契丹族、女真、纳西等众多族群，都曾分别模仿中央政权所推行汉字的字形和偏旁等，创制自己的中国少数民族汉字。

二、汉字在东洋（日本）的传播

日语虽然很早就有了自己的口头语言，不过没有自己的文字，现代日语的汉字是在汉字进入日语之后，才慢慢形成的。日语学术界普遍认为，日语中最初的汉字是在秦汉以来自我国大陆经北部的朝鲜而流入日本语中的。日语史籍《古事记》和《日本国书纪》记录，汉字在公元 3 世纪前后传到日本国，当时朝鲜的百济王子派遣阿直岐和王仁（285 年）前来日本国，教导在日本国的皇子们学汉语。这也是关于日本人系统地掌握汉语的第一个记录。但是根据日本考古学家的研究，汉字早在中国的战国后期便已经进入日本。日本大规模使用汉字是在唐朝，从隋唐开始日本派出了大量的"遣唐使"，也就是我们现在所说的留学生来中国，这些都是日本朝廷选出的有才华而且了解中国情况的人，他们在中国学习语言、文学、文化、礼仪、科技等，有的遣唐使还在中国的朝廷做了官。他们回国时带走了大批的用汉字写成的图书和经卷，同时，唐朝也派出了许多使者去日本，传播中华文化。在双方的长期交往中，不少图书传播到了日本，而这些图书也大都是用汉字写成的，这些书对汉字在日本的流传也起到了重要影响，正是通过这种汉语图书让更多的日本人接触、掌握到了汉字，使汉字在日本民间得到了普遍传播。"遣唐使"对日语汉字的产生与发展也作出了重要贡献，遣唐学生中最出名的是吉备真备与阿倍仲麻吕。后来由于熟练掌握汉字的人日益增加，日本开始大量采用汉字的音读或训读来记载日语的声调，但同时摆脱了汉字的原意，仅将汉字当作表音文本（即声调文本）来运用，这便是"万叶假名"。由于奈良时期的和歌集《万叶集》在这类虚名的运用上最富有特色，所以后人称为"万叶假名"。"万叶假名"历史上则是指相对于"真名"而言的，"真名"即名副实际的形、声、意兼有的汉字，"万叶假名"历史上则是指假借汉字作为日语音符。"万叶假名"虽然在含义上是"伪"汉字，但在字体上却是真实汉字。

历史上，"万叶假名"曾在日语中被普遍使用，但因过于烦琐，后来在应用中被逐步精简，从而产生了一种标注现代日本语言的标准注音符号——片假名和平假名。片假名来源于日本平安时期的僧人或男性，由于当时的僧人读佛典的解释时要在经文行间加注读法或注解，写起汉字式的万叶假名极不便利，为求迅捷简便，于是他们在实践中总结出取汉字的一部分偏旁作为文字符号，用于经文行间注释或栏外释义，由此形成了片假名。平假名是万叶史上在频繁运用过程中写法不断地被本土化，并不断使用其行书体和草书体而逐渐产生的，尤其是日本宫廷中女性在写和歌、随笔、情书等作品时则普遍喜用曲线条的柔软草体抒写表达情感，这也就产生了一些秀逸洒脱的平假名。平假名和片假名的产生，标志着现代日语汉字的真正形成。

明治维新之后，汉字的普遍应用到达了史学的顶峰。主要表现在：

（1）在新的明治政权所颁布的教育法案中，对汉字的使用量极高。

（2）在政治、经济、军事、自然科学等各种领域，日本语的词汇量均发生了前所未有的剧增，这些词，大多都是用汉字造的。

（3）在日常生活会话中，也开始普遍运用汉字词语。

而也正是这种时候，日本人在大举引入西学的同时，也开始反省自己文化的缺陷，并提出要满足文明社会的要求，必须对文字进行改革。他们最主要的看法有废弃汉字论和削减汉字论，因为汉字不易学、难以记，一些研究者主张必须彻底抛弃汉字，但对于在放弃汉字之后还应该使用的新汉字形式，主要有三种观点：假名派、罗马派和新字派。"废除汉字论"的主张遭到了当时许多著名学者的反对，他们认为汉字在日本有一千多年的历史，汉字与日本文化密切相关，废除汉字就等于切断了历史。最后，福泽谕吉所提出的"削减汉字论"就成为折中主义的方案，他指出日本有假名文字，却也有夹用汉字，这就是非常不合理的；然而这种古来的社会惯例，使得平时所用的文字都夹用了汉字，现在已变成一个社会惯例，若要马上消灭它，这也是不合理的。对日本人而言，彻底保留部分汉字比彻底放弃全部汉字更容易接受，因而他主张减少汉字使用，将汉字使用个数限制在两千到三千之内。这一主张成了日本以后文字改革的基本路线。

1945 年以来，日本国政府部门从上至下共对汉字做出了 10 多次大大小小的变革，其间在日本国的民众社会日常生活中，真正产生过重要影响的变化只有 3 次。1946 年，日本政府发表了《当用汉字表》，包含了 1850 个汉字，包括了许多将原来的《康熙字典》中字形精简后的新字形，而这些汉字从此之后便成为现代日语简化字的基础。"当用"也就是当前所用之意，将来随着形势的发展也可能适当调整。日本政府曾在公令中说道："由于国人使用的汉字为数极多，再加上使用过程烦琐，所以在学校教学上和社会日常生活上，都有许多不便。因此限制汉字，将有利于促进民众日常生活效率的提高和社会文化水准的提升。"这 1850 个"当用汉字"用作"法规、公文、新闻报道、期刊以至普通社会所用汉字的范畴"。凡是上述汉字所无法表示的语词，均用虚名写作。近义词、副词、接续词、感叹词、助谓语、物助词等都用假名写作。而日本以外的外国人名、地名、外来词、动植物名等，也都用假名写作。不过到了 20 世纪 60 年代后期，日本政府也开始反省限制汉字运用对社会的负面影响，在 1981 年，政府官方发表了《常用汉字表》，新增了 95 个汉字，共收录了 1945 个汉字的字形、音训和词例，其"前言"里说："收集了所有在政府法律、文件、报刊、广播电台，以及在一般社会日常生活中所用到的高效率、高通用性汉字，以作为在撰写通俗易懂文章时用字的基础。"《当用汉字表》着重在限定汉字的使用，而《常见汉字表》却提出了一个非常宽松的标准，《常见汉字表》的出台是地方政府为了顺应民意，对汉字字数控制和应用范围的更进一步松绑，从 1981 年以来《常用汉字表》一直是日本人汉字使用的标准。随着计算机的发达与广泛应用，对汉字的录入已经非常便捷，导致了汉字烦琐、不易书写的障碍逐渐得到消除，但同时由于汉字使用率的提高，日本人对汉字的理解也出现了很大改变，在时隔了将近 30 年以后，于 2010 年 11 月 30 日，日本政府又公布了《新使用汉字表》，该表格中增加了 196 个使用的汉字，但同时删去了原表格中的 5 个汉字，共收录了 2136 个汉字。日本政府颁布的《新常用汉字表》中汉字的数量大幅度增加，表明了在网络信息化飞跃性增长的今天，汉字在传统日语文字中依然有着无法取代的巨大生命力。

三、汉字在南亚（越南）的传播

汉字传入越南的历史相当悠久，汉字是越南人的第一种书面文字，也是在相当一个历史时间里越南官方的通行文字。公元前 214 年，秦始皇平岭南分置南海、桂林和象三郡。《南越列传》（《史记》卷一一三）中记述："秦时已并全天下，略定杨越，置桂林、南海、象郡，以谪徙民，与越杂处十三岁。"秦始皇时代，通过大量移民致力于开拓边疆，并宣扬中国文明，与此同时，汉字也开始对越南产生深远影响。公元前 112 年，西汉武帝为平定越南南方，分设九国，其中的交趾、九真、日南三个国大约相当于今天越南的北方和中北方区域。自此，汉民族文化和汉语汉字在越南的流传走向了一种崭新的发展阶段。从两汉时期至三国年间，先后有张锡光、任延、士燮治理了交趾、九真等地，人口大量涌入流传汉文化。《南蛮西南夷列传》（《后汉书》卷七十六）记述："广武中兴，锡光为交阯，任延守九真，于是教其耕稼，制为冠履，初设媒娉，始知姻娶，建立学校，导之礼义。"书院的成立，对汉字和中国文学在越南各地的流传产生了重要的促进和带动作用。士燮在任时期，"教取中夏经传，译文音义，教本国人"，士燮因而被越南人民尊为"士王"和"南交学祖"。他们为汉字和汉文化在越南的传播做出了突出的贡献。自秦汉时期至五朝宋朝初期，越南地区始终被视为我国的郡县，因此我国历史学家常把这种历史阶段称作"千年郡县时期"，越南史家则视为"千年北属时期"，在这一历史时代，越南人接触了汉字所传递的中国文明与典章制度。正是通过汉字的使用，越南文化从物质层面到制度层面乃至心理层面都受到中华文化的深刻影响。公元 968 年，丁部领建立了丁王朝，标志着越南开始脱离我国的统治走向了完全独立的封建国家时代，但是中越两国边境地区的少数民族之间一直维持着宗藩关系。自立以后，越南的封建王朝就开始推广汉语和越南国语的使用，虽然汉字已经是越南官方最通行的汉字了，但并无法实现越南民族语的统一表达，这就必须有一个能够沟通汉语与越南国语的中间文字存在，所以越南在传统汉字的基石上创建了本国的少数民族文字——"喃字"。

关于"喃字"产生的时代，史学家有五种不同的意见：一种观点认为产生于周代以前；一种观点认为产生于东汉初年的锡光、任延时期；一种观点认为产生于东汉末年的士燮时期；一种观点认为产生于公元 8 世纪的唐朝；一种观点认为产生于公元 13 世纪的李朝。吴凤斌认为喃字产生与汉字、汉语传入有关，有汉字、汉语传入才有喃字产生。而喃字真正作为文字出现是在越南独立之后，特别是在 13 世纪以后才得以发展。喃字也是一个方块字，它脱胎于汉字，并按照汉字六

书中的假借、会意和形声规律造字:(1)假借,固(有)、卒(美丽);(2)会意,
(头目,大王)、(字);(3)形声,(人)、(跑)。喃字开始只用来记人名和地名,
后来才慢慢发展为写诗、著书。但是,因为喃字写法比汉字还要复杂,所以表音
很难,因而喃字没有能够完全代替汉字。在很长的一个历史时间内,越南对汉字
非常尊重,越南上层文化社区普遍将汉语或汉字当作最高贵的语言文本,并尊称
汉字为"儒字"和"圣贤之字",上至宫廷的历史文书、科举考试等,下至学校
孩子的历史文化教育普及均采用汉字,甚至连当时越南的文学作品也是以汉字的
形式记载并留存下来的。到了19世纪中叶,由于法国人侵占越南南部,汉语、
汉字的地位遭到了重创,此后,人们在越南使用了三种语言,即越语、法语、汉语,
四种文字即汉字、喃字、国语字和法语字。国语字是18世纪外国传教士到越南
传教时用罗马字母创造出来方便传教用的,法国征服越南以后,认为这种文字和
法语字比较接近,开始大力推广这种文字。1865年,政府补贴的越南第一张报纸
采用了这种字体。1918年,在越南最后一个中国式科举考试之后,这种国语文字
教育被彻底抛弃。

四、汉字在朝鲜半岛的传播

朝鲜半岛历史虽然悠久,但在很长的一个时间里只是拥有群体语言,没有民
族文字。朝鲜文字创制以前,汉字和汉语是对朝鲜半岛语言产生重大影响的文字
要素之一。汉末和三国时代(公元2—3世纪),汉字大量流入朝鲜。汉字最先进入
朝鲜,主要是因为当时朝鲜人对汉族文明的高度景仰,而他们对带有汉族文化特
征的汉字都是全盘接受的,因此朝鲜民众使用汉字撰写本民族文学作品,并记录
本民族语言。在长期使用汉字的过程中,朝鲜统治阶级试图解决口语和书面语不
一致的矛盾,创造了一种借用汉字及其音、义来记录朝鲜语的特殊记写方式,也
就是"吏读"。有一种说法认为"吏读"是由统一的新罗神文王(公元681—692年
在位)时代的大鸿儒薛聪所创,但其实考古发现的很多最早期的"吏读"碑文都
在薛聪以前。据所考古发现的碑文内容来推测,"吏读"应当形成在高句丽的长寿
国王(公元413—491年在位)时代,后薛聪又将历代文书内容归纳汇总,使其更
为系统化、定型化。"吏读"文字一直和汉字长期并用,但是由于当时的士大夫以
使用汉字为风气,这一时期的诗歌、小说也都是用汉字写成的,汉字在很长一段
时间内一直是朝鲜的官方书面语言。"吏读"文字用汉字来记录朝鲜口头语言,它
的表记方法复杂且不准确,繁体汉字本身的局限性使之没能在朝鲜半岛得到普遍

推广。公元 1446 年，李氏朝的第四代国君世宗实录制定了朝鲜最初的表音文字——《训民正音》（意思是使百姓正确记写朝鲜语音的文字），朝鲜人在用了将近千年的中国汉字之后，才最终有了自己的本民族文字。这种新创的朝鲜文字是拼音的，但不是线性排列，而是叠合成汉字式的方块。《训民正音·序》中载："我国之语言，虽异乎我国，而我国文字不相流通，而为愚民之所欲言，而最终不能伸其情者多矣，故予对此悯然，新制二十八字，欲令人人易习，以便日用亦。"

不过由于汉字在朝鲜社会的影响力相当大，《训民正音》并不能获得很好地推行。就在《训民正音》出台后不久，一部分士大夫纷纷抗议，他们指出，汉字是当今世界上最高雅的一种文字语言，而朝鲜人仰慕和追求汉民族文化，应该全部采用汉字，而不应创制本国的传统文字语言，否则就相当于背离了先进的汉文化习惯。所以，在《训民正音》出台以后，朝鲜在文字的使用上出现了两种趋势：一种是士大夫等上层社会坚持使用汉字，另一种是广大底层老百姓使用朝鲜文字。高丽王朝的上流社区开始厌恶这个新兴的文体，称其为"谚文"，也就是和"谚语"类似的中国民间文章。"谚文"只限幼儿和女性使用，但正规公文仍用汉字写成。

朝鲜文的起源是由拼音符号而兴起。这一拼音符号的社会意图与朝鲜文化的社会过程是不同的。朝鲜拼音符号是在原有社会文化背景下，由学术专家的专门学科知识打造而成的一种新文字体系，属世界主流文字声像性质知识范畴。因此，这一新知识体系的文化针对是十分清晰的。拼音文字的思考从相反的两极开始进行，那么，从朝鲜拼音符号的形成到 1846 年废除汉字，这就是一种文字改革的社会潜过程。从废除汉字到 2005 年再次（韩国）试图恢复使用汉字，就是新文字体系在改革发展中的思想调整。而调整就是由当初的理性夸大所导致的文化传承缺陷上的认知反省。在汉字文化圈中，朝鲜既是一个长达千年使用汉字的国度，又是对汉字进行重大变革、废除汉字的社会区域之一。该社会区域在文字改革中的大起大落现象，在世界文字发展史上实属罕见。因此，朝鲜社会区域对文字改革的反思具有典型性，剖析这一思想过程，对于分析近代中国社会的文字改革无疑具有警示作用。

朝鲜拼音符号是由世宗君王创造出来的。世宗君王说："中国文字是基于中国历史应运而生的，因此，它无法清楚表达朝鲜语特有的语境，无法充分地表现庶民的想法和情感。"他调研后认为，普通国民无法读写复杂的中国汉字，无法用朝鲜民族自己的文字来表达深度情感，交流复杂的痛苦，而当时的社会教育是汉字文化，是贵族们才能享有的专有物。民意的体察导致了这位君王苦思冥想，想象有朝一日务必要创造出一种独特而易学的朝鲜文字，让社会普通大众也可以轻松学习自己的文字。因此，世宗君王时代，人们因看待汉字的一套概念不同而逐步产生异议。未解的汉字之谜既成了一种质疑对象，又是一种与本民族语言相异类存在于一个社会的文字经验，社会文字观开始发生转变，以至于传统思维方式与新的经验客体之间开始出现差距。于是，一个社会的文字起源便随着这一伟人的思想发展，在朝鲜社会逐步展开。

世宗君王在发明朝鲜拼音时，受到音乐和北方游牧民拼音文字的启发，了解到简单的音乐符号就能记录世界上所有的声音，那么，某种简单的拼音字母也应该可以记录全部朝鲜语言和思想，从而可以作为新的社会的参考经验。当这种思想实质已渗透到了对文字经验研究的核心时，对于君王的一个头脑而言，这一文化"事实"就是存在于思想的社会背景之中。它能够被理解和界定，就已经暗示着声像文字的某种概念体系的社会存在。如果这一概念体系对该社会群体的全部成员都一样的，支撑着这场文字改革的一个概念预先假定就永远无法被我们所体察。

朝鲜于 1945 年分为两国：朝鲜和大韩民国，李世宗所创立的拼音文章在朝鲜被称为"朝鲜文"，在大韩民国被称为"韩文"。"朝鲜文"于 1949 年之后就完全废止了汉字，也不可以夹用汉字了。而在大韩民国，于 1948 年韩国颁布了《韩文专用法》，规定课本、读物、报纸、期刊、公文等资讯媒体全面改为韩文，汉字从书面上逐渐消失了。从其国家文化史来看，汉字在韩国使用了近 2000 年，众多的韩国历史、文学图书都是用汉字记载的，废止汉字相当于废止了韩国 2000 的历史文化。《韩文专用法》也产生了很多影响：因为小学并不开展汉字课程，所以中小学生对课文的认知也深受影响；馆内的很多藏书变成"死藏"；青年加入社会工作后遇到汉字往往无法进行份内的工作；汉语方面，外来词充斥，不合标准的新用语日益增多，汉语遭到污染。在"韩文专用"的几十年间，韩国社会要求复活汉字的呼声也一直持续不断。在汉字课堂教学领域，1968 年 10 月，韩国全面推行"韩文专有"，宣告自 1970 年起自小学到高中生的各种教材全部废除汉字，六年初等教育学科中暂停汉字课堂教学。但是 1972 年，韩国文教部又选定汉文学校教导所用基本汉字 1800 字，规定初中生、高等学校各教 900 个汉字。1975 年开始改正教材体系，教材采用"韩汉并用"的方法。1976 年八月，文教部确定小学保持基本状况不开展汉字文化教育，初级中学、高等院校除汉文学习科上讲授汉字外，韩文等学习科上仍然采用"韩文专有"教学方法。但在实际社会中，汉字词不仅没有废除反而数量还在不断上升，但汉字混用现象并没有全部减少。1999 年 2 月 8 日，韩国政府决心在公务文书、交通标志等领域，重新使用已消失数年的传统汉字和新汉字标志，打破了韩国近几十年使用汉字的禁令。朝鲜半岛文化是通过引进、消化中国文化的进程发展起来的，任何时候，涓涓细流源自中国，随着这一流向，通过汉字、汉语，引进新的文化概念。直至近代，潮水般涌进的西方文化新概念也是借助于汉字特有的构词能力加以解决的。国语词汇中占 70% 的汉字语，就是以此形式融入国语，学术、文化等专业领域的学术用语，几乎全由汉字语构成。

第二章　中华汉字的结构系统

本章内容为中华汉字的结构系统，主要从三方面进行了介绍，分别为中华汉字的"象形与指事"、中华汉字的"会意与形声"、中华汉字的"转注与假借"。

第一节　中华汉字的"象形与指事"

一、象形字的物化结构

象形，就是按照具体事物的形体描摹事物的轮廓，直接描绘出一种具有形象感的符号，用这个符号来表示语言中与这个事物对应的词语。通过描摹事物形象而产生的文字可以称为象形字。象形字大多为名词，古汉语中名词多为单音节，即一物一名，一名一词，一词也就对应一个字，因此一个象形字就可以体现一个完整的个体。

（一）象形字的产生

我们在上文说过，汉字起源于图画，在象形文字产生之前，应该经历了一个图画记事的阶段。其他古文字材料表明，在成熟的象形文字产生之前，还经历了一个图画文字的阶段。图画文字，又叫图形文字、原始文字等，即用一定的图形来代表一定的意义，图画文字是用图画的形式来表达人们的语言、思维，通过一些特定的图画来提示语言，是一种辅助记忆的符号。与图画记事不同，图画文字已经具备文字的特征，可以记录语言，但它不能精确、完整地记录语言，它可以记录语言中的词，但更多情况下记录的是短语或句子。说到图画文字，被学界引用最多的例子就是后面这段纳西族的东巴经。

如图 2-1-1 所示，是纳西东巴经《创世纪》中的一段经文，"🕊"表示拿着蛋；"〒"本义是解开，纳西语里解开的读音与"白"相同，所以"〒"在这里假借表示"白"，指白天，"●"表示"黑"，指夜晚；"○"表示"蛋"，"≋"

都表示"风";"🐚"表示"湖";"🜸"表示发光的蛋;"🜨"表示"山崖"。这段经文里每一个符号都有一定的意义,有的还有固定的读音,但它们并没有一字一句地记录语言,排列还具有很强的图画性。这段经文记录的实际上只是一些关键的语句,大多是实词,如果只按照图中所记录的几个符号来读,大概只能读出"捧着蛋、湖、黑、白、风吹在蛋上、山崖、蛋破了、发光"这些不成连贯语段的词句。东巴在诵读这段经文时,会加入其他词语,使其能够连贯成句,读出经书记载的内容。这段经文经东巴诵读,大意就是:"把这颗蛋抛在湖里头,左边吹白风,右边吹黑风,风荡漾着湖水,湖水荡漾着蛋,蛋撞在山崖上,便生出一个光华灿烂的东西来。"

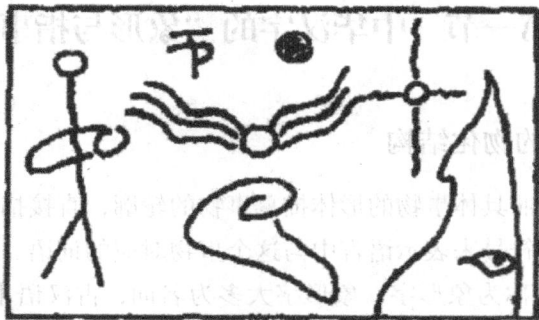

图 2-1-1 纳西东巴经《创世纪》

上面的例子说明,图画文字与图画已经有了很大区别,里面的单个符号很多就是图画抽象而来,但图画文字是模糊的提示事件、提示语段,同一幅图画,提示的内容越多,人们解读出其代表的意义的准确性就越低。只有当图画文字提示的内容变少,甚至固定到语言中某一个词上,真正意义上的文字就诞生了,而这个脱胎于图画的文字,一般就是象形文字;此时文字的书写就不再是图画式的组合,而是一字一字的线性排列。

由图画到图画文字再到象形文字,一个图形符号的外形可能没有发生多大的变化,如我们在第一章列举过的"鹿",无论在哪个阶段它可能都是对鹿的形象的描绘,但它们代表的含义可能会有区别,图画或图画文字里的鹿可能会因为它所在的位置或形态不同而代表不同的意思,如同时画两只鹿,一只大的鹿和一只小的鹿,在图画或图画文字里,大的可以表示大鹿,小的表示小鹿,而在象形文字里,无论大小,都只单纯地指"鹿"这个意思,要表示大鹿,就要用"大"和"鹿"两个字表达。这就是图画或图画文字记录事件或语言不固定性的体现。进入象形文字阶段后，图形与语言的关系固定下来，这个鹿的形象描绘，就单纯地表示鹿这种动物，无论写多大还是多小，它都只表示"鹿"，而不会因为写得大就表示大鹿。也就是说，只有到了"表现描绘对象的单独记号"的阶段，这个类似图画的符号才成为一个象形的文字。

文字学家相信，我们的汉字也一定经历过类似于东巴文这样的图画文字阶段，只是目前还没有发现确实可靠的考古材料。原始汉字是从什么时候脱离图画或图画文字进入象形文字阶段的，目前还没有确切的材料来证明。文字学家相信，至少在夏代（约公元前 2070—前 1600 年），象形文字就应该已经产生了，夏王朝已进入阶级统治阶段，奴隶制国家的建立要求用文字记录来进行管理，原始汉字大概也是在夏朝逐渐走向成熟的，到商代已经是很成熟的文字了。汉字脱离图画进入象形文字阶段，此时的文字体系还未完善。早期象形文字的象形程度很高，抽象度低，因此纯粹的象形文字不能准确记录语言，象形文字基本上是一些具体有形可像的事物，光靠这些是远远不够的，但如果借助假借，象形文字就可以独立地一字一句地记录语言了。

甲骨文是目前发现的最早的成系统的汉字，虽然甲骨文中象形字还占较大的比例，据学者统计，约占 25%；但甲骨文中的形声字也已经大量出现，因此，甲骨文已经不是纯粹的象形文字了，而是比较成熟的表意文字了。甲骨文中象形字抽象程度已经较高，线条化进一步加强，符号化明显，已经是成熟的象形文字，只是在商代和西周早期的一些金文里，还能看到一些象形程度较高的象形文字，如族徽文字。

（二）象形字的分类

根据象形字的构成，我们可以把象形字分为整体象形、部分象形和合体象形三类。

1. 整体象形

整体象形即直接画出事物的形体，具有很强的图画性，一个字就像一幅简笔画。整体的象形字，其形体与字义是相同的，通过字形就可以直接看出字义。

（1）人及人体类

顾名思义，这类象形字就是通过对人体各部位的描绘来表示对应的意思。如："￥"（金）手，"手"在甲骨文中未有记载，金文"手"字像手的正面形象，字形为手有五指之形。在楷书中，直接以"手"为字符构形的字并不多，仅"掌""看""拿""攀"等字，除了"看"，"手"多用在字的下方。"手"用作合体字的偏旁，更多的是放在字形的左边，这时的"手"一般作"扌"，俗称提手旁。在古文字里，另有一个表示"手"的字是"又"（又），描画的是手的侧面形象。

（2）动物类

甲骨文、金文有很大一部分表示动物的字，这些字有很多是象形字，因为动物各有各的形象，是有形可像的生物，动物类象形字都是对具体动物的简单描绘。由于文字毕竟不是图画，即使象形程度再高，也不能将动物描绘得惟妙惟肖，而自然界中很多动物的形体是相近的，因此简单描绘并不能将它们区分开来。如一般的哺乳动物都是带有尾巴的四肢爬行动物，如果只用线条对它们的形象进行勾勒，那么产生的字形很可能难以区分。但聪明的古人抓住了各种动物的特点，在造字时除了描绘动物的外形外，更强调突出动物的区别特征，通过这些特点，将一个一个动物区分开来。如：

"象"（甲）、"象""象"（金）象。《说文》："象，长鼻牙。南越大兽。三年一乳。象耳牙四足尾之形。"甲骨文象字描画的正是大象的形状，特别突出大象长长的鼻子，但许慎说到的"耳牙"，却只能在商代金文中看到，"象"出自祖辛鼎，鼎中的"象"字除了长鼻之形，"耳牙四足尾"几乎都能看见，非常具象。

"豕"（甲）豕、"犬"（甲）犬，甲骨文在描画动物形象时，有一些动物身体的部位非常相像，前面的"象"字，这里的"豕"与"犬"的字形就是如此。在这种情况下，必得描画出这些动物的区别性特征，才能被辨识出来，如"象"字就突出了其最具特征的长鼻子。"豕"与"犬"的区别则在于两种动物尾巴的长短和肚子的肥瘦，这里的"豕"尾短腹肥，而"犬"尾长腹瘦。

（3）植物类

与动物一样，许多植物也不易区分，古人造字时也抓住了这些植物的独特性，在文字上突出这些重要特征，作为区别特征将各个植物类文字区分开来。如：

"屮"（甲）、"屮"（金）草，"草"甲骨文本作"屮"（屮），像草茎之形。《说文》："屮，艸木初生也。有枝茎也。古文或以为艸字。"古文"屮""艸"本是一个字，这与甲骨文"屮"不受形体多少的限制有关。在古文字中，"屮"还有"茻""茻"的写法，如果说"屮"像草木初生，"茻""茻"则像极了草木丛生的形状。这几个字字形虽不同，但意义却一样。后来这些字才逐渐发展出"草（艸）""茻（卉）""茻（莽）"的区别。

"木"（甲）、"木"（金）木，描绘的是树木的形象。字形上有树枝，下有树根，中间是树干。"木"的本义是"树"，《庄子·山木》："庄子行于山中，见大木，枝叶盛茂。"

（4）建筑类

建筑类象形字就是对原始建筑物轮廓的描绘，可以反映当时建筑物的面貌。如：

"𫔶"、"𨳕"（甲）"𨳕"（金）门，《说文》："门，闻也。从二户。象形。"古代单扇门曰"户"，又叫"半门"，《说文》："户，护也。半门曰户。""户"甲骨文字形作古文字的"门"就像双户的形状。可见"门"比"户"大，其形制不同，内涵也有异，汉语中"小户人家"与"高门大宅"常常对举，就是借用"门""户"的区别而体现家世的清贫与显贵。"门"是象形字，在早期的甲骨文中，"门"字作"𫔶"，上面原有门框，后来简化了才写成"𨳕"。

"𣥂"（甲）、"𣻑"（金）行，像十字路口的形象。"行"的本义是道路，"行走"是它的引申义。"行"字在用作表意偏旁的时候往往省为"彳"，后人因而把"行"字拆成"彳""亍"二字。跟行走有关的字往往既从"彳"又从"止"，二者后来合成一个偏旁，即一般所谓的"走之底"——"辶"（本作"辵"）。

"𠂤"（甲）、"𦩍"（金）舟，像简单的木船的形象。古代的"舟"是小船，主要用于渡口，来往于江河两岸，横渡使用。《说文》："古者共鼓、货狄剖木为舟，剡木为楫，以济不通。"共鼓、货狄传说是黄帝时代的两名能人，他们能教人造屋，制造生产工具。最早的"舟"和"楫"就是由他俩挖空树木修理完善之后创造出来的。

（5）器用类

器用类象形字就是对日常生活中使用的器具的描绘，可以反映出当时的生活面貌。如：

"豆"（甲）、"豆"（金）豆，《说文》："豆，古食肉器也。""豆"是古代用来盛肉或其他食品的器皿，字形描画的是一种高足的盛食器的形象。

（6）自然类

自然类象形字是对自然界除动植物以外的事物的描绘。如：

"山"（甲）、"山"（金）山，描绘的是山的形状。山是由许多高低不同的山峰组成的，古文字"山"就像起伏的山峰。

"水"（甲）、"水"（金）水，像流水的形状。中间像水脉，两旁是流水。"水"是汉字的一个部首，在楷书里，左边的水旁一般写作"氵"。由"水"构成的汉字，它们或表示江河水利之名，或表示水的流动，或表示水的性质状态，一般都与"水"有关。

"〈〈〈"（甲）、"〈〈〈"（金）川，描画的是河流的形状。字形像两岸间有水流贯穿，两边是河岸，中间像流水，在金文中，中间像水的那些点被连成了一条线，其本义就是"河流"。

（7）装饰类

"〈〉"（甲）、"〈〉"（金）贝，甲骨文"贝"字像海贝打开的两扇壳的形状，也非常具象。在金文中，"贝"字原来曲折的线条被拉平了，不相连的地方也被连成了一笔。古人用"贝"做装饰，或以此充当货币，所以跟财富有关的字多从"贝"。

"〈〉"（甲）、"〈〉"（金）衣，像古人所穿的斜襟上衣的形状。上有领子，两旁是衣袖，下像两襟左右相覆，这就是古代上衣的形状。《诗·邶风·绿衣》："绿衣黄裳"，《毛传》："上曰衣，下曰裳。"

2. 部分象形

与整体象形不同，部分象形只画出事物的局部，用这一部分的形象来代指整个事物，部分象形产生的字其字形所代表的含义大于字形本身体现出来的含义，这一类字极少。如：

"〈〉"（甲）、"〈〉"（金）牛，字形仅描画"牛"的部分特征，突出的是"牛"的两只角。

"〈〉""〈〉"（甲）、"〈〉"（金）羊，与"牛"字的构形方式一致，"羊"字字形突出描画了"羊"卷曲的两只角。

3. 合体象形

合体象形是指一个字形不但画出所像事物，而且还画出与所像事物相关的事物。合体象形字字形反映出来的含义要大于实际代表的事物含义，即合体象形字中只有一部分形体是这个事物的象形。相关事物对于字义来说是多余的，但没有这些多余部分，单独画出要表达的事物形象，要么会表意不清，要么会与其他字混淆，所以这些附加部分对字形来说是至关重要的。

（1）人及人体类

页，本义同首，都表示头部，甲骨文为象形字，不但画出头部，也画出跪坐的身体，其实头部才是页字要表达的重点，画出身体是为了与首字区别，不画身体的字形就是首的象形。金文页字象形度降低，但仍可看出基本轮廓，头部头发还在。往后发展头发消失，面部笔画化，身体部分表示手的笔画与身体分开，改为和头部相连，逐渐演变为小篆字形。隶书时把弯曲的笔画拉直，演变成"頁"，今简化为"页"（图2-1-2）。

甲　　　金　　　楚简　　　小篆　　　汉隶

图 2-1-2 "页"字的演变

眉，即眉毛，甲骨文、金文像眼上长眉毛之形，画出了要表现的眉毛，同时还画出了眼睛作陪衬，如果只画出眉毛，几条简单的线表意就会很不明确，人们就不清楚这几条线究竟代表什么。甲骨文的眉，眼睛与眉毛相连，眉毛直接画在眼皮上。金文有眉毛与眼睛分开的字形，后世继承了分开的写法。到小篆时，表示眉毛的折线重叠，斜线拉长曲折，眼睛笔画化为"目"，象形性消失（图2-1-3）。

甲　　　金　　　小篆

图 2-1-3 "眉"字的演变

舌，即舌头，画出了嘴巴和外伸的舌头，舌头前端分叉，应该是蛇一类动物的舌头。甲骨文、金文中有的字形舌头上加有小点，应该表示口水；楚简中口与舌头分离并加上了形旁"肉"，对字形进行了繁化。小篆字形承袭金文字形，只是笔画化更明显，隶书将曲笔进行了拉伸，奠定了今天字形的基础（图2-1-4）。

甲　　　金　　　楚简　　　小篆　　　秦简　　　汉隶

图 2-1-4 "舌"字的演变

齿，本义是门牙，甲骨文除画出门牙之外，还画出了嘴，有繁简之分，画出的牙齿数目不等，有的字形已经线条化。金文字形稍有讹变，楚简里象形部分讹变为"臼"形，并加上了声符"止"，发展为一个形声字。小篆也是一个形声字，上部"止"为声符，下部形符承袭象形字形而来，只是发生了讹变。楷书作"齒"，简化为"齿"（图2-1-5）。

图2-1-5 "齿"字的演变

（2）动物类

鼠，老鼠，画出了老鼠的形象和小点，这些小点像老鼠啃物之后留下的碎屑之形，单画老鼠可能与其他动物难以区分，所以就突出了老鼠爱啃物的特点。后期字形逐渐线条化，头部讹变为臼，身体线条化，双腿向身体一侧弯曲，已经丧失了象形意味（图2-1-6）。

图2-1-6 "鼠"字的演变

（3）植物类

叶，本义是树叶，单画树叶表意不明，甲骨文画出了树干和树叶。金文字形表示树叶的部分已经笔画化为"世"，下部形符化为"木"，发展到后来楷书写作"枼"，此字常借用表示"世"，所以在原字基础上加上了形符"艸"，造出形声字"葉"来专门表示树叶，此字在春秋时期金文中就已经出现，为后世字形所本，今简化作"叶"（图2-1-7）。

图 2-1-7　"叶"字的演变

（4）自然类

州，本义是水中的小陆地，是洲的本字。古文字为象形字，在表示河流的"川"中加上圆圈，像水中陆地之形，画出水中陆地的同时也画出河流，使表意准确。小篆将字形小圈演变为三个，后笔画化为"州"。古代"州"字被用来表示行政区划，为表示区别，便在"州"字基础上加上了形符"水"，造出了一个从水州声的形声字"洲"，用来表示州的本义（图 2-1-8）。

图 2-1-8　"州"字的演变

云，甲骨文、金文像云卷曲之形，也画出了天空，用一横表示。原本云上面只有一横，这一横表示天，但在甲骨文中只有一横的"云"字被假借表示十天的"旬"，所以就在原字形上再加一横以示区别。金文中还有早期字形的孑遗，只有一横。云在先秦时又被假借为表示"说"，所以就在象形字的基础上增加形旁"雨"，造出了一个从雨云声的形声字"雲"，今简化作"云"（图 2-1-9）。

图 2-1-9　"云"字的演变

二、指事字的指代结构

《说文解字·叙》："指事者，视而可识，察而见意，上下是也。"指事是借助指示性符号表示词所指称的事物或抽象的概念。这些符号很容易识别，但得仔细分析之后才能知道它指示的真正内容。这就是许慎所谓的"视而可识，察而见意"的意思了。许慎举了"上""下"两字作为指事字的代表。

"上"甲骨文作"⸜"，金文作"二"，"下"甲骨文作"⸝"，金文作"二"，两字均由一长横和一短横构成。"上"字下横长，甲骨文做上仰之形，而"下"字上横长，甲骨文做下俯之形。以长横为参照，短横在上的指示上方的位置，也就是"上"字，在横线下面的指示下方的位置，则是"下"字。这两横一长一短，均为抽象的符号，其中短横具有一定的指示性作用，指示相对于长横的位置，从而达到分别表示"上""下"之意的目的。通过抽象符号的指示作用，"上""下"两字的字义也清晰可见。类似"上""下"这样，借助指示性符号的帮助来达到表词达意的目的的方式，就是指事。由指事方法构成的字就是指事字。

指事词又可分成两种：一种是单纯的"指事"符号，如"一""二""三"，一种则是在象形字基础上，借助增加标记性质的点画的方法所构成的名词。第二类字以象形字为主体，指事字主要用来标识符号的部位，这是决定这个指事字区别于别的字的关键之一。指事字也多为独体字，在"六书"里，指事字比较少。

（1）纯粹的"指事"符号

与"上""下"一样的指事字，甲骨文中还有"▬"（一）、"二"（二）、"三"（三）、"三"（四）、"囗"（方）、"〇"（圆）等，它们都由抽象的符号构成，直接表示语言中关于数字或形状等相对抽象的概念，这类字都属于指事字。这些抽象的符号可能在文字未形成系统之前就已经出现了，因此它的历史非常久远。然而这类指事字在古文字中并不多见。

（2）以象形字为主体

指事字的另一种类型同样是通过一些指示性符号达到表义的目的，但它不是纯粹的抽象符号，而是结合象形符号，在描摹具体事物形象的特征时，将指示性符号抽象为一个新的形体，并以整体的构形来表达语言的音义。这些指示性符号在表词中往往发挥着关键性的作用，代表着词义的指向。如：

"木"（金）、"木"（篆）本。"本"的本义是树根，金文"本"字是在"木"的下部加三个小圆点，告诉人们圆点所指示的就是树根所在的位置，从而构成"本"字并用以表示"树根"这一意义。到了小篆时代，"本"字下部的圆点变成了一短横，画在"木"字表示树根的部位上，其作用是一致的。《说文》："㞼，木下曰本。从木，一在其下。"徐锴注："一记其处也。本末朱皆同义。"意思是说，"本"字中的一短横用于指示树根所在的位置。这样的做法，不光是"本"，"末"和"朱"也一样。

"㞼"（金）、"㞼"（篆）末。与"本"相对，"末"的本义是树梢。古人在造字时就在"木"上部加一点，从金文"末"字中就可清楚地看见。这一点同样是指示符号，加在"木"的上部表示这里是树的末梢所在。小篆将点改成了一短横。《说文》："㞼，木上曰末。从木，一在其上。"可见，"末"的结构方式与"本"是一致的。

"㞼"（甲）、"㞼"（金）、"㞼"（篆）朱。有同样做法的还有"朱"字。与"本""末"不同的是，"朱"字是在"木"的中间加一短横或一点以指示字形所要表达的意义。《说文》："㞼，赤心木。松柏属。从木，一在其中。""朱"的本义是红心木，这里的一点或一横放在"木"的中间位置，指示人们树心的特点，它是红色的。后来，"朱"由"红心木"引申表示朱色，即红色。在古代"朱色"为正色，一般只出现在官员、贵族所使用的一些物品上，因此，由"朱"构成的词也往往具有了特殊的意思。如"朱门"本为红漆的大门，但旧时可借指富豪人家。"近朱者赤，近墨者黑"中的"朱"借用来比喻好人。

"本""末""朱"三字都与"木"有关，古人在造这三个字的时候，都是通过在"木"的不同部位加上指示性符号以表示意义。这些符号通常用一点或一横表示，本身没有任何意义，只有在与"木"结合之后才体现出其指示词义的功能，而且由于指示性符号位置的不同，字形的意义指向也有所差别。因此指事字中指示性符号的功能是不可忽视的。也正因为指示性符号所起的重要作用，使这类指事字有别于象形字，这些指示性符号也成了与象形字或相关指事字相区分的区别性符号。类似的指事字还有：

"㞼"（甲）、"㞼"（篆）刃。"刃"的本义是刀口或刀锋。刀口是刀最锋利的部位，它不能脱离"刀"而独自存在，因此古人造字时就在"刀"的刃口位置加一点，以指示刀口位置所在。

"㞼"（甲）、"㞼"（金）亦。"亦"原指人的腋窝。《说文》："㞼，人之臂亦也。"腋窝有形，但不容易描画，于是古人就在介（正立人形）的两臂下加指示符号以表示腋窝的位置。后来"亦"被借用为副词"也"之后，人们又造了"腋"

字来代替腋窝的意思。这种情况下，我们称"亦"为"腋"的本字或初文。

以上分析的这类指事字虽然从外形上看也很具象，但与象形字仍有明显的不同。象形字通过描画客观事物的具体形象来表示词的音义，人们往往一看就能猜到字形表示的是什么。而这类指事字却是在象形符号的基础上加点或加横等指示性符号，以指示这个事物的特定部位所在。由于字形所要表示的事物很难跟它们的主体割裂开来，所以借助表示主体的字符可以更清楚地指示字形所要表示的意义。同时也由于指示符号较为抽象，指事字表意没有像象形字那么明显，字形具体所指需要通过人们的观察分析才能明确其真正的意义。

总而言之，指事字产生的途径存在不同的情况，一些由纯粹的指示性符号构成的指事字表达的意义相对抽象，而以象形字为构形基础添加指示性符号而构成的指事字，虽然不是很抽象，但其表示的意义却不像象形字那么具体、完整，有的往往是事物的局部，很难单独表示出来。因此在表现方法上，它只能通过指示符号的指向作用来达到表义的目的。

象形是汉字构形的基础。有的指事字就是在象形符号的基础上产生的。用简单的符号或结合象形的表达方式来表示相对抽象的、无法象形的事物的意义，并非一件容易的事。而一些真正抽象的意义，既无形可像，也很难指示出来。这可能也是古汉字中指事字比象形字还少的原因。《说文解字》中，指事字仅有 125 个。汉代以后，基本上就没有再出现指事字了。

第二节　中华汉字的"会意与形声"

一、会意字的意指结构

会意字是由两个或两个以上部件组合在一起共同表达词义的另一种构字方式方法。汉字在创建之初，独体的象形字和指事字首先形成，后来这些象形字又组成新会意字，但这里的象形字都是用来表意的，而在新会意字中则充当变形符。如"♈"+"♈"可以组成"♈"（步），"♈"+"♈"可以组成"♈"（涉，表示蹚水过河）。不过在新的会意字中，字的词义不是由组成这个字的两个或两个以上形符所代表的词义的简单相加，而是一个整体的组合意义。如"♈"（保）＝"♈"+"♈"并不是人和孩子的简单词义相加，而是一个整体的意义，一个大人背着孩子表示保护孩子成长。因为会意字由象形字通过各种排列组合而成，这使得每个象形字的使用率大大地增加，所以会意字的数量多于象形字和指事字的数量。会意字里的很多字（如"伐、立、射、承"等）都是表示动作的词，据石定果的研究统计在《说文解字》会意字中动词占了近36%，可见名词可以用象形的方法造字，动词却不能用这种方法，"会意字大都是为动词而创造的"。

　　裘锡圭先生把汉字的字符形态概括为三类：意符、音符和记号。与文本所代表的词语，在含义上都有密切联系的文本就是意符，而在语句上都有密切联系的是音符，而在含义与语句上都毫无密切联系的文本是记号。意符也可进一步分成形符与义符，由于形符是依靠自己的形体来起示意功能的，所以它往往都不能单独成词，而意符也通常都是由现成的文本代替。"在象形程度较高的早期中国古文本里，表意字绝大部分是用"形符"造的，形符是意符的主导而伴随汉字象形程度的下降，用形符造表意字就逐步让位给用义符造表意字的方式。"而会意汉字的意符既可以是"形符"，也可能是"意"符。汉字的发展早期阶段，由于汉字的象形特性相当强烈，所以会意字所代表的构意是其形态中所表现的具体事物的基本形态，所以早期的会意字大多以形会意。至隶楷阶段，由于隶变破坏了象形字的基本构造，在形态上也从秦篆的圆润转为隶楷的平整，汉字的象形化现象几乎消失，而小篆之后的会意字，也不再以象形为基，而多通过意符的词汇意义来实现，多是以义会意。

二、形声字的音示结构

　　语言媒介是比文字更早出现的一种较原始的感性变体，它是具有一整套视觉、听觉、动觉的集合体，在长期的进化中对现实世界提供了一个清晰明确的声像符号，人在接受文字教育之前，从一生下来就接受社会的事物与语言的声像配音学习，并把这些意象特征通过某一声像固定下来。因此，语言能帮助维持一个统一、稳定的感觉世界所固有的秩序，语言的这一特征为造字提供了丰富的声像资源。表音阶段的古汉字结构现象，就是直接通过声像检测项目与字义检测项目的结合，完成造字任务的。许慎在定义"形声字"时是这样解释的，"以事为名，取譬相成"，就是从古汉字图像中将其义与声的成分"分离"出来，取其义、声以专一性分别使用。以事为名的古汉字，取其义，以声相譬况的古汉字，取其声，是一种形、声合体，半义半声的文字结构。这种半义半声的文字结构就是"形声字"。形声字重义，语音从之，故语音只用其音，不问其义。很明显，这样一种文字功能的变化其实是随着知觉的重新活动组织而来。一种保持图像意义，但消失其声像；一种是消失其图像意义，保持其声像。该文字是通过其图像陈述中的视觉意象与语音声像这两种媒介的相互配合和补充，把可绘画的部分和不可绘画的部分有机地结合起来，从而创造和重新组成一个新的汉字结构。例如对水的分类，水在人的心灵中是一种静止性的意象，是一种物质基本元素。人们已不能简单地利用象形、会意方式表达或陈述"江、河、湖、海"了。为了弥补这一缺陷，把不同地形的水貌特征揭示出，人们在"水"的属性范畴上配上一个语音声像，因为语言已完成了对现实世界的各种事、物的配音有一个声像"标签"。提取语言声像进行造字，它可以弥补绘画造字上的种种缺陷。当人们轻易地识别该文字的偏旁并以此阅读出它的声像时，以图像与声像的交叉定位，通过语言通道传递到大脑，再把该声像的知觉对象和有关经验中与不同地貌的"水"的表现意象联系起来，从而间接唤起阅读者的某种情景意象，使得每一种分类都得到自己独特而容易识别的文字符号。如汉字中的"江、河、湖、海""松、柏""闻、问""阁、闺"等，这些字都是典型的形声字特征。这类文字具有这样一种功能，它不论意象多复杂，分类多么精细，这种文字结构具有确定同一种物质、种类的属性范畴中进行细微分类的检测识别功能，形成了一种以视觉图像为系统、语言声像为分类的系列性文字结构。

　　一般来说，象形、指事、会意都是表意字，字形上与所代表的数字的含义有联系，但与单词的语音意义没有联系。直到形声字的诞生，在形声文字中才有了提示语言的成分，而文字的组合也变成了一个表达声音一个表达含义，在表意体系的文字中产生了表示声音的成分。形声字在甲骨文中就已经出现，但是数量还很有限，据李孝定的研究统计，形声字在甲骨文中的比例约是 27%。甲骨文中出现的形声字多是表示姓氏、表河流之类的专名和当时分类较细的动植物、自然、行为的名称。比如，圫—姓、糈—妹、埜—楚、茡—李、辶—追。形声字结构简单，具有很强的能产性，这种造字法不受词类的限制，优于以形表意的表意字，能够更好地记录汉语。人类在看到了形声字构成的优越性之后，便大规模地采用了这种方式造字，秦篆形声字的比重已经超过了 80%，在秦篆之后的汉字系统中构成了以形声字为主导的基本布局，到了现代汉字系统中，形声字更是成为主体。

　　关于形声字的组合成分，有形旁、声旁的说法，这是从偏旁的角度分析的，表示声音的偏旁叫作声旁，表示意义的偏旁叫作形旁；也有声符（也作音符）、意符（也作形符、义符）的说法，是从字符的角度分析。早期造字的时候，形符用得较多，但后来在汉字象形程度逐渐下降之后，形音词的形旁也从以形符为主变成以义符为主。所以形符、义符是相对于形声字发展的不同阶段而言的，一般将形符和义符统称为意符。

早期的形声字并没有直接结合形旁和声旁而产生的，大都是通过在假借字上加形旁或在表意字上加注声旁产生的。

甲骨文里已经有许多形声字的存在，据有关学者统计约占 25%，但其中很大一部分形声字都是人名或地名。我们这里简单列举一些从甲骨文时代就是形声字的字，并对其演变作简要说明。

（1）省，甲骨文从目生声，生和目共用了一横笔，这个生也同样作为形符参与会意，像眼睛观看植物生长之形，表示视察、查看的意思。楚简文字最能体现形声字的意味，从目生声。小篆字形发生了讹变，已经看不出声符。隶书声符部分讹变为少，已经完全看不出为声符了（图 2-2-1）。

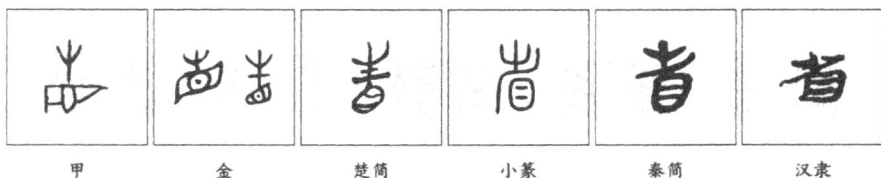

图 2-2-1　"省"字的演变

（2）凤，本为象形字，像凤鸟之形，甲骨文突出高冠、长尾以及尾复羽，类似孔雀，描绘的可能就是孔雀的形象。后加注了声符"凡"（盘的象形初文），到小篆时，象形部分类化为从鸟，演变为一个从鸟凡声的形声字。楷书作"鳳"，继承了小篆字形，简化为"凤"，成为一个记号字（图 2-2-2）。

图 2-2-2　"凤"字的演变

（3）室，从宀至声，至为会意字，像箭到达目标之形，历代字形变化不大，只是随着文字的演变逐渐笔画化。金文里有一个繁复的字形，画出了两个"至"（图 2-2-3）。

图 2-2-3 "室"字的演变

（4）蒿，甲骨文会意兼形声，甲骨文像亭台在众多草木之中之形，本义是指郊外，高同时也是声符。此字形后来也用于一类野生植物的名字，如艾蒿、蓬蒿，应该是由"蒿"的本义引申而来，由郊外引申为生长在郊外的野生植物。为了分化两个意思，就新造了从邑交声的形声字"郊"，来专指郊外的意思，从艸高声的"蒿"就专指植物（图 2-2-4）。

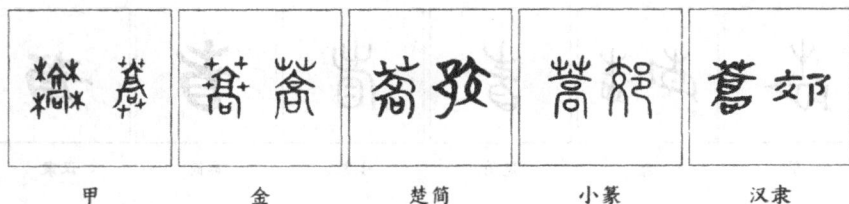

图 2-2-4 "蒿"字的演变

（5）春，甲骨文写法有很多，但都带有声符"屯"，形符一般由太阳和草木构成，表示春天风和日丽、草木复苏的意思，两种形符可省略其一。金文里原形符"木"被"艸"代替，这称为形符的替换，演变为一个从艸从日屯声的形声字，后世继承了此字形。从小篆到隶书，字形发生了巨大的讹变，形符"艸"和声符"屯"杂糅在一起，除了形符"日"还在之外，其余两个构件已经看不出原来的面貌了（图 2-2-5）。

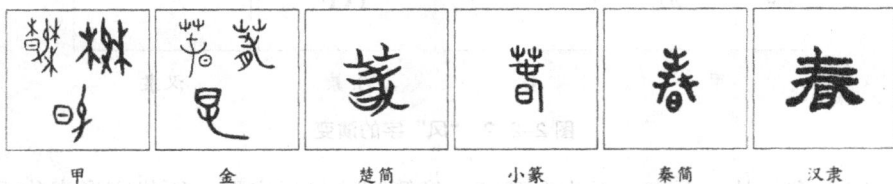

图 2-2-5 "春"字的演变

第三节 中华汉字的"转注与假借"

一、转注字的声像结构

转注字结构与形声字结构正好相反，形声字是一个形（义）与一个声结合，声无义。而转注字是一个形（义）与一个声（义）结合，声像是有字义的。汉语语音有其自身的语族、语根，凡义同义近者，其语根往往相同，同属一语族。因此，汉语在对实物世界配音过程中，与图像意象一样，同样存在着同一声像而唤起不同的视觉意象的局面，也就是不同视觉意象出现同一语音的声像同构现象。语言它在实际使用中是靠说话者意象和听话者意象的前后背景联系，从而能正确区分出该语音声像对现实世界中的专门指向。根据语言声像的这一生理特征，于是以一个语音为基准，注入差别的义类部首，这种造字结构就产生了，这就是转注字结构。如 jian 音有小义，该语音有文字配图"戋"形，"戋"是一个声（义）兼备的字形。于是建"戋"为首，并配上有差别配图的义，那么，经"戋"的声、义对偏旁"形"的义加注，这一新的以语音为系列表音文字就出现了。竹之小者为"笺"，金之小者为"钱"，贝之小者为"贱"，皿之小者为"盏"，水之小者为"浅"，骨之小者为"残"，言之小者为"线"。上述这类事物的共同性感性基础，是通过 jian 的语音功能上的亲族关系被强化了，这种感性特征又根据声像与图像的交叉定位，可以由不同种类的事物担当。当然，这需要确定这一语言声像与图像语言陈述的背景联系，从而把同一语言声像在生活实践中经历的各种"归类"方面的变化特征揭示出来。因此，"建类一首，同意相受"的一个转注型系列文字就此产生了。

《说文解字·叙》："转注者，建类一首，同意相授，考老是也。"《说文解字》（以下简称《说文》）用寥寥数字解释"转注"，并举了"考""老"两字作为转注的例子。但通读《说文》，许慎在说解文字的过程中，并没有提到任何关于某字是"转注"的字例。"转注"到底是怎样的一种结构方式，历来说法众多，不一而足。《说文》解释"考，老也""老，考也"，这是否就是"同意相授"？《说文》中类似的例子还有"顶，颠也""颠，顶也""讽，诵也""诵，讽也""空，窍也""窍，空也"等。"考"与"老""顶"与"颠""讽"与"诵""空"与"窍"两两意思相同，可以互训，有人因此认为"转注"就是"互训"。若此说成立，"互训"是解释词义的方法，这似乎偏离了本章关于汉字字形结构分析的大方向。再者，"建类一首"又该怎么解释？是指"考""老"在同一部首吗？考察《说文》中互训的两个字确实都在同一部首，"考"字在"老"部，"顶"与"颠"都在"页"部，"讽"与"诵"都在"言"部，"空"与"窍"都在"穴"部，但这或许也不是许慎"转注"的本意。

总之，许慎对"转注"的界定过于简单，《说文》中也没有确定的例子，后人众说纷纭，不仅无助于对"转注"问题的解决，反而愈讨论让人愈糊涂。事实上，没有"转注"，《说文》用象形、指事、会意和形声也足以说清楚汉字的结构。后人在研究汉字结构时，更有许多新的方法可供使用，因此，我们完全没有必要对"转注"做过多的争论，在分析汉字结构时，也完全可以绕过"转注"而仅用象形、指事、会意和形声即可。

二、假借字的语用结构

前面说的象形、指事、会意都是属于表意字范畴，它们以象形为基础，在象形的基础上加符号或组合来衍生新字，通过这样的方式产生的字只能表现一些具体存在、有形可像的事物，或描绘一些具体的行为动作。简单地说，就是表意字一般只能对应语言中的名词、动词及少数的形容词，要表现其他的词，还需要寻求新的方式，假借就是其中的一种方式。假借，即借用记录一个词的字形来记录另一个词，这两个词在意义上没有任何关联，假借是一种在文字使用中运用的方法，不能产生新字。甲骨文里存在大量的假借字，有学者估计占目前已知的甲骨文文字的百分之六七十，也就是说甲骨文里大部分字都不是在记录它本身代表的词义，而是在记录其他的意义。假借是汉字使用中常见的现象，即使到了今天也依然存在，比如我们音译外语所使用的汉字就是假借，如沙发、麦克风、汉堡包等。

文字是记录语言的工具，一般记录的是语言中的词。一个字在产生之初，它本身带有的意思应该是单一的，也就是说，一个字就对应语言中的一个词，一个词就对应一个意思。在造字之时，人们是基于一个特定的意思造出一个字来记录语言中的一个词。而我们今天用的很多字都有不止一个意思，造成这种现象的原因有两个：一是这个字所对应的语言中的词的词义发生了深化和延伸，即产生了引申义；二是这个字被借用来表示语言中的另外一个词，而这个词与原来这个字表示的词在意义上没有任何关系，也就是通常说的假借。

词义引申和字形假借表面上看都是让一个字产生了除本义之外的其他意义，但它们本质上是不同的。引申是从词义层面来说的，在古汉语里，一个字基本上可以对应汉语里的一个词，一个词最初的意思应该是单一的。随着语言的发展，这个词可能逐渐延伸出新的意思，但这些意思都是有关联的，都是在这个词最初的意思上衍生而来，这就是词义的引申，这些由本义引申出来的意义可以称作这个词的引申义。假借是针对字而说的，不是针对词，词是语言中切实存在的，而字是用来记录语言中的词的，有的词有对应的字，有的词没有对应的字，这一点很容易理解，如普通话里的词一般可以找到对应的字来书写，但很多方言里的词就没有对应的汉字，在日常书写中，要把这些原来没有对应文字的词记录下来，一时间又没法给它造一个字形，于是就找一个与它读音相同或相近的字来临时代替，这就是字的假借。如汉字"花"主要有以下意思：（1）植物的繁殖器官，如花朵；（2）供观赏的植物，如花草；（3）形状像花的东西，如烟花；（4）具有条纹或图形的，不止一种颜色的，如花哨；（5）用掉，如花钱。这些意思中，（1）是这个字的本义，人们造出花这个字原本就是用来表示植物的花朵的；（2）—（4）都是在花朵义的基础上延伸而来，都跟花朵的颜色、形状或是功能有某种关联；（5）花钱、花费这类意思，则不是由花朵这个意思引申而来，这个意思跟花朵等不是一类，而是另外一个词的意思，这个词没有对应的汉字，但它的读音与花朵的花相同，所以就借用这个花字来记录表示用掉意思的这个词。简言之，我们今天所看到的汉字花其实记录的是两个词，只是这两个词共用了同一个字形而已。

　　《说文解字·叙》："假借者，本无其字，依声托事，令长是也。"在汉语中，"假"有借的意思，"假借"两字表达的是一个意思，即"借"。"本无其字，依声托事"指的是语言中有些词没有字去记录它，于是就按照它的读音去借一个字来表示这个词。这个被借的字本来有它自己的意思，即本义，借用来表示新词之后，又有了新的意思，那就是"假借义"。借字与被借字之间的关系是读音相同或相近。许慎给假借所下的定义很清楚，但所举的字却又让人迷惑不解了。

　　许慎以"令""长"两字为例，来说明"假借"。

　　"🐦"（甲）、"令"（篆）令。甲骨文"令"的上部是"Ａ"，一般认为像大屋顶之形，下部是一个跪坐着的人形，罗振玉《增订殷虚书契考释》："古文令从厶人，集众人而命令之。"《说文》："令，发号也。"说的正是"令"的本义。古代"令"可作为官名的称呼，如"县令""太史令"等；也可表示"使""让"的意思，如明·魏禧《大铁椎传》："令贼知也。"宋·沈括《梦溪笔谈·活板》："火烧令坚。""令"的这一用法至今仍保留着，如"令人兴奋""令人肃然起敬"。分析"令"的这两种意思可以发现，它与"令"的本义之间是有一定联系的，"县令"

可以是发号施令之人，发号的目的是让人或使别人怎么样。从这一点分析，"令"的其他意思与本义之间是意义的引申关系，而非"本无其字，依声托事"的假借关系。

"𐡨"（甲）、"𢆶"（篆）长。《说文》："长，久远也。从兀，从匕。兀者，高远意也。久则变化。亡声。"在许慎看来，"长"是个形声字，本义为"久远"。但追溯到甲骨文，"长"却是个象形字，像人披长发之形。余永梁《殷墟文字续考》（国学论丛一卷四号）："长实象形，象人发长兒，引申为长久之义。……许君所解皆望篆文生训，非朔义也。"许慎以变化了的小篆字形分析"长"的本义有错误，"久远"也顶多只是"长"的引申义。古人不管男女都有留长发的习俗，而人身体中最长的莫过于头发了，以长发之形引申表示"久远"合情合理。在古代一个人头发越长，也意味着他越年长。一般情况下，年长之人他的地位、见识也可能高于一般人，因此"长"又可引申表示对年龄大、辈分高、地位高的人的称呼，如"兄长""师长""县长"等等。

按"本无其字，依声托事"而言，假借应当仅仅是借字表音，借字与表示的词义之间本身并无关系，但从许慎所举的"令""长"两字来看，它更像是词义的引申。那么，"本无其字"的假借到底是怎样的呢？宋·戴侗在他的《六书故》里说到："所谓假借者，义无所因，特借其声，然后谓之假借。"[①]这就是说，真正的假借字，其借字与被借字在意义上是没有任何联系的，只是因记录词语的读音相同或相近而假借。如：

"𝌀"（甲）、"𝌀"（金）、"𝌀"（篆）其。甲骨文"𝌀"是个象形字，像簸箕之形。本义是"簸箕"。但在古代典籍中，"其"却通用为代词或语助词。原因在于，古代作为代词或语助词使用的"其"，原本是没有字，它也不太容易造字，所以古人就直接借用与它读音相同、本义为"簸箕"的"其"来表示。表示"簸箕"的"其"借用为代词或语助词后，古人又为"簸箕"的"其"另造新字，即将原字形变成构字符号再加注意符"竹"而成"箕"字。在这种情况下，人们一般将"其"称作"簸箕"的本字，"箕"则为后起字；而表示代词或语助词旳"其"则被称为假借字。同时，"簸箕"是"其"的本义，而当代词或语助词，则成了"其"的假借义。

从"其"字的分析可以发现，根据假借的原则是造不出新字来的，假借字纯粹用于表音。从这个意义上讲，人们将假借看作是"用字法"不无道理。但不可

---

① 戴侗．六书故[M]．上海：上海社会科学文献出版社，2006.

否认的是，假借也促成了一些含表意成分的字的产生，如"箕"就是因为"其"被借用而创造出来的。

类似的假借现象还有很多，如：

"开"（甲）、"我"（篆）我。甲骨文"我"像兵器之形，本义：兵器。假借为第一人称代词，表示"我你他"中的"我"。"我"被借用后，其本义反而不见于古籍中，更不为后人知晓，当然也并没有出现为其再造新字的情况。

"自"（甲）、"自"（篆）自。《说文》："自，鼻也。象鼻形。""自"本义是"鼻子"，这一点通过甲骨文的字形也可以得到证实。甲骨文"自"是个象形字，描画鼻子的正面形象，还有鼻翼和鼻梁。本义与字形相符合，甲骨卜辞中有"疾自"一说，意即"病鼻"。另外，一些从"自"的字也带有"鼻"的意思，如"臭""息"等都可证明"自"就是古"鼻"字。后来"自"被借用为"自己"，"自"也就另加"畀"声而成为"鼻"字。

"亦"（甲）、"亦"（金）亦。"亦"是指事字，古文字"亦"是在"大"（正立人形）的两臂下加指示符号以表示腋窝的位置。本义：人腋窝。后来"亦"被借用为副词"也"，人们又造了"腋"字来代替腋窝的意思。从表面上看，"腋"字似乎与"亦"没有任何关系，但仔细分析就会发现，"腋"字的音符"夜"原本是由"亦"和"夕"构成的形声字。"夜"古文字作"夜"，《说文》："夜，舍也。天下休舍也。从夕，亦省声。"可见"腋"字的出现还颇为曲折。

"莫"（甲）、"莫"（篆）莫。"莫"本是会意字，古文字字形从日在草丛中，本义是日落的时候。后来，"莫"被借用为表示否定或否定性的无定代词，为了区别意义，人们又在"莫"的基础上添加意符"日"而造出"暮"字。

"女"（甲）、"女"（篆）女。甲骨文"女"像一个敛手跪坐的人形。《说文》："女，妇人也。象形。"后假借为第二人称代词，如《论语·为政》："子曰：'由，诲女知之乎？'"孔子问弟子由："教导你的内容都知道了吗？"这里的"女"相当于第二人称的"你"。"女"被借用后，其原来的用法并没有改变，反而表示第二人称的"女"后来以新造的"汝"字来表示。与前面说到的"其"为本义而造新字的做法不同，"汝"是为明确假借义而造的新字。关于"汝"另有一说法认为，它本是水名，后假借为第二人称代词。

"隹"（甲）、"隹"（篆）隹。甲骨文"隹"为鸟的形状，《说文》："隹，鸟之短尾总名也。象形。"但在甲骨卜辞和青铜铭文中，"隹"多借用为发语词。后来表示发语词的"隹"又加注意符作"惟"或"唯","隹"仍保留其原有意义和用法。

"屮"（甲）、"何"（篆）何。甲骨文"屮"，像人荷戈之形，本是会意字，后像戈之形的符号下加"口"成"可"，"何"字就变成从人可声的形声字了。《说文》："何，儋也。从人，可声。"徐铉注："儋何，即负何也。"可见，"何"原为"负荷"的意思，它是"负荷"的"荷"的本字。后来"何"变为假借字，借用为疑问代词一直沿用至今，如"何人""从何而来""谈何容易""有何不可"等，使用非常广泛。有趣的是，"何"被借用后，并没有造新字，而是借用本义为"荷叶"的"荷"来表示"负荷"的意思。《说文》："荷，芙蕖叶。从艸，何声。"

通过以上假借现象的分析可以发现，汉字中的象形字、指事字、会意字和形声字都有被借用的情况存在，假借通过借用音同或音近的字使语言中一些"本无其字"的词语得以记录下来，假借也促成了一些新字的产生，它们或者为被借字的本义造新字，或者为被借字的假借义造新字，有的加注音符，更多的是加注意符，或者两种方法综合使用。总之，新字的产生使汉字形声字家族的成员数量越来越庞大了，同时它们也更好地承担了汉字记录不断发展的语言职能。

第三章　中华汉字的文化系统

本章内容为中华汉字的文化系统，主要从四方面进行了介绍，其内容分别为中华汉字的精神文化、中华汉字的民俗文化、中华汉字的宗教文化、中华汉字的政治文化。

第一节　中华汉字的精神文化

一、汉字的修身立德文化

（一）"修"字

"修（鵃、臅）"这个字里面的"彡"是羽毛一类的纹饰，也表示熠熠生辉的文采，所以它隐含着对美的向往与行动，同时也体现了基于行动而达成的理想效果。由此可见，"修身"从本质上说，也是一种追求美的意识与行为。

古人认为，修身在于"正心"和"明德"，而且提出"修身以道"。这些理念大致可以概括为"修身立德"，也就是通过提高道德修养而达到言行美善的目标。显然，"道德"是修身的核心。

（二）"道"字

"道（䢔、䠱）"这个字，其中的"辶"原本是由表示路口的"彳"和表示脚的"止"构成，以前写作"辵（chuò）"，意思是行走、行动等；而其中的"首"则表示端点。从起始的端点走向终止的端点，这就隐含了提供行走的"道路"这样的意思。"道"最初的意思正是"路"。而任何道路，都是人行走的依据，也是他们要遵循的线索。因此，"道"后来就产生了"原则""规矩""规律"等含义。

"道德"之"道"正是一种做人的原则与规矩，同时也表示要达到"真、善、美"这一目标所要遵循的必然规律。

（三）"德"字

"德（德、德）"这个字实际上是由"彳""直"和"心"三部分构成。"彳"原本指路口，而路口则是供人行走的，所以它也隐含了行走、行动等意思。"直"的古字形是由"目"和表示方向的标记构成，意指视线，而由于视线的本质特征是不能弯曲、转弯，所以便形成了"成直线的"这种意思。"心"就是我们的器官——"心脏"，也表示我们的内心。特别是在古代，就像孟子所说"心之官则思"，古人认为心的功能是思维，也就是说"心"是主管意识、情感等的器官。所以，由这三个部分构成的"德"，一种含义是由内心驱动的不走弯路的行为；另一种含义则是不走弯路的行为使得自己的内心有所收获。

当我们端详、审视"道德"这两个字的时候，它们的寓意告诉我们，遵循原则、按照规矩、不走弯路地做人做事，这应当成为每个人的一种自觉意识，同时也体现了修身立德的处事方法。

（四）"休"字

人倚靠树木为休，这个字造得别具韵味。休是个美好的字，不但是身体的休息，也是灵魂的休息，故休有美好、美善、喜乐的意思，如休声（美好的声誉）、休名（美好的名声）、休符（吉祥的征兆）、休福（吉庆福祥）等，休戚是指喜悦与忧患，能与人休戚与共则成为为人处世的根本。

甲骨文"休"字画如"休"形，像"亻"（人）依"木"（木）休息之形。休是一个典型的象意文字，很中国。从"休"字可以知道，当时人民下田间劳作之时，或身体疲乏，或因太阳当空照，到大树之下休息片刻，以缓解身心的疲惫。"休"字所传达出来的信息，还包含一个古人"明而动，晦而休，无日以息"的史实。

钟鼎文"休"字画如"休"形，从人，从禾，写作保。从禾则取禾义，禾，美善也。禾又同龢（和）。《吕氏春秋》说："正六律，龢五声，杂八音，养耳之道也。"故龢有音乐调之美的意思。日本汉字学者高田忠周说："龢是调美之意也。然初借'休'为喜也，此为喜字转义转音。"因此，从人从禾的"保"释作美誉、美善、福佑、荫庇等。由此可见，"休"与"保"字义分别明显，但许慎《说文解字》并未收录"保"字。"保"在汉时已经失传。故从木与从禾转为一字，即今"休"字。"休"作喜乐、吉庆意的"休"字词组有休戚，休戚即指欣悦与忧患、福禄与灾祸。而休戚与共、同休共戚则是一种美德。

"休"对于先民而言非常重要，农业社会，经济落后，战乱频繁，人们渴望得到休养生息。闻一多在《唐诗杂论·贾岛》中说："叩齿坐明月，撩颐望白云。休息又休息。对了，唯有休息可以驱除疲惫，恢复气力，以便应付下一场的紧张。休息，这政治思想中的老方案，在文艺态度上可说是第一次被贾岛发现的。"[1]也许休息是政治思想中的老方案，但并不代表在民间与社会上，人们没有这种文艺方案中的心灵休养追求。在每个动荡不安的时代，人们都渴望得到休逸的精神滋养。

休息之"息"字，金文画如""形，古人以为呼吸从心而出，经鼻而发。故息字从自（上鼻形）从心（下心形），引申为休息，也即休自心生，灵魂得以慰藉。在古人看来，休息是一种道。所谓休息，不但要遵法理，还要守道德，这是一种劳碌之余，心灵陶冶的最高境界。

二、汉字的仁善和谐文化

（一）"恕"字

"恕"字造得好，如心为"恕"。俗话说就是将心比心、以己度人等。"恕"字，不但在中国文化体系中占据着重要的地位，在其他文化体系中一样具有重要的价值。可以说"恕"是一个国际范的字，超越了国界、地域、民族等一切外在因素。

战国晚期钟鼎文"恕"字画如""形，从女从心；郭店楚墓竹简文画如""形，亦从女从心。古文字写作㣽，从女得声；隶定以后写作恕，从如得声。恕这个文字造得极具内涵，《贾谊新书》曰："以己量人谓之恕。"赵宧光《说文长笺》亦曰："如心为恕。"所谓"如心"者，即换位思考，俗谚说将心比心就是恕。

孔子提倡恕。《论语·卫灵公》记载，孔子的学生子贡问孔子："有一言而可以终生行之者乎？"孔子说："其恕乎。己所不欲，勿施于人。"所谓推己及人、推己及物，这是尊重对方自由、权利的完美表现。应该说恕是儒家学说中，值得肯定和提倡的一个道德黄金定律。

对于孔子的"恕"，孔子的学生曾参有过一个精当的解释："夫子（孔子）之道，忠恕而已矣。"曾参大概是一位颇有慧根的孔门弟子，《论语·学而》记载，曾参自己说："吾日三省吾身。为人谋而不忠乎？与朋友交而不信乎？传不习乎？"曾参一日三省其身，可谓勤学、自省。他对孔子的"一以贯之"之道，应该是客观的评述。

---

① 闻一多. 唐诗杂论 [M]. 南京：江苏文艺出版社，2007.

无论古今，对于恕都能达成一致的观点。孔颖达作《礼记·中庸疏》说："恕，忖也。忖度其义于人。"恕，其实就是发自内心地想一想，自己能否做到，再去忖度他人是否可以做得到。如果一个人自己就不能做到某一特定标准，那么就不要强加于人。事实上，恕者，就是不要人们做出双重标准。譬如，自己喊着要自由、要权利，对他人的自由与权利却置若罔闻，这就不是恕。如果别人犯了道德上的错误，也不能随意挥起道德的大棒为所欲为。因为设身处地、换位思考地想一想，是否自己也曾犯过类似的错误？清朝俞正燮在《癸巳存稿·鲁二女》中曾对汉代的双重道德标准给予了抨击，他说："不料汉人恕己，好言古女淫佚也。"意思是对自己行事放任，对古人行事却苛求。这样的做法就违背了恕的根本诉求。《二程遗书》言："以己及物，仁也，推己及物，恕也。"仁恕互训，仁就是恕，恕就是仁。这是儒家学说的精髓所在。进一步推之，恕，不只是儒家的恕，也不只是中国传统文化的产物，在任何社会制度、文化体系、宗教学术流派，都有恕的身影。概而论之，恕，既归属于道德范畴，亦脱离了狭义的道德范畴，其中不也是闪耀着一种伟大的人性光芒吗？

（二）"仁"字

"仁"字从二人，表两人的亲密关系，不及他人。儒家倡导以仁为本的思想，"仁"字成为普世之爱。儒家的仁是以"尊亲重孝"为本，由孝及仁，方能仁达万物。

许慎《说文解字》："仁，亲也。从人从二。"从二横者，是"人"字的省略之形，也即重文符号，故画成二形，表示这是两个人并列在一起。仁者，仅限于两人之间的仁爱关系，不及他人。

清人孔广居《说文疑疑》："仁，亲也。人莫亲于父母，故以二人为意。《礼记》曰：'仁者，人也。亲亲为大。'"说的就是这个意思。据此推之，"仁"字起初表达的意思，还象征着男女之间的情谊，恰如今日男欢女爱，男人要对女人负责，女人也要对男人忠心一样，或者有血缘关系的父母与子女之间的无微不至的关怀称之为仁。在那时，仁，没有其他太多的普世性的兼爱之说。而仁变成普世之爱，兼爱之义，乃源于儒家学说。

仁在儒家学说中占有重要的位置，孔子的思想核心便以仁为本，以礼为用。《论语·学而》："君子务本，本立而道生。孝弟也者，其为仁之本与！"孝者，是孝敬父母；弟者，悌也，是尊重兄长。在儒家的"仁"字架构中，讲究的是秩序、是辈分。有序才有仁，故而推之，尊亲重孝为仁（人）之根本。在这一前提下，再仁及他人，进而仁达万物。

进一步解释，就是用这种宗法伦理秩序（道德），约束人类的行为，达到天下清明并充满仁爱和礼仪。

孟子也说过："仁也者，人也；合而言之，道也。"赵岐注云："能行仁恩者，人也。人与仁合而言之，可以谓之有道也。"按照孟子的逻辑，谁能成仁，谁便能称之为人。把孟子这句话延伸下去，意思就是如果一个人不行仁恩之事，不与人为善，而偏好于逞强好胜、好勇斗狠，则不是人了。因此，仁者又常常表示人心，如果失去仁，便违背了天地良心。

因此，我们用现代视角解构"仁"字时，需要看到的是它的根本在于尊亲重孝，如此方能仁达万物。

（三）"善"字

甲骨文"善"字画如"羊"形，上为"羊"，下为"目"，从羊从目（人的眼睛）。从字形看与人的眼睛有关。而羊本性温驯、善良。二者合为一，表明一个人心地善良、和蔼可亲，成语"慈眉善目"，即秉承甲骨文"善"的字义。

钟鼎文"善"字画如"譱""譱"或"譱"形，从目变成"誩"（从二言），隶定以后写作"譱"。"譱"这个字，又与从羊有关的"義（义）""美"意义相同。其实，凡"羊"部的文字，皆与美善、吉祥有关。

遥想古人造字，喜欢曲径通幽，本来羊是人类很早就圈养的家畜之一，而羊本身就充满善与美。羊发出的叫声为"咩咩"，其声温暖细腻，并且羊的性情较为温驯，一般不具有进攻性。因此，从行为和语言方面而言，羊都具有"和蔼可亲"的一面。假借"羊"言为"譱"，可知"譱"字本义与言辞有关，至少表明在人与人相处的过程中人类倡导语言趋于文明，不说脏话，所谓言辞亲切、言辞温暖。所以，"譱"又解释为"吉"也。在古人看来，与人为善的基本是多说吉言和吉祥话，这就是"譱"。与其相对者则是恶语相加。《史记·乐毅列传》载："古之君子，交绝不出恶声。"意思是君子式人物即使绝交了，也不会说出恶毒的语言攻击他人。这句话清晰地释义着"从羊从誩"的"譱"字义。

善是人类渴望的一种自身修养以及做人处世的最高境界。老子说："上善若水，水善利万物而不争。"世上最高境界的善良或善行如水一样平准，惠泽万物而不言争名利。这是国人长久以来，摸索出来的一条现实之路，也是国人追求的一种精神境界——利他主义和止于至善，即善良、善行和大爱。在此基础上，老子在《道德经》中提出"七善论"，即："居善地（处卑下之地，与世无争），心善渊（心要静如止水），与善仁（具有仁爱精神），言善信（言而有信），正善治（行事合乎正道），事善能（做事要有坚持不懈、滴水穿石、以柔克刚的耐心），动善时（明确自己的位置和能力，依时而行）。"总之，"七善论"堪称人生处世的标尺，而这杆标尺的中心以道为原则，即人的一切行为都要遵循自然规律（道），不能违背天道与良心。

（四）"和"字

"和"字，金文写作"**✸**"，小篆写作"**味**"。和字《说文》中写作味，解释说："相应也。从口禾声。"意思是说和是个形声字，本义是应和（hè）。但和的早期写法由"木""口"组成，从禾的写法是后来发生的讹变。从禾从口大约是表示鸟在树上互相和鸣。《易经·中孚》："鸣鹤在阴，其子和之。"这是说有一只鹤在树荫下鸣叫，她的孩子跟着应和。成语"一唱一和""随声附和"的"和"也都是应和的意思。

应和是互相之间的默契配合，由此引申为协调、和谐、和睦等意思，这些意义今天读 hé。常言说"和气生财""家和万事兴"，"和"是中华文化中一个重要的处世原则。《论语·学而篇》中说："礼之用，和为贵。先王之道，斯为美。"意思是说：礼的应用，以和谐为贵。古代君主的治国方法，可宝贵的地方就在这里。"和"是儒家所倡导的伦理、政治和社会原则，他们主张礼的推行和应用要以和谐为贵。在一个集体里，和睦能凝聚力量，是事业取得成功的重要条件。中国古代哲学著作《周易》中有这样几句名言："二人同心，其利断金。同心之言，其臭（xiù）如兰。"意思是说两人同心同德，其力量可以斩断金属。同心同德之人说出来的话，对方听了感觉跟兰草一样芳香，形象地说明了和睦、和谐的重要意义。

三、汉字的温良谦恭文化

（一）"温"字

"温（ ✸、 ✸、 ✸ ）"这个字由于包含"氵"，一看便知与"水"有关。它最初指的确实是古代流经四川省犍（qián）为县和重庆市涪陵区的一条河流。不过，这个字的主要意思却是"温暖"。

对于"温"表示"温暖"这种意思的源流，目前存在着多种意见，其中一种意见认为，"温"在甲骨文里有"✸"这样的形体，应当表示人在洗浴，故此有"温暖"的含义。后来字形先是演变成"显（wēn）"，然后又增加"氵"变成了"温"。

但是，对于"显（ ✸、 ✸ ）"最初的形体与含义，却还存在着其他意见。"显"

这个字的上面最初肯定不是"日"，而是和它字形相近的一个字，后来才出现了由于字形接近而写成"日"的情况。至于那个字究竟是什么，文字学界的意见并不一致。有人考据说是表示窗户的"囧"；有人则说是古代字形、读音和意义都与"函"接近的一个字的一部分；还有人认为就是表示器物盖子的一种字形。前面两种意见都认为"显"上面的部分只是表示这个字的读音和 jiǒng 或者 hán 接近；后一种意见则认为"皿"字上面加了盖子，表示字的意思与保温有关。无论哪种意见，对于"显"最初表示"温暖"这层意思都没有异议。

与此同时，根据东汉文字学家许慎的《说文解字》，他认为"显"的古文字形是由"囚"和"皿"两个部分构成，意思则是"仁慈"。虽然这种解读遭到一定的质疑，但是据说这种意见曾被一位学识渊博，名叫"官溥"的人阐释为给囚犯食物，所以蕴含"仁慈"之意。按照这样的解释，仁心仁术的人总是能够给人带来暖意，因此，"显"又具有了温暖的意思。

我们暂且把有关字形含义的争论搁置起来，仅仅想一想"给囚犯食物"这种解释便不难发现，其中明显蕴含着我们中华祖先对人权的关注与关照。因为囚犯基本上都属于危害社会或损害公众利益的人，对于这样的人，古人却本着人道主义的原则和精神向其提供食物，让其维持生存状态，这无疑是一种人性的光辉在闪耀。

由此可见，君子之"温"体现的是一种人文关怀，是一种中华民族所诠释的人性善美，是内心的仁慈与善良，是由这些美德辐射到他人身上、并引起他人心灵感受的一片暖意。

（二）"玉"字

甲骨文"玉"字画如"三""三"或"三"形。玉字从一形者，表示玉石；从｜形者表示用绳索贯穿玉石之形，后世有孔钱币，取其数，用绳系之，为贯，亦此俗之遗风。

玉在古代既是宝物，也是一种品德修养。比如"弄"字，甲骨文画如玉形，从玉，从开廾（双手拱物），好像一个人用双手不停抚弄玉而爱不释手之形。玉之珍贵由此可见一斑。春秋秦穆公有女"独取此玉，弄之不舍，因名弄玉"。弄玉之名，既突出了秦穆公爱女之心，也间接反映了玉之珍贵。

先秦时期，玉，常用来形容一个君子式人物的品德修养。《礼记·玉藻》说"古之君子必佩玉""君子无故，玉不去身"等。孔子的学生子贡问孔子说，君子贵玉而贱石，是玉少石多的缘故吗？孔子说，非也。"夫昔者君子比德于玉焉：温润而泽，仁也；缜密以栗，知也；廉而不刿，义也；垂之如队，礼也；叩之其声清越以长，其终诎然，乐也；瑕不掩瑜、瑜不掩瑕，忠也；孚尹旁达，信也；气如白虹，天也；精神见于山川，地也；圭璋特达，德也。天下莫不贵者，道也。"我们看甲骨文中的"玉"字，正像有序有礼的排队之形，也就理解孔子所言的玉之美德了。

《诗经·秦风·小戎》："言念君子，温其如玉。"这是玉石本身所具备的"温润以泽"品质，被借用来赞美君子。《诗经·卫风·淇奥》："有匪君子，如切如磋，如琢如磨。"玉，需要经切、磋、琢、磨等繁杂工艺程序，才能变成"石之美者"，这里饱含着一份历练、一份沧桑，最终成为温润、光泽的"石之美者"。故"君子比德于玉"则取玉的磨砺过程。这也是儒家用玉比喻君子美德的基石。

《诗经·小雅·斯干》："乃生男子，载寝之床。载衣之裳，载弄之璋。"璋者，玉器之一种，整个为圭，半圭为璋。诗的意思是，生男孩，则给他璋把玩，希望他长大之后有如璋如玉一样的品德。此诗大抵也折射出那个时代人们对待玉的态度。

（三）"良"字

"良（㕥、𣅀、𣅁）"这个字，甲骨文的一种字形"𣅀"很清晰，虽然对这种字形存在着不同的考证意见，但是其中一种认为其表示炊具或食器上面有热气飘出，应当具有一定的代表性与合理性，因为和"良"字下半部分字形接近的"即""既"等字的左偏旁原本就表示食器。这种意见认为"良"最初的意思是食物的滋味很美，进而又产生了一般意义上的"美好"。

在我国古代，确实存在着不少通过美食或者烹制美食来阐释做人和做事原则及道理的例子，如老子的《道德经》里就有一句家喻户晓的名言"治大国，若烹小鲜"（《饮食字传·味觉篇》中"鲜"字一篇对此有较为详细的论述）。这句话就是借烹制小鱼环节简易的情况，表示处理国家事务也应当尽量避免程序上的繁复或者把问题复杂化。另外，"调和鼎鼐"虽然最初来源于烹饪，但是在古代却主要用它表示宰相处理政务。

因此，"良"由表示味美，继而表示一切美好完全是有可能的。于人性、人品而言，"良"指的便是那种能够让自己快乐、更能令他人快乐的美好。

（四）"谦"字

"谦"字从言兼声，小篆写作"𧭜"。本义为言辞谦逊，引申泛指言行恭谦。恭谦是人类普遍崇尚的优秀品德。《尚书·大禹谟》中有"满招损，谦受益"的格言。谦虚谨慎、彬彬有礼的人则被称为"谦谦君子"。在楚汉战争中，韩信为刘邦取得天下建立了丰功伟绩，但因居功自傲，最后招致杀身之祸。司马迁在《史记·淮阴侯列传》中评价说："假令韩信学道谦让，不伐己功，不矜其能，则庶几哉。"意思是说，要是韩信学习道家的谦让之德，不自夸其功，不自恃其能，就好了。中国西周时期有一部占卜的著作叫《周易》，书中记载了六十四卦，其中有一卦叫《谦卦》，卦象是这样的："䷎"，上面的卦画（☷）是八卦中的坤，表示地。下面的卦画（☶）是八卦中的艮（gèn），表示山。山虽然高大，却处在地的下方，表示谦让的象征意义。可见古人早就认识到了"满招损，谦受益"的道理了。

（五）"让"字

"让"左边的"讠"表示字的意思与言语有关，右边以前写成"襄"，它和"上"一样，都表示"让"的读音与其接近。"让"最初的意思是"责备"，例如《史记》《汉书》等文献均记载秦朝大将章邯在一次与敌方对阵时畏葸不前，结果引起君主秦二世的极度不满，于是后者便派人到前线营帐"让章邯"。

当"让（讓）"表示"责备"的时候，表示"礼让""谦让"等意思的字是现在表示"排斥"等意思的"攘"字。

"攘"这个字左边的"扌"表示字的意思与手有关，右边的"襄"表示字的读音与它接近。"攘"最初的意思是"推让""退让"等，后来也产生了使别人退让等意思。而发展到现在，它仅仅保留了"使别人退让、排除"这一类意思，比如"攘除奸佞"等。而它最初所具有的"推让""退让"等意思，则由"让"来承担了。

"让"虽然更多表示一种行为方面的取向，却要以强大的心理建设作为基础。为了达到共同发展的目标，互惠互利，甚至是"让"利于有关各方，这是中国的智慧与理念。多边贸易、合作共赢，更有助于消除分歧，构建良好的国际秩序。当然，对于国家与民族的核心利益，对于中华大地上的每一寸土地，我国政府早已代表十几亿中华儿女郑重、庄严地向全世界宣告：寸土不让！

（六）"恭"字

美好的事物总是令人身心愉快，而把美好的事物与人分享，这就是孟子告诫梁惠王的"独乐（yuè）乐（lè）不如众乐（yuè）乐（lè）"了。"有福同享"是对他人的善意，同时也体现了对他人的尊重，品评君子的"恭"，也是衡量一个人是否尊重他人的标尺。

"恭（ 𦮃 、 𦮃 ）"这个字上面是"共"，表示字的读音与它接近；下面是"心"字的变形，表示字的意思与心理活动有关。"恭"最初的意思是肃敬，其核心是端正、敬畏、尊重。见诸大量古代文献、流传了几千年的"兄友弟恭"这种说法，其中的"恭"正是这种含义的准确写照。

就像古人所说，无论是内心还是言行举止，"恭"既是态度，也是姿态；既是对人，也是对事。因此，"恭"应当是一个人的内心对人、对事从不轻慢的态度与言行，人无贵贱、事无巨细，对一切都应给予足够的重视与尊重。

工匠精神实际上就体现了这种一丝不苟的严谨工作态度与工作作风。飞船上天离不开这种精神，餐桌上的美味同样离不开这种精神。人际交往乃至国际交往，我们国家对待大国、小国一视同仁的态度与政策，完全就是尊重他人的楷模与表率。

四、汉字的匠人精神文化

（一）"工"字

"工"字本义是夯、杵一类的建筑工具，后引申为建筑工具与工程的总称。在古代社会，"工"字便传递出一种"工匠精神"，"工"字既包含了建筑工事，也包含了对建筑工艺（美术）的追求。

许慎《说文解字》："工，巧饰也。像人有规矩也。与巫同意。"[1]"巫"字像人双手捧着"玉饰"祈神之形，的确有强调美化、装饰性作用的一面。但是"工，巧饰也"，非"工"字的本义。杨树达在《积微居小学述林》中也对许慎的解释提出了异议："许君（许慎）谓工象人有规矩，说颇难通，以巧饰训工，殆非朔义。以愚观之，工盖器物之名也。《工部》巨下云：'规巨也，从工，象手持之。'按：工为器物，故人能以手持之，若工第为巧饰，安能手持乎？"[2]以字形考之，的确如是。

甲骨文"工"字大体上有两种写法：一种为" 𠂤 "" 𠂤 "形，另一种为" 𠂤 "" 𠂤 "形。前两字，从一横一竖者像用人扶的木柄或木把，从口形者像石块制造的器物夯、杵之形；后两字从凹槽形者，像是建筑之前深挖建筑地基之形。从字

---

①　许慎．说文解字 [M]．北京：中华书局，2007.

②　杨树达．积微居小学述林 [M]．上海：上海古籍出版社，2013.

形看，"工"字本义应为一建筑工具或器物。从今日民间建筑工具"夯"字考证，字从大从力，意思简明，就是用力锤击"地基"使其牢固、结实。"工"字本义应为夯、杵一类的工具或器物。

古代中国，对工及工所代表的建筑工程都非常重视。在周代制度中设有"冬官"部，专掌"百工"之事，隋唐以后"工部"成为常设机构。工对中国建筑工艺有很大的贡献，工的技术性和艺术性的有机结合，使古代建筑群及其格局有一种东方独有的建筑风格。

由于工所包含的技术性和艺术性，又从建筑领域延伸到其他领域，成为各种工艺或技艺及其劳动者的总称。《论语·子张》记载子夏的话说"百工居肆以成其事，君子学以致其道"，即是此意。

以劳动技能分类，古代工艺和工匠，大体上可以分为两类，一类是偏向于体力劳动的工艺，如建筑、纺织、手工制造业等；一类是偏向于文化、医学方面的工艺，如巫医、乐师、画工等。

可以说正是这些工艺的传承与进步，才催生了古代传统文化百花齐放的盛世，且让后世从这些工艺中欣赏到美轮美奂的东方建筑、绚烂多彩的丝绸织品、精美雅致的瓷器等等。

《荀子·王制》篇中说："论百工，审时事，辨功苦，尚完利，便备用，使雕琢、文采不敢专造于家，工师之事也。""不敢专造于家"的言外之意，表达的正是一种奉献精神和工匠精神。对于浮躁的当下人而言，这种工匠精神，正是一种宝贵的精神遗产，更值得今人学习、传承与发扬。

（二）"俭"字

尊重他人，既是一种礼貌，也是一种礼仪。其实在古代，它还属于礼制建设的范畴。孔夫子有一位名叫"林放"的弟子，他曾经向孔子请教什么是"礼"。孔子听了他的问题，首先夸赞他问得好，然后回答说："礼，与其奢也，宁俭。"

孔夫子这里所说的"俭"，实际上具有多重寓意：一重是俭朴、勤俭等；另一重则是俭约、节制等。这恰好也同"俭"这个字的基本意思相吻合。

"俭（憸）"这个字左边的"亻"表示字的意思与人有关，右边的"佥（qiān）"表示字的读音与它接近。这个字最初的意思是"节制"，意思是人在做任何事情的时候都要有限度、有约束，不能漫无边际或失去节度。对于与财物有关的事务而言，"俭"则意味着不铺张、不奢华。

中华民族无疑是讲求节俭的民族，宋代文人罗大经在文言轶事小说《鹤林玉露》中曾经写道："奢则妄取苟求，志气卑辱，一从俭约，则于人无求，于己无愧。"[1] 盲目追求奢华的情状，往往隐藏着内心的无奈甚至是自卑。反对铺张，拒绝奢华，戒除表面文章与形式主义，这是我们民族强大自信与坚定意志的体现，它同样也应当成为我们每个人行动的指南和努力追求的目标。

诸葛亮的家训中有这样几句表述："夫君子之行，静以修身，俭以养德。非淡泊无以明志，非宁静无以致远。"这里面的"俭"就蕴含了处理包括财务在内的一切事务时都要有节制的意思。因为只有这样，才能提升自身道德修养。

节制不仅需要毅力，有时候更需要比较坚定的自信。人难免遇到自己喜欢的人与事，但是在应对这些事物的时候，如果能够谨记"过犹不及"的道理，可能就会避免诸如饮食过度、沉迷网络等情况的发生。

五、汉字的智慧诚信文化

（一）"智"字

所谓智即"知而有所合谓之智"，这是一个动态的、渐进的"智识"过程。儒家学说倡导智，智被列为三道、四德、五常之一。按照孔子的理想安排，用"智识"的方式体悟仁、德，从而达到一个道的高度。

在战国以前的典籍中通常用知表智慧之智，谓之通假。战国以后，才逐渐使用智字表达智慧或智识。

甲骨文有"智"字，画如"𢀩""𣥏"形；钟鼎文"智"字画如"𤱿""𤳊"形，"知"下加"白"；小篆"智"字为𪉂形，许慎便以小篆为训，说："智，从白从亏从知。"这一训释，导致后来对"智"的训释一直不得要领，且并没有给出当时古人造"智"时的想法和意图。其中最主要的是"亏"字部，甲骨文、金文中"智"字的"于"旁在演化过程中异化为"亏"，"亏"部于"智"字的训释有很大的误导作用。

如果反过来看，甲骨文所从"于"旁不是"亏"字呢，也许问题就迎刃而解了。"于"在甲骨文中可以释义为"于"字，"于"字的意思是什么呢？甲骨文"于"字，画如于、于形，徐中舒先生在《甲骨文字典》中考释，"于，像大圆规，上一横画像定点，下一横画可以移动"[2]。那么如此一来"智"的造字原理就清晰可见了，

---

① 罗大经著，王瑞来点校.鹤林玉露 [M].北京：中华书局，1983.
② 徐中舒.甲骨文字典 [M].成都：四川辞书出版社，1998.

"于"为一种绘图或绘制工具，殷商建造房屋、码头和生产生活工具时，必然用此工具，寓意明了，掌握了知识；"矢"为弓箭，是重要的狩猎工具与兵器。"于"和"矢"表明的是人类可以改造自然、制造工具。"口"字，表示言辞，人类正是通过口交流与传递知识。所谓智者，认知，知道，并融会贯通，才是智。从知到智是一个渐进的过程，或者说智是一个动态的"智识"过程。诚如《荀子·正名》所言"知而有所合谓之智"，这才是智的根本造字意图所在。

智慧和智识，对于古人来说，非常重要，并在春秋战国时期，特别是经儒家思想的传播与倡导，达到了一个前所未有的高度。儒家的"智"是学习、体悟到拓展的一个渐进过程。《论语·宪问》记载，孔子说："君子道者三，我无能焉，仁者不忧，知（智）者不惑，勇者不惧。"所谓知者不惑是指君子审物明辨、有是非之心，故不惑。智列为三道（仁、智、勇）之一，就是孔子提出的"三达德"理论。除"三达德"之外，智还是四德（仁、义、礼、智）之一，五常（仁、义、礼、智、信）之一。余英时说："仁、智、勇虽分为三，其实都可以统一在'仁'这一最高概念之下。所以'君子'达到了最高境界便和'仁者'没有分别了。"余英时把三者"仁、智、勇"归一是对的。"知（智）"是途径，是学习，是感悟，是学而化之。如何感悟、如何化之？孔子的答案就是"反求诸己""为仁由己""克己复礼"。孔子说："君子求诸己，小人求诸人。""见贤思齐焉，见不贤而内自省也。"又"修己以安百姓，尧舜其犹病诸？"这是"克己复礼"的核心，即克制自己的言行，从自身内部反省，找毛病。《论语·里仁》："不仁者，不可以久处约，不可以长处乐。仁者安仁，知（智）者利仁。"这就是孔子对于智的作用的总结与归纳。

按照孔子的理想安排，一个人要通过"礼乐"的学习（外在熏陶），用"智识"的方式体悟仁、德，从而达到一个"道"的高度。

（二）"信"字

"信"，从人从言，人言为信，体现的是说的话要有诚心，如心之所出。故"信"字别体又写作"沁"，段玉裁说："沁，言必由衷之意。"正道出了信的意义与价值，所谓言必行，行必果，要说到做到为信。

钟鼎文"信"字画如"🔣""🔣"形，从言从身。隶定以后，写作"信"。段玉裁《说文解字注》："人言则无不信者，故信从人言。"

钟鼎文"信"字别体又画如"🔣"形，从人从言从心，此字隶定为"訫（信）"。有别于从身之"信"。"心"是古人重要的身体部位，由心作"訫"，则有言必由衷、忠于己心之意。通俗地说就是说到做到。

许慎《说文解字》:"信,诚也。从人从言。会意。"人言为信、言而有信、信用、诚信等,是古人道德修养的科目之一,也是衡量政府公信力的标准之一。

《论语·为政》记载,孔子说:"人而无信,不知其可也。大车无輗,小车无軏,其何以行之哉。"意思是,人没有了诚信,就像大车没有了曲木,小车没有了销钉,这样的车无法驾驶、行走和运输,人的诚信也是这样的道理,人若要失去了诚信,就无法立身,无法为人。

荀子说:"古者禹汤本义务信而天下大治,桀纣弃义背信而天下大乱。故为人上者,必将慎礼义、务忠信然后可,此君人者之大本也。"君人者,即国君,也象征政府,代表国家,要求为国君者要以诚信为本,用现代语境解说,其实就是政府要具有公信力。

然而,归根结底,道德归属于软标杆、软尺子,如何衡量与考核,一直是难题。孔子就曾说过:"始吾于人也,听其言而信其行;今吾于人也,听其言而观其行。"孔子自认为先前对于评价一个人是否诚信的考量标准是"听其言而信其行",后来却改变了这种考量标准,他要"听其言而观其行"。"观其行"的方法,依然有很大的不确定性。问题在于谁监督,以及谁制约,仍待探讨。

六、汉字的爱国主义文化

(一)"国"字

"国"这个字在甲骨文里写成"叫"等,后来到金文,字形变得稍微复杂一些,写成"囝"等。从字形看,包含的要素有两个:一个是兵器"戈";另一个是表示疆域、地域的"囗(wéi)"。字形的含义是用武器守卫一方土地。因此,从守卫疆域的意义上看,"国"最初既有地域、区域的含义,同时也包含"邦国"的意思,因为疆界之内是需要守护的家园。

而从"国"的金文字形看,明显近似现在的"或"。其实,"或"的确是"国"最初的字形,字形里有"戈",也有"囗(wéi)"。后来,由于"或"被借去表示其他意思,所以当表示"地域""区域"等意思时,就在字的左边增加了"土",新造了"域"这个字。与此同时,当表示"疆域""邦国"等意思时,又在字的外面增加了"囗",变成了"国"的繁体字形。

另外,大约在南北朝时期,"国"在民间又出现了一种通俗写法,外面是"囗",里面是"王",意思是在一定范围的疆域中有君主"王"。后来汉字简化的时候,因为封建王朝已被推翻，所以就在"王"字里面加了一个"点"，变成了"玉"。而实际上，"玉"的古文字形原本就近似"王"，而且现在当"玉"在一些汉字里充当左偏旁的时候，仍然写成"王"，如环、玦、瑜、珍、瑞等。

"国"最初确实表示具有明确疆界的疆域实体，后来，由于这样的疆域明显含有主权意味，而且需要治理和管理，所以"国"也产生了"阶级统治工具，兼具社会管理职能"这样的意思。因此，"中国"最初表示的也是地域概念，具体指的是国都、京师，例如《诗经·大雅·民劳》："惠此中国，以绥四方。"诗句的大致意思是用仁慈、柔和的政策治理帝王的都城，这样就会对国都周边地区起到安定作用。

此外，"中国"在古代也通常表示汉族聚居的地区，与所谓的"四夷"相对而言。后来到了19世纪，"中国"逐渐成为我国全部疆域的固定名称。现在，我们中华人民共和国则是涵盖港澳台在内的全部领土，同时也有国家政权的主权国家，简称"中国"。

（二）"祖"字

我国是一个多民族国家，境内有56个兄弟民族，所以，中国是这些兄弟民族共同的祖国。

"祖"这个字左边的"礻"表示字的意思与祭祀有关，右边的"且"一方面表示字的读音与它接近，同时由于它本身最初具有"祖先"含义，所以也表示"祖"的意思与"祖先"有关。

而实际上，"且"这个字的字形虽然解说不一，大致有"几案""祖庙""牌位""男性生殖器"等多种意见，但是它最初表示"祖先"这种意思却基本上是共识。因此，从这个意义上说，"且"应当是"祖"最初的源头，而"祖"则是后来才产生的字。

明朝时三岁丧父、由母亲独自抚养长大的文人温璜著有《温氏母训》，他在这本书里记录了母亲转述其祖先教育子女的几句话："人虽穷饥，切不可轻弃祖基。祖基一失，便是落叶不得归根之苦。"句中的"祖基"指的是祖上世代居住的地方。而元代史学家、文学家揭傒（xī）斯所著《揭傒斯全集》曰"光绍祖基，正身齐家"，句子里的"祖基"指的则是祖上的基业了。

由此可见，"祖"是人的根基和源泉，而"祖国"正是人的根基所在的国度，是人的祖祖辈辈生于斯、长于斯的地方。因此，热爱祖国、心向祖国、建设祖国，这是不忘本来、不忘本原，使自己的根基更加健壮美好的一种必然。

（三）"富"字

清末民初官员、文人何刚德曾在《客座偶谈》中写道："能举华侨之产，而救祖国之贫，杯水车薪，亦属无济。然人数究众且多，不忘祖国。"这是作者写于中国积贫积弱年代的作品，这是发自肺腑的声音，明知侨胞们的爱国举动对于当时中国来说不啻杯水车薪，但是，对于每一位中华儿女来说，让祖国富强的确是匹夫有责，众志才能成城。

"富"这个字上面的"宀（mián）"在甲骨文里的字形是房屋轮廓的形状，下面的"畐（fú）"在金文里则是装满了酒水等的器物形状，意思是"满"。二者合在一起，表示房屋中物品充盈。虽然有意见认为"富"最初表示完备、齐备等，但是从字形看，无疑有"充盈""充满"等意思。

庄子曾在《庄子·天下》篇中褒贬一生与他嘴仗不断的哲学家惠施："惠施多方，其书五车，其道舛驳。"庄子的意思是惠施虽然学问广博多面，而且出行时常常有满满五车简书随行，但是他对"道"的理解与阐释却颇多舛错，并且驳杂而不纯粹。

庄子的这番话后来被凝练成"学富五车"这种说法，其中的"富"便是"充满""装满"这样的意思。此外，《论语·子张》中孔子弟子子贡有一段称颂孔子的话："夫子之墙数仞，不得其门而入，不见宗庙之美，百官之富。"他的话是以宫殿建筑比喻孔子的学问，大致意思是从外面看，孔夫子的学问犹如筑有几丈高的宫墙，如果找不到门径走进其中，就好像隔着高墙看不见里面恢宏、美丽的建筑物，也感受不到琳琅满目的妙物充盈殿宇的景象了。句中的"仞"是西周时期关于长度、高度或宽度的单位，等于当时计量标准的"八尺"或"七尺"；"官"则表示"馆"。

无论是完备，还是充满，它们都是"充裕""富裕"的象征，所以"富"后来就产生了"富裕""富庶""富足"等含义。而"富足"则既表示物质方面的充裕，同时也含有知识、文化和精神方面富有的意思。所以，祖国富强，正是我们国家一直倡导和坚持的物质文明与精神文明两方面丰收的理念。

（四）"强"字

"强"这个字有两个来源：

一个来源是左边的"弓"表示字的意思与弓弩有关，右边以前写成"畺（jiāng）"，表示"强"的读音与它接近。这种来源的"强"最初表示弓弩强健有力，随之又产生了强健、强硬、强大、刚强、坚强等含义。

另一个来源主要由"弘"和"虫"构成，同时也存在着其他更复杂一些的字形，且"弘"里面的"厶"也有写成"口"的情况。这种来源的"强"，字形中的"弘"表示字的读音与它接近，"虫"则表示字的意思与昆虫有关。它最初指的是米里生出的一种小黑虫，后来，这种意思基本上不再使用了，而这种字形则更多承担了第一种来源的"强"所具有的意义，且在汉字简化时明确了以"强"这种字形为通用的规范字形。

北宋文学家孔平仲有一首写三国时期曹操麾下大将军于禁的七言诗《于将军》，里面有一句"劲弩强弓无敌者"，诗句里的"强"用的就是第一种来源的"强"最初的意思。而南宋文学家阳枋（fāng）的七言诗《寿制置夏节使》中的"将勇兵强民力阜"，其中"强"指的则是一般意义上的"强大"了。此外，诗句中的"阜"是由"高大的土山"而蕴含"高大""众多"等寓意，然后再以此为基础产生出"丰盈""富饶"等含义。

国家富强，意味着物质丰饶、文化兴旺和国力强盛，这是每一位中华儿女奋斗的目标，也是我们的国家和社会和谐与安定的象征。

（五）"忠"字

"忠"字，从中从心，寓意明了，中（忠）于己心为"忠"。言外之意，还有心无旁骛、不要跳出圈圈的意思，否则心存二心，则成"患"了。

从古代文献记载看，"忠"字在战国以前，大概还没有"臣下忠于国君"之说。《左传·桓公六年》记载，春秋初期随国大夫季梁说："所谓道（指政治），忠于民而信于神也。上思利民，忠也；祝史正辞，信也。"这是说君王，下要仁爱、善待子民为忠，即"上思利民"；而上要敬畏神鬼为信，即"祝史正辞"。大概这时的忠还是诚、善的意思。

从战国晚期中山王墓出土的中山王厝器（鼎壶）铭文上见到的"忠"字，画如"🔥""🔥"形。上为"中"字，下为"心"形。从铭文刻辞看，此"忠"字多是"忠臣""竭力尽忠"连用。意思是要忠心于中山王国和中山王。这时忠的对象倒置，是指臣下要对君王以忠。

许慎《说文解字》："忠，敬也。尽心曰忠。"段玉裁《说文解字注》："敬者，肃也。未有尽心而不敬者。"从字义上理解，是忠于己心，诚敬、不苟、尽心做事为"忠"。

用拆字法释义此字，则要先考究"中"这个汉字。最早的"中"字字义是"插旗建中"，表示在一定范围内召集众人听命。"中"字有指定范围、划定边界的意思。那么从中从心为"忠"可以理解为，按照规则行事，行事不能跳出圈（中）外，所谓心无旁骛、专心致志、尽己之心为"忠"。

从社会层面看，忠是一种为人处世之态度。它代表的是无私、正直、公平和公正。东汉马融撰《忠经》言："忠者，中也，至公无私。天无私，四时行；地无私，万物生；人无私，大亨贞。"如若心思寄托在两个"圈圈（串）"，则可以理解为"患"了。董仲舒《春秋繁露》言："心止于一中者谓之忠。持二中者谓之患。患，人之中不一者也。"概言此意。

传统儒家学说中，"忠、信"一直被奉为做人处世的道德标准。作《四书章句集注》的朱熹说过一句话："尽己之谓忠，尽物之谓信。""忠"是自我内核，形诸自我；而"信"是外化，形诸他人。由此可以看出"忠"的指向仍以"忠于己心"为衡量标准。但是，文本的语境，有时并不靠谱，是否忠于己心值得怀疑。这也是现实语境下，人们讨论"忠"这个问题时，容易产生分歧和抵触情绪的主要原因。

（六）"定"字

"定"这个字上面的"宀"同样表示字的意思与房屋建筑有关；下面是"正"的变形，一来表示"定"的读音与它接近，二来表示"定"的意思与"正"有关。绝大多数意见都认为"定"最初的意思是安定。但是，由于对"正"这个字的解读存在着一定程度的差异，所以，"正"在"定"字中的作用也存在着不同意见。

有些意见认为"正"由表示城邑的"口"和表示足部的"止"构成，意指去往别的城池，所以表示"征伐""征讨"，而"征伐"即有"平定"的意思。因此，按照这种意见，应当是"定"里面的"正"表示"定"具有"安定"的意味。

而根据其他意见，有人认为"正"最初字形中的"口"表示足迹，也有人认为它仅仅是标示方向的一种符号，所以主张"正"最初的意思是"走直""走正"或者"站正""站直"。总之，根据这些意见，"定"里面的"正"表示"不偏斜""停止不动"等意思，所以它隐含"定"与"不动""安稳"等有关，进而表示"定"具有"安定"等含义。

儒家经典《大学》一开头便是："大学之道，在明明德，在亲民，在止于至善。知止而后有定，定而后能静，静而后能安，安而后能虑，虑而后能得。"这段话的大致意思是在启蒙教育之后，再深入一步的教育，其要点是必须彰显那些应当彰显的道德规范，使民众获得新的理念与意识，明确人生的目标是达到真正的善美。而只有明确了人生目标，人的内心才会安定，内心安定则会平静，平静则能安稳，安稳则有助于思考，勤于思考则会有所收益。

文章中虽然把"定"和"安"分别表述，但是显然都把它们归结于人由于有了明确的目标，所以内心安宁而不浮躁。而如果把"安定"看作一种社会状态，这样的状态即意味着民众没有浮躁情绪，每个人都在明确目标的引领下从事有意义的事情，整个社会和谐、安宁。

（七）"宁"字

"宁"这个字和"安""定"一样，上面的"宀"同样表示字的意思与房屋建筑有关，但是它的来源却有若干种：

其中一种在甲骨文里写成𤲂，原本是贮藏粮食等的仓房一类形状，最初意思就是"贮藏"。后来由于长期储存含有"久远"以及"久立"的意思，所以"宁"也产生了"伫立"的意思。然而，后来为表示这两类意思又新造了"贮"字和"伫"字。

其他几种来源的"宁"，最初字形中除了包含"宀"，一般也都包含了"心"，意味着人在房屋里面内心安宁、安定。

魏晋时期文学家、"建安七子"之一的王粲曾经创作《从军诗》五首，其中第二首里面有这样两句："日月不安处，人谁获恒宁。"这两句诗的大致意思是天地并不安定，也就是天下并不太平，在这样的情况之下，有谁能得到永久的安宁呢？联系到这首诗的其他诗句，诗人虽然也写出了从军士兵对家乡和亲人的深切思念，但是，为了天下和民众的永久安宁，身为士兵，还是要把对亲人和故土的思念化作平定天下的动力，为国、为民效力。

实际上，和保家卫国的军人一样，每一位中华儿女也都胸怀祖国，为了国家和民族的安定与繁荣，各自在不同岗位上努力贡献着自己的力量。

第二节 中华汉字的民俗文化

一、汉字的氏族文化

氏族是宗法血缘社会的基本组织形式，涉及祖先崇拜、亲族称谓、宗庙制度及由此引申出来的孝悌、婚姻观念等，利用氏族制度可以建立严格的宗法等级制度，推而广之，国家就是建立在氏族制度基础之上的。

（一）"祖"字

祖，本作且，本义为祖先，即已经去世的先辈人。甲骨文作"📿、📿"，商代金文作"📿、📿"，周代金文作"📿、📿"，象形字，像祖宗牌位之形。祖跟祭祀有关，因此加上了与祭祀相关的意符"示"，春秋金文作"📿、📿"，即祖。中国人的祖先崇拜有着悠久的传统，大约在母系氏族社会后期、父系氏族社会初期就已经存在祖先崇拜了。古文字祖就是古人立主（牌位）祭祀先祖的反映。甲骨文材料表明，殷人认为过世的祖先其灵魂依然存在，和上帝很接近，且具有一种神秘的力量，可以降祸，亦可延福于子孙。

"祖"在甲骨文作"📿、📿"，是指具备超能力的人神，故原始人祈福避祸时均乞助于先祖神灵，对后世影响深远。金文材料与早期文书可以证实，西周人不但深信先人的灵魂具有降祸赐福的力量，并且地位与天相等，在实质上也作为崇拜的主体，希望借勉励谒祖来缅怀与效仿先祖的美德，或通过向有血缘关联的先辈代为请命，得上天福佑。但先祖崇拜的实质仍与崇拜登天者相关，其信仰含义远大于其伦理含义，先祖虽已被神格所偶像化了，但同时也有美学精神的取向在里面。

（二）"宗"字

宗，甲骨文作"📿、📿"，金文作"📿"，从宀从示，"宀"表示房屋，示为神主之象形，整个字表示供奉祖先神位的场所，因此宗的本义为祖庙。为逝去的先人建庙立牌位，反映了后人对先辈的崇敬与思念。

与"宗"搭配的字，一般与宗法、家族有关。如"宗庙"指供奉祖先神位的地方，"宗祠"也是供奉祖先神位的地方，"宗法"指规范家族成员间亲疏尊卑的原则，"宗族"指一个大家族，"宗室"指天子或权贵的宗族。

在宗法理论中，宗主指大宗。礼书记载百世不会变迁的一直是大宗，五世而迁庙的是小宗，小宗只能祭祀自己的高祖。在父权制家长社会，"尊者谓之宗，尊之则曰宗之"，是说君权与族权的关系，君权要求尊尊，族权要求亲亲，君权与族权高度合一。尊尊与亲亲成了宗法制的核心原则。

（三）"堂"字

"堂"字本义是野外祭祀神祖的高台（土台），后引入建筑格局，即堂屋。在古代社会，以堂这种建筑格局引申出一种重要的伦理关系，即父系一脉或同祖父的亲属为堂兄弟、堂姊妹等。这种由居住格局或建筑结构与宗法秩序融为一体的伦理观念，是华夏民族所特有的一种文化表征。

钟鼎文"堂"字画如"、"形。观钟鼎文的"堂"字，下为撮土成堆之形，上如房屋格局。隶定以后，写作"坣"，从尚从土，从尚表音，亦表义，尚，尊也、上也。在平地封土成高台或者自然之山丘高台，皆可称堂。"堂"字本义为野外祭祀神祖的方形高台，后堂引入建筑格局，前为堂，后为寝；或前为庙，后为寝。堂与庙同义，为祭祀神祖之地。寝，为就寝之地。郭沫若在《殷契余论》中说："古人习于神前结婚，所谓寝庙乃前庙后寝。寝所以备男女之燕私……在未有寝庙时之古代或不能有寝庙者之庶人，在此通淫之仲春则野合而已。"今日社会，尚有拜堂成亲一说，即传承神前结婚习俗。

《礼记·王制》规定："天子七庙，诸侯五庙，大夫三庙，士一庙，庶人祭于寝。"为什么"庶人祭于寝"呢？祭于寝，并不是真正的祭于寝，而是庶人建不起祖庙（即庙堂、享堂或祠堂），其居住格局或建筑结构通常是寝庙相连，堂寝相连。考查今日民居，尚保持着这一建筑格局，堂、寝相连。有些地区的方言说堂屋，按照正常的理解就是祭祀之用的享堂。但是在堂侧并连的就是就寝之地了。这也是从上古祭祀传统文化中，保留下的一种特有建筑格局。于是"庶人祭于寝"也就易于理解了。

《礼记·曲礼》上说："礼不下庶人。"由于连吃住都成问题，所以对于庶人而言，祭祀祖宗这么神圣的事情就不必较真了。看似是一种人性的关怀，殊不知"礼不下庶人"后面还有一句"刑不上大夫"，这分明是礼教社会的上下、尊卑、贵贱的权利不平等。

由于"堂"因祭祀而产生，故在宗法社会又孳乳出宗法祠堂的伦理观念。古代社会，存在堂表父系一脉同宗同祖的血缘关系。古人不尚分家习俗，所有子孙通常都在一个屋檐下居住，共祭一个祠堂，故有称呼父系一脉或同祖父的亲属为堂兄弟、堂姊妹等，即由堂室结构延伸的伦理关系。应该说，这种由居住格局或建筑结构与宗法秩序融为一体的伦理观念是华夏民族所特有的一种文化表征。

（四）"主"字

主，甲骨文作"、、、"等形，与"示"为一字分化，象形字，像"神主之形"。古人特别重视"事死如事生"的宗法伦理观念，将死者安葬之后，还要另立宗庙，以便祭祀供奉，祈求福佑。

古人为逝去先人立灵位在宗庙（宗祠）之内，其实就是把刚逝去的先人在从始祖以来的宗庙内增加一个灵位，这种礼制称为"祔"。祔就是在家族祠堂里为后死的人增加一个灵位以便和祖先一起接受祭祀。同时，古人宗法理论中有"作主坏庙"的原则。《礼记·丧服小记》云："别子为祖，继别为宗，继祢者为小宗。有五世而迁之宗，其继高祖者也。是故，祖迁于上，宗易于下，尊祖故敬宗。"大意是继承高祖地位的为大宗，大宗不迁庙；其余庶子为小宗，小宗四世之后亲尽，不能祭祀高祖的父亲，只能祭祀高祖，这就叫"祖迁于上，宗易于下"，也就是"作主坏庙"，五世之后就单独立庙。

（五）"孝"字

孝，敬老为孝。商代金文作"𤕝"，周代金文作"𦭆"，会意字，造字本义与老密不可分，颇能体现中国传统孝道文化博大精深的一面。对比"老"与"孝"的古文字字形我们可以发现，"孝"与"老"的不同只是把"老"字中的拐杖替换为了子，本来"老"像一个拄着拐杖的老人，"孝"字则是由"子"承担了拐杖的角色，像老人"拄着"小孩之形，以此来表示晚辈侍奉长辈，会孝敬之意。有人说"孝"字反映的是少背老的情景，其实是望文生义的误解。

在儒家的理论体系中，孝是最根本的。孔子曾说孝悌是仁的根本，然而"仁"是儒学体系中的根本，孝悌又是仁的根本。而在《礼记·祭义》之中，曾子把孝阐释为放之天地四海而皆准的最高伦理道德。以此可以看出，孝是仁、德的根本。具体来说就是要遵从父母、侍奉父母、慎言慎行。儒家的目标是修身、齐家、治国、平天下。《孟子·梁惠王上》说："老吾老以及人之老，幼吾幼以及人之幼，天下可运于掌。"大意是赡养孝敬自己的父母也不忘赡养孝敬他人的父母，呵护抚育自己的孩子也不忘呵护抚育他人的孩子，治理天下就像在手掌中运转东西一样容易了。

（六）"姓"字

姓，甲骨文有一个字形作"𡜩、𡜈"，但这个字并不是"姓"字的甲骨文字形，只是一个女性的名字。甲骨文显示，商人地名、族氏名、人名往往合一，女性名字一般都在地名、族氏名的基础上加上"女"旁以示区别，甲骨文里这个"姓"只是表示来自"生"地的女子。学者研究表明，就目前已知材料来看，商人应该没有姓氏观念，至少并不以姓氏相称。商人从王族到庶民对外都以族氏名相称，族名与姓氏类似，但不是同一个概念。

到西周时期，周王朝的分封制、宗法制讲究"天子建德，因生以赐姓，胙之土而命之氏"，也就是说姓与氏是周人维护统治的手段。"因生以赐姓"，就是说依据共同的出身赐予国人姓，这个"姓"往往追溯到很远的时代，一般就源于之前的大的族氏名、部落名，赐姓的对象至少是庶民以上，西周至春秋中期以前，一般庶民及以下民众是没有姓、氏的。赐姓是为了"亲亲"及追溯共同的先祖，以利于内部团结，因此"姓"不多，进而演化出先秦古姓之说。如《国语》记载，黄帝有子嗣二十五宗，共分为十二姓：姬、酉、祁、己、滕、箴、任、荀、僖、姞、儇、依。这显然是"亲亲"的结果。正是因为"因生以赐姓"，金文里"姓"直接用"生"代替，作"䇂"，表示姓与出身有关系。

到春秋时期，为了表意明确，才分化出一个从人旁的"䇂"，加上了形符"人"。从"女"旁的姓尚未见到甲骨文、金文字形，小篆作"䇂"，秦简文字作"䇂"。我们可以推测，这个字的产生不会太早。人们多根据姓字"从女从生"以及一些从女的古姓如姜、姬、姑、嬴、妘、姒、妫等来说明姓氏是母系氏族社会的产物，这个说法其实是不可靠的。姓、氏的观念是周人统治的产物，姓用于别有婚姻，即区别同族与异族，氏用于区分贵贱，因此一般女子才会使用姓，姓是女子的专用品，男子一般用氏，两周时期膝器上的铭文也反映了这一点。正因为使用姓的一般是女子，因此姓才从女，一些古姓也从女。

春秋晚期以后，姓与氏逐渐合一，姓、氏也不再是贵族所拥有，一般平民也可拥有姓氏。战国时期剧烈的社会变革与频繁的争霸兼并战争，使得各国赋税与人口统计更加规范化，原先隶属于贵族的私属人口，逐渐被纳入国家制度设计的范围内，人人皆有姓氏的迹象已经极其明显了，到汉朝时，已是人人皆有姓了。

（七）"长"与"老"字

"长"与"老"意思相近，"长"像一个长着长头发的人，"老"像拄着拐杖的年长者。

长，甲骨文作"䇂"、"䇂"，金文作"䇂"、"䇂"，像一个长头发的人。《说文解字》说"长"是久远的意思，"长"造字的本义可能和老相似，都是指年纪大的人。古时候年纪大的人知识阅历都比年轻人丰富，负责教授晚辈。这些人"长"的身份可能是氏族或家族中的长者，即我们熟知的"长老"，因负责氏族、家族事务而知道得多便引申为长久。

老，甲骨文作"䇂"、"䇂"、"䇂"，像一个拄着拐杖佝偻着身躯的长发老人，从构字的角度看，"老"比"长"所体现的年纪要大。金文作"䇂"，所拄之拐有所变形。《说文解字》解"老"为"考"，古人七十岁以上才称为老。

老是长者，父也有长者之意，秦汉时期有"父老"一词。父老是德高望重的耆老之人，可以参与基层社会的治理，在亭、里等基层政权组织中，父老会被聘为参政议政的人，具有很大的话语权。这种基层政治传统源于父老本是聚落中的年长者，因其德高望重而被纳入基层行政管理体制中。在一个大家族之内也是如此，家族事务往往由家族内德高望重者主持与处理。

二、汉字的婚姻家庭文化

（一）"女"字

"女"字，甲骨文写作" "，金文写作" "，小篆写作" "。我们首先看一看象形字"女"。甲骨文" "字描绘了一个两手交叉跪坐在地上的女子形象。造字的古代先民就像个画家，只用了简练的两条线，就把女性的身体特征，甚至人的性格都画出来了：上面那交叉的圆弧线条，表现了女人丰满的胸部；下面那弯曲的线条，画出了女人肥大的臀部；所描画的形象看上去又是那么安稳和柔顺。这种高超的抽象能力，出现在3000多年前，实在让人惊叹。可以说，"女"字是古代先民创作的一个杰出艺术品！

应该知道，在人类历史的长河中，首先是妇女带领她们的儿女们，在古老的土地上艰难行进，叩开了文明的大门——人类进入了母系氏族社会。在母系氏族社会，氏族的兴旺要靠妇女的生育，食物来源主要靠女人采集的植物和饲养的家畜（当时男人渔猎活动的收获往往得不到保证），所以，那时候的妇女特别受尊敬，地位是非常高的。农耕时代的到来，身体更为强壮的男子成为主要生产者，女子退回到家中——人类开始进入父系氏族社会，"女"字应该是这个时候造出来的。

"女"字还是个重要的部首字，由"女"组成的字非常多，有的字义非常好，如"好、娇、妙、娟"等字，表示的是美好和对女性的赞美；有的字义非常不好，如"奴、婪、奸、妖"等字，表示的是对女性的鄙视。"女"字就是这么一个奇怪的字。

（二）"婚"字

"婚"字最早见于金文，写作" "，孙诒让《名原卷下》分析该字时认为："下从女甚明，上当是从爵省。……唯右咸从' '，当是耳字。"" "从女、从爵、从耳，这一说法被很多人所认同。至于为什么从爵从女？王国维《史籀篇疏证》："古者女初至，爵以礼之。"林义光《文源卷十》："昏礼父醴女而送之。"两人的解释都涉及了古代婚礼的习俗。前者是说女方到达的时候，男方应举杯迎接她。

后者是说女儿出嫁的时候，父亲应该举杯饮酒为女儿送行。"爵"是古代的饮酒器，在古人生活中扮演着重要的角色，"爵"常常出现在古代的各种仪式上，当然也包括婚礼上。以"爵"盛酒行礼自然也是婚礼必备的活动之一。以"爵"以"女"构字是古代婚礼习俗的直接反映。至于"𡢗"字中的"𦥑"（"耳"），高田忠周《古籀篇卷五十三》："右明从耳，此闻字也。……婚礼昏时。而古无华烛，亦当闻声行之。"按此，"耳"当为"闻"的简省写法，古代"闻"曾被借用为"婚"，"闻"《说文》古文写作"睯"，都可证明这一说法有一定依据，只是"古无华烛，亦当闻声行之"这样的解释未免太过牵强。若以声音论之，"闻""婚"两字在上古声韵皆相近，金文"𡢗"以"闻"为声似乎更为合理。

古代"婚礼"又作"昏礼"。在金文中，"昏"除了写作"𣇀"，另有一写法就是"𡢗"，与"婚"字的金文写法并无二致。《说文》："昏，日冥也。""冥"即"昏暗"，"昏"指的就是太阳已经下山，夜色昏暗的时候，即黄昏或傍晚。"昏"本是个时间词，为什么可以用来指"婚礼"呢？《说文》："婚，妇家也。礼：娶妇以昏时，妇人阴也，故曰婚。从女从昏，昏亦声。"许慎认为男子娶妇曰"婚"的原因，一是因为"娶妇以昏时"，二是因为"妇人阴也"。第二个理由显然不足为据。第一个理由告诉人们古代举行婚礼的时间，这在《礼记》中也有记载："取妇以昏时入，故曰婚。"这就明确了"婚"与"昏"的关系。古籍中常以"昏"直接表示"婚"，如《礼记·昏义》："昏礼者，将合二姓之好，上以事宗庙，而下以继后世也。"《诗·小雅·我行其野》："昏姻之故，言就尔居。"《诗·邶风·谷风》："宴尔新昏，如兄如弟。"古籍中的用例说明，"婚"与"昏"在古代本就是一个字。其中"宴尔新昏"今天仍被广泛使用，只不过写成了"宴尔新婚"或"燕尔新婚"，人们常以此作为对新婚夫妇最美好的祝福。

（三）"娶"字

今日的婚姻需要通过嫁娶的形式来完成，古代也一样。《说文》："婚，妇家也。""妇家"即"妇嫁"，结婚对女子来说，就是"嫁"。但对男子而言，则为"娶"。婚礼无非就是男娶女嫁的过程。"娶妇以昏时"，至今仍是许多地方恪守的婚俗。然而婚礼为什么要在黄昏举行呢？这与人类最初的抢婚习俗有一定的关系。汉字中的"娶"和"取"两字将为我们揭开其中的秘密。

甲骨文有"娶"字，作"𡢃"，但极为罕见。《说文》："娶，取妇也。从女从取，取亦声。"段玉裁注：取彼之女为我之妇也。《说文》及其注解很精辟地传达了古代男子娶妻的实质，那就是"取"。"取"是个会意字，甲骨文作"🐾"，字形表示以手取耳。古代田猎捕获野兽或打仗抓获俘虏、杀死敌人后，有割取左耳作为计功凭据的做法。《说文》："取，捕取也。"由此可以想到，古代的"取妇"并非今日婚礼上的迎娶新娘，而是以武力的手段捕取或掠夺女子，使其成为自己的妻子。在古代典籍中，就经常能看到"取女""取妻"这样的用法，如《国风·齐风·南山》："取妻如之何？"《周易·蒙》："勿用取女，行不顺也。"这些用例都说明古代确实存在着抢夺强取妻子的行为。

"娶"就是"取妇"，与用"昏"直接表示"婚"联系在一起，就自然解开了古时"娶妇以昏时"的谜团了，它其实就是上古抢婚习俗在古文字中的反映。张舜徽《说文解字约注》："古娶妇必以昏时者，当缘上世有劫掠妇女之风，必乘夜深人定时取之，以避寇犯也。"[①]古代抢婚最适合的时间就是在天将暗未暗之时，这也是古人为什么要在黄昏时分结婚的真正原因了。所以"婚""娶"本就是"昏""取"，后来在两字的基础上加注意符"女"而成"婚"和"娶"，并专用于指婚姻、娶妻的意思。

（四）"安"字

"安"字留存着母系社会的身影，从女在"宀"下就是"安"。许慎说，安，静也。犹如静如处女的美好释义。家里有一个女人（或母），是组成家庭的基础，是家庭平安，也是安居乐业的表现。

甲骨文"安"字画如"🐾"形，从"介"者，像棚屋之形，从"🐾"者像一女人双臂盘于胸前，跪踞在棚屋之下虔诚祈祷之状，会意为平安之"安"。这在远古人类眼里尚可理解：科学文明还没有到来之前，把生命交于上天掌管，是任何一个民族的初期人类生活的通例。但这并不能真正诠释古人造"安"字时的想法。为何女人在"宀"中才算安？恐怕要追溯到远古人类的生存环境。

韩非子说："上古之世，人民少而禽兽众，人民不胜禽兽虫蛇。"一场野兽与人类的大战随时准备上演。对于没有力量、身体柔弱的女性而言，遭遇凶猛野兽的侵袭，其恐惧之情可想而知。《水浒传》中，本领过人的武松面对"吊睛白额大虫"时，也被吓得"酒都做冷汗出了"，何况女人呢？除了来自自然界的威胁以外，其他氏族、部落的男人的掠夺，恐怕也是女人祈求平安的原因之一。原始社会后期出现了众多氏族和部落。这些氏族、部落之间互相攻击、骚扰是常有的

① 张舜徽．说文解字约注 [M]．武汉：华中师范大学出版社，2009.

事。而女人在氏族、部落之间的战争中和食物、地盘一样成为猎物。

《国语》记载有"昔夏桀伐有施，有施人以妹喜女焉""殷辛伐有苏，有苏氏以妲己女焉""周幽王伐有褒，褒人以褒姒女焉"等。夏桀、殷纣、周幽王都是通过战争掠夺到妹喜、妲己、褒姒的。由此推断，在古代氏族、部落发生战争时，掠夺女人成为战争的功能之一。猎者的张牙舞爪，被猎者的神情恐惧，是动物界的表情常态，不分人类和兽类。

许慎《说文解字》："安，静也。从女，在宀下。"按照许慎的意思，"安"就是"静如处女也"，一个多么美丽、诗意的解释。然而这并不符合甲骨文字形，如"🐾、🐾"形，多有女人垂"水滴"状者，这水滴可能是因恐惧而流出的汗滴。因此，不妨推定"安"的表意应是一个恐惧不安的过程。即女人受到来自自然界或人为的威胁、伤害之后，躲到"宀"之内，跪拜神灵，祈求庇护，逐渐战胜内心恐惧的过程。这才是"安"的本义。

从女为安，生存环境只是外部条件，起决定作用的则是内部条件，即和女人的生育有关。黑格尔曾说过："东方所强调和崇敬的往往是自然界的普遍的生命力，不是思想意识的精神性和威力，而是生殖方面的创造力。"从史前遗址挖掘出土的实证中有丰乳肥臀、孕妇状的女陶俑，亦表明远祖对于女性的生殖崇拜——在生活环境恶劣、氏族部落战争、医疗技术落后、婴儿成活率低等多重威胁下，只有女人平安了，才有传宗接代的机会，一个氏族、一个部落才会生生不息。这也是古人造"安"字时为何从"女"为安的原因所在。

礼教社会，"安"字不再以女人为轴心，男人登上历史舞台，女人开始退避三舍。孔颖达说："家人之道，必须女主于内，男主于外，然后家道乃立。"古人有称妻子为内人、内子、贱内，是从拆开的"安"字演化而来，因"宀（家）"中的女人。市井里巷常说的美满准则"老婆、小孩、热炕头"正是传统男权社会中对何为"安"的解释与注脚。也就是说，在家里有女性才会有美满、平安的生活。

何以为安？诚如班固在《汉书·食货志》中言：其一，民有其业为安；其二，民有其居为安；其三，民有田产为安；其四，人民有获得教育权利为安；其五，社会公正为安；其六，"出行相友，望望互助，疾病相救，民是以和睦"为安。这恐怕也是古人与今人都孜孜以求的安定生活。

一个中国古代式的象意字"安"，纵贯着一个中华民族进程历史，也标志着一个中国古代的大智大慧，还有一个中国古代关于安的认识与境界追求：生命在何处"安"？不仅肉身，连心灵也如此。

（五）"家"字

甲骨文和金文中都有不少"家"字，写法也都很接近，大多由"宀"和"豕"两个部分组合表意。《说文》："家，居也。从宀，豭省声。"许慎认为"家"是个形声字，"豕"是"豭"的省声。对此，段玉裁在给《说文》作注时提出异议，他认为"家"本是"豕之居"，后引申假借以为"人之居"。"家"是否曾为"豕之居"，已无从知晓，但这一说法却明白告诉人们，"家"是个会意字，从宀从豕。一般认为，这一说法比许慎的分析更为合理。"家"字从宀，很容易被人理解，它意味着"家"是屋子、住所，至于为什么从"豕"，却有不同的说法。

吴大澂《说文古籀补卷七》："⿱宀豕，古家字，从宀从豕。凡祭，士以羊豕。古者庶士庶人无庙，祭于寝，陈豕于屋下而祭也。"这是因古代庶士庶人祭祀就在"家"里的缘故，"豕"是供奉给祖先神灵的牲畜。商承祚《说文中之古文考》："先民假豕厕为家者，因豕生殖繁衍，人未有不欲大其族。故取繁殖之意。"这是以"豕"的繁殖能力表意，表示"家"是人口繁衍之所在，这也是古代社会对人口生产的美好希冀。卫聚贤在《释家补证》（国学月报二卷十一期）中说到古代的人茹毛饮血，但虎豹爪牙太强，鹿兔奔走太快，惟豕"爪牙不锐""行走不速""繁殖多而肥大易"，由此可证"豕"是人类最好的食品。卫氏文中还说到，古代有豕的地方很可能就有人定居，当人们"看见下有一群'豕'，上有人居的'宀'，合观之为'宀豕'，即以此现象而作人的'家'"。这是告诉人们"豕"是家庭的物质基础，是一个家庭得以存在的重要财产。古代家庭是如何产生的，至今仍是个谜。但有一点不容怀疑，家庭一定是建立在特定的财产关系的基础之上的。根据各地新石器时代遗址挖掘获得的家豕遗骨甚多这一点，可以证实"豕"是古代家庭重要的财产之一。而上有"宀"下有"豕"的"家"至今在中国云贵地区一些民族的传统建筑中仍有所遗留。

关于"家"字从"豕"的理由还远不止这些，不管哪种说法，有一点却很明确，"家"并非一个居所、一个住处那么简单，它的实际意义要抽象很多。"家"或者是古人祭祀的场所，或者是人口的繁衍之地，或者是家庭存放私有财物的地方……总之，由婚姻关系缔结而成的"家"，凝结着自古及今人类社会太多太丰富的内涵了。

（六）"男"字

《说文》："男，丈夫也。从田从力。言男用力于田也。"甲骨文"⿰田力"、金文"𤰒"，确实如许慎所分析的"从田从力"。其中的"力"作"𤭯"或"𤭯"之形，一般认为像原始的"耒"的形状。《说文》；"耒，手耕曲木也。""耒"是用于田中可以从事农业耕种的一种木制农具，它的形状像木叉，上有曲柄，形似今日农夫们用于农田翻土或松土用的犁。由此可知，从田从力，与农耕活动有关。之所以以此结构来表示"男"，说明当时的农耕活动主要是由男子承担的。追溯人类最初的生产劳动，以采集、狩猎为生，狩猎也是以男子为主，但在当时生产工具极端落后的情况下，男人狩猎所得甚少而且极不稳定，有时还可能空手而归，因此单纯地靠狩猎无以维持日常生计。倒是采集，所得虽多为植物果实之类，但却足够一家人果腹，比狩猎更有保障。原始社会的采集活动一般由女性来完成，由此也决定了那时女子地位远远高于男子。但是，当社会发展到农耕时代，这种情况就改变了。繁重的农业生产，开始逐渐凸显男子的重要性。家庭中的丈夫，即男人，开始成为家庭经济生产的主要劳动力。"男"字所反映的正是这种情况。于省吾《甲骨文字释林中卷·释男》："男字的造字起源，涉及到古代劳动民众的从事农田耕作，关系重要。男字本应作右力左田的'助'，而不应作上田下力的'男'。'助'字从力田，系会意字，是说致力于农田耕作。"就家庭分工而言，随着农耕社会的不断发展，男人成了从事农业耕作的主要力量，其地位也逐渐取代了母系氏族时代的女性。农耕的出现具有划时代的意义，它也预示着男权社会的到来。

（七）"妇"字

男人从事农业耕种，在外干活。那女人又在干什么呢？古文字"妇"无疑为人们提供了相关方面的信息。

《康熙字典》释"妇"："又女子已嫁曰妇。妇之言服也，服事于夫也。"《尔雅·释亲》："子之妻曰妇。"可见，"妇"是已出嫁的女子。已婚女子，对公婆而言，也就是"子之妻"，儿子的妻子。在封建时代，女子出嫁以后，要"服事于夫"，要从事日常洒扫事务，要接受所谓的三从四德的教育。《释名·释亲属》："妇，服也，服家事也。"《白虎通义·嫁娶》："妇者，服也。服于家事，事人者也。"《礼记·昏义》："妇人先嫁三月……教以妇德、妇言、妇容、妇功。"《说文》："妇，服也。从女持帚洒扫也。"甲骨文和金文中都有直接用"帚"为妇的情况。可见"妇"与"帚"关系非常紧密。马叙伦《说文解字六书疏证卷二十四》在分析"妇"字时曾说到"妇"的名称来源："妇或为帚女之合文。盖古者初无夫妇之制，虏获之敌人以为奴，而以其女者荐枕席，是为妻妾。埽（同'扫'）奴或以女者为之，以其荐枕席，故有妇称与。"这一说法，从一定程度上反映了古代女子的从属地位及其日常从事的工作。当然，并不能就此认为古代"妇"的地位都很低下。《周礼》有"世妇"之说，是古代宫中的女官，《礼记·曲礼下》："天子有后，有夫人，有世妇，有嫔，有妻，有妾。"《周礼·春官·世妇》："世妇掌女宫之宿戒，及祭祀，比其具。"但不管其地位的高低，有一点却是事实，与农耕时代男子外出从事农业劳动而言，女子更多的是在家服务。汉语中有"男耕女织""男主外，女主内"等说法，都清楚地说明古代男女分工的不同。而这种分工的出现，与农耕时代男子的重要性分不开。农业耕种给古代人民的生活提供了足够的物质保证，女子也无须再为一日三餐而外出忙碌，于是她们从采集活动中解放出来，回归家庭，服侍于丈夫公婆也就成为理所当然的事情。可见，古代女子地位的变化，是由家庭经济生产中的分工决定的。

三、汉字的丧葬文化

（一）"死"字

死，生命的终结。甲骨文作"𦙶、𦡉、𦙷"，金文作"𦙹，𦙺"（歺）像残骨，"卩"像垂首跪地之人，祭吊于朽骨之旁，以此来表示死亡之意。后"卩"类化为人旁，表示人在枯骨旁。从古文字死字我们可以看出古人吊唁死者的情景，是人类情感进化的反映。死表示死亡，人死之后为尸，因此"死"也常常借来表示"尸"，金文里就有这样的用法。"尸"和"死"在文献中可以互用。《左传·哀公十六年》有"生拘石乞，而问白公之死焉"，《史记·伍子胥传》有"而虏石乞，而问白公尸处"（把石乞抓了，问白公的尸体所在），一处用"死"，一处用"尸"，可见死就是尸。

古代不同阶层的人死了，有专门的称谓。据《礼记·曲礼下》记载，天子死了称为"崩"，诸侯死了称为"薨"，大夫死了称为"卒"，士死了称为"不禄"，庶人死了称为"死"。天子称"崩"，就如同从天上坠下来，让天下万民无君可爱戴，像是天崩地裂一样。诸侯称"薨"，如同高大的建筑物突然倒塌发出的轰隆声，因为地位比天子低，不能仿效用"崩"，就只能用"崩"的声音形容了。大夫称"卒"，卒就是终结的意思，大夫也算是有德行的人，人生平安走到了尽头。士称"不禄"，就是不能享受自己的俸禄了，士人地位更低，需要亲自耕种，死了就意味着不能耕种了，当然也就不能享受俸禄。庶人称"死"，因其地位最低，一生没有名誉流芳后世，精气一消失，声名也就没了，所以直接称为"死"。

（二）"冥"字

"冥"字的造字意图是什么，不是很清楚。《说文》解释说："冥，幽也。从日从六，冖声。日数十，十六日而月始亏幽也。"认为冥是个形声字，本义是幽暗，造字意图是每过十六天月亮开始亏缺，夜晚日渐幽暗，以此表示幽暗之义。这种分析是无法令人满意的。小篆"𠖎"中"冥"的构造明明是"六日"，却解释成十六日；而且月亮过了农历十六仍然很亮，直到二十九、三十才幽暗无光，说造字者用十六日会幽暗之义，实在叫人丈二和尚摸不着头脑，所以《说文》的解释是不可信的。在其他古文字字形中，"冥"的下部或从"大"，或从"廾"（gǒng，双手），说明目前看到的古文字已发生讹变，难以据此考索造字意图。

冥由幽暗又引申指阴间。在中国古人眼中，所谓死亡便是在另一个被活人看不见的世上去生存，所以他们常常在死亡墓穴中埋放了某些器具物品，好让亡灵在阴间享用，谓之冥器。在中国目前发掘的早期的古墓，旧石器年代晚期山顶洞人（距今18000余年）的墓室里，就有石器用具及石珠、兽牙等装饰品。钱币问世后古墓中就有了埋放钱币的现象，叫瘗（yì）钱。《史记·酷吏列传·张汤》："会人有盗发孝文园瘗钱。"一些人由此以为瘗钱现象开始于汉。但其实金钱作为财富的标志，自它产生之日起就被人们用来随葬。根据专家学者的调查，中国最早期的货币"贝币"产生于夏代，在作为夏代文明遗存的河南省偃师市二里头的古墓中，也有随葬的贝币发现。在安阳殷墟时期的武官大墓中和河北藁城台西的商代墓中也都挖掘出了钱币。殷墟妇好墓群中所发现的钱币高达6880余枚，表明了墓主妇好奢侈的生活方式和尊贵的社会地位。1937年，河南汲县山彪镇发掘的战国魏墓中出土空首币数百枚。汉代因袭前代风习，墓葬中也用瘗钱。如甘肃武威市雷台发掘的东汉墓葬中，随葬铜钱竟达上万枚之多。可以说自钱币问世以来，历代墓葬中都有随葬瘗钱的现象。

（三）"葬"字

葬，即埋葬，为人死后的最后归属。甲骨文有"𠨘""𡒰""𠨘""𡘜"等字形，今多释为葬，"𠨘"表示枯骨，"𠀍"为床的初文，这里表示棺椁一类的东西，方框则表示埋葬的坑，甲骨文"葬"字由这三个构件中的两个或三个构成，表示人死后埋葬在地下之意，"𠀍"既是意符，也充当声符。整个字形反映出来的是人死入土为安的情景。

小篆作"𦳊"，与甲骨文构形有别。《说文解字》云："葬，藏也。从死在茻中。

一，其中所以荐之。《易》曰：'古之葬者，厚衣之以薪。'”大意是说小篆的字形像人死后埋藏在草丛中之形。"茻"即莽字，表示草丛，"死"代表人死之后的尸体，一横表示裹尸的草席。《易经》记载，上古之时的人们埋葬死者时，只是用柴草包裹而已。根据许慎的记载，小篆"葬"字反映的是一种更为古老的埋葬方式，可能是土葬还未兴起时的埋葬方式，是一种仅用草席包裹，然后弃置荒野的原始丧葬方式。

上古之时的确存在原始的抛尸葬，《孟子·滕文公上》也说，上古时期人们都是不埋葬死去的亲人的，亲人死了就直接丢到沟壑里面。几天后，人们从沟壑边路过的时候，发现狐狸、蛆虫都在吃死去亲人的尸体，人们就感到难过，流下眼泪，不忍心看到这种场景。这种难过是人们发自内心的难受，并不是人们简单的伤心，所以就返回去拿了装土的蔂、取土的梩把亲人的尸骨埋葬了。

不过，考古资料表明早在新石器时代土葬就已经兴起，甲骨文葬字反映的已经是土葬的葬俗了，说小篆"葬"字是反映原始的抛尸葬似乎不合理。我们认为小篆葬只是反映人埋葬后坟墓上杂草丛生之貌，尸骨在草丛中，其实是坟墓在草丛中。

（四）"冢"字

《说文》："冢，高坟也。从勹豕声。""勹"即"包"的初文。高坟义为何以"包"为意符呢？学者们有不同的解释。马叙伦《说文解字六书疏证》卷十七："从勹从包均无高坟义，此当从宀，入宀部。'高坟也'非本训。"[①]张舜徽《说文解字约注》卷十七："今俗谓皮肉肿起为脓包，山地高出为土包，包固有突起义也。"古文字中冢字从勹从豕，也有从豕的，可能是省略写法。可知马叙伦的从宀之说为臆必之辞，没有根据。张舜徽的说法也是缺乏说服力的。"脓包"指皮下包有脓液的现象，包分明是包裹义。"土包"之包确有隆起义，然此义当自包裹义引申而来（包裹有鼓起之征），其出现时代甚晚，先秦未见此义，以此来说明"冢字从勹"之意未见其然。

其实"冢字从勹"的道理古代学者早就做过正确的解释。南唐徐锴《说文解字系传》云："地高起有所包也。"段玉裁云："墓取勹义。"只是说得不甚明确，致使后人生疑。坟墓是包人于土之处，故冢字从勹。这一点我们可拿"墓"字来做比证。"墓"从莫声，莫声字有包裹之意。"模"是包裹胚子的模型，"幕"是包裹室内某一空间的幕帐，"暮"是包裹一切的夜色。馍最初指有馅的馒头，即包子。今天有些方言仍管包子叫馒头，如常州话中的"小笼馒头"就是指包子。

---

① 马叙伦.说文解字六书疏证[M].北京：人民出版社，1985.

墓是包人于土的坟墓，也因包裹而得名。由此可见，段玉裁说"墓取勹义"是深得造字之义的。由于从勹表义不明，故后世又加土旁示义，是为塚字。《玉篇·土部》："塚，墓也。正作冢。"

古代又有所谓"衣冠冢"，指只埋葬有死者衣冠的坟墓。宋范致明《岳阳风土记》："宝慈观乃张真人炼丹飞升之所，弟子葬其衣冠，俗谓之衣冠冢。"也写作"衣冠塚"。袁鹰《悲欢·校园随想》："那是半年多以后在昆明被暗杀的西南联大教授闻一多先生的衣冠塚。"

四、汉字的服饰文化

在现代社会，服饰是每个人用来穿着、装饰、保护自己的必备品。服饰不仅仅是为了穿，还是一个人身份的象征、一种生活态度的展示甚至是个人魅力的表现。随着人们对新事物认识的不断进步，服饰的材质、样式也变得花样繁多。然而在人类发展的早期阶段，人们的服饰用途、材质、制作样式等又是怎样的，今人也许很难想象。从中国考古出土的实物证实，人类早在旧石器时代就已有骨针出现。1929 年北京周口店山顶人遗址出土了一枚骨针，针身保存完好，仅针孔有些残缺，刮磨得很光滑，这表明早在两万年前，我们的祖先已能缝制简单的衣服。那时候的衣服到底是怎样的？古人缝制衣服所用的材料又有哪些？古人衣饰的功能与我们今天一样吗？下面将透过古汉字来讲解其中的一二。

（一）"衣"字

"衣"是个象形字。甲骨文写作"𠃌"，金文写作"𠃌"，小篆写作"𠃌"。古文字字形上面像领口，两边是衣袖，下面像衣襟左右两部分互相掩覆的形状。《说文》"衣"下注曰："衣者，人所倚以蔽体者也。上曰衣，下曰裳。"可见，"衣"是穿于人身上用于蔽体的一种服饰，又可专指上衣。古人的上衣通常较长，上衣和下裳也有严格的区分，《周易·系辞下》："黄帝、尧、舜垂衣裳而天下治，盖取诸乾坤。"《周易》所记告诉我们，黄帝、尧、舜时代就已有明确的服饰制度，衣在上像天，裳在下像地，衣裳制作取象乾坤。

古人的上衣有"左衽"和"右衽"的区别。"左衽"是指衣襟向左掩，我国古代一些少数民族所着的服装多为左衽。这与古代中原汉族的服装多为右衽的习俗不同。"右衽"即衣襟向右掩，这一服饰形式已成为汉族服饰的象征符号之一。考古出土的一些实物也证实中国古代服饰的这一特征。

古文字"衣"所反映的中国服饰的特征，自商周以来一直影响着中国服装的基本形制。三千多年来，中国人几乎都是按照"衣"字所显示的样式缝制自己的衣服。虽然在不同时期服饰的设计会有所变化，但作为服饰最基本的样式历经各朝各代，及至今天仍然保留着。

（二）"丝"字

在甲骨文和金文中，"𢆶（甲）、𢆶（金）、系（篆）系"和"𢇁（甲）、𢇁（金）、絲（篆）丝"都是"丝"的象形。《说文》"系"下曰："细丝也，象束丝之形。""丝"下曰："蚕所吐也。"许慎对这两字的解释清楚地告诉人们"丝"的来源及其形状。从古文字字形看，"系"和"丝"均像编在一起的丝。两字形体虽略有差异，但意思却是相同的，都是"细丝"。徐锴（宋）在《说文》"系"下注曰："一蚕所吐为忽，十忽为丝。系，五忽也。"因蚕所吐的丝极其细微，"系"和"丝"应该都是蚕茧中抽出的丝缠绕加工后形成的丝线，"系"由五根蚕丝缠绕而成，"丝"则由十根蚕丝缠绕而成。这一过程就是"缫丝"，是制丝的一道主要工序。只有经过这样的加工，蚕丝才可织成丝绸用以制作衣服。

蚕丝是古代服饰的主要质料。由于蚕丝对人类生活的意义重大，人们自然对蚕也另眼相看。"蚕"在甲骨文中写作"𧈢"，描画的就是蚕的形象，是个象形字。后来它变成了一个形声字，小篆写作"蠶"。但在古俗字里，"蚕"也被写作"蝅"，是一个从神从虫的会意字，可见蚕在古人心目中的地位非同一般。"蚕"被人们奉为"神虫"，反映的是古人对蚕的敬畏，这与蚕为人类提供制作丝绸的原料这一特殊的贡献有密切的关系。

"丝"是蚕吐出来的。从蚕到丝，再到丝绸的织成，是一个非常复杂的过程。除了"系"和"丝"外，一系列与"系"有关的汉字也透露了这一过程的一些信息，如"经""纬""结""织""绝""绘"等都与丝绸的制作工艺有关；"绸""绢""缎""绫""绮""素"等都是由"丝"加工而成的服饰质料；"红""绿""紫""绛"等描述的是服饰质料的色彩。……这些汉字生动再现了古代"丝"的广泛的用途及其加工技艺的成熟。

"系""丝"作为服饰材料进入人们的生活，是一种文明的进步。这一文明的出现最早可追溯到黄帝时代。传说黄帝的妻子嫘祖曾教百姓栽桑养蚕、抽取蚕丝并制作美丽的丝绸。民间因此也尊称嫘祖为"先蚕娘娘"，至今一些养蚕地区还保留有祭祀嫘祖的活动及敬奉嫘祖的祠堂。

（三）"绢"字

"绢"字，小篆写作 绢。《说文》对绢的解释存在多种异文，迄今莫衷一是。大徐本作："绢，缯如麦稍（juān）。从系肙声。"绢在古代用途很广泛。首先是衣着的时尚材料。《墨子·辞过》："治丝麻，捆（织）布绢，以为民衣。"绢是丝织品，普通百姓一般是穿不起的，大约到垂垂老矣之时才有可能穿上绢衣享受一下。《礼记·王制》中说殷人"缟衣而养老"，孔颖达疏："缟，白色生绢。"《孟子·梁惠王上》中把百姓们"五十者可以衣帛矣"当作生活目标。从这些话语中不难看出古代老百姓想穿上绢帛衣服是很不容易的。

尽管如此，绢在丝织品中只能算是低档产品，跟那些经过煮练染色的缎、练、绫、锦之类相比不免逊色。古代染色不易。古称平民为"白衣"，就是平民常穿未经染色的白布做的衣服的缘故。绢是未经染色的帛，是丝织品中最常见的，因而引申泛指丝织品。《南齐书·裴叔业传》："再战，斩首万级，获生口三千人，器仗驴马绢布千万记。"

绢是平纹织物，坚挺光洁，是题诗作画的好材料。宋王安石《阴山画虎图》："堂上绢素开欲裂，一见犹能动毛发。"这是说虎图画在绢素上。宋米蒂《画史》："唐人摹绢本在刘季孙家。""绢本"指绢帛上的书画。米蒂《书史》："张颠绢帖一卷，七八帖乃少时书。""绢帖"指写在绢帛上的书帖。明高濂《遵生八笺》卷十五："古画不可卷紧，恐伤绢地。"绢质地比较硬，所以卷紧容易损伤绢。

古人还常用绢制作绢扇和绢花，这也是绢材料坚挺的缘故。《晋书·安帝纪》："（义熙元年）五月癸未，禁绢扇及拷（chū）蒲（古代一种色子类的博戏）。"《宋史·礼志十六》："乾道八年十二月……又行门、禁卫诸色祗应人，依绍兴例，并赐绢花。"绢扇和绢花今天仍很常见，折叠各式各样的绢花是餐厅服务人员的基本功。

（四）"皮"字

"皮"字金文作 "皮"，《说文》："剥取兽革者谓之皮。"林义光在《文源卷六》中解释"皮"字时认为，该字的 "皮"，像兽的头和尾，"皮" 像兽的皮，"皮" 像人的手，用手剥取野兽的皮就是"皮"字构形的来源。这一解释与许慎的说法不谋而合。由此可以确定，"皮"的本义是"用手剥兽皮"，后引申指各种野兽的皮。如《周礼·大宗伯》："孤执皮帛。"郑玄注曰："皮，虎豹皮。"《仪礼·士昏礼》："俪皮。"郑玄注曰："皮，鹿皮。"人的皮古代称为"肤"，今天用双音词"皮肤"来代替。《诗经·卫风·硕人》："手如柔荑，肤如凝脂。"形容美人手指柔软像嫩芽，皮肤白皙如凝脂。这里的"肤"一定不可换成"皮"。《商君书·算地》："衣不暖肤。"其中的"肤"也指人的皮肤。

古代"皮"与"肤"有别，但如果把人比喻为禽兽时则可以用"皮"称之。《左传·襄公二十一年》："然二子者，譬于禽兽，臣食其肉而寝处其皮矣。"这里将人比作"禽兽"，所以有"食其肉而寝处其皮"一说，意思就是可以割他的肉吃，剥他的皮睡。成语"食肉寝皮"就由此而来，表达对人痛恨到了极点。

"皮"既为兽皮，在丝织品出现以前，人们就用它作为服饰的基本材料。《韩非子·五蠹》："古者丈夫不耕，草木之实足食也；妇人不织，禽兽之皮足衣也。"上古时代，人类还未学会耕种，那时的人们以采集和渔猎为生。人们吃的是"草木之实"，穿的是"禽兽之皮"。"若从出土文物方面考察，历史发展到能够生产出专供做服装的材料——'纺织品'时，以兽皮为基本原料的'原始服饰'可能早已自成规模，中国服饰的源头可以上溯到原始社会旧石器时代晚期。"可见，以兽皮制衣的历史已非常悠久了。前文提到的北京周口店山顶洞人遗址中发现的骨针，应该就是用于缝制兽皮衣或其他服饰的工具。

（五）"裘"字

上古时代的兽皮衣是怎样的？从甲骨文的"裘"字可见一斑。在甲骨文中，"裘"写作"𧚍"，描画的是衣服外有毛的形象，这就是上古时代"皮衣"的直接写照。古人皮衣一般毛朝外，汉代以后这一习俗才逐渐改变，以毛为表的皮衣变成了以毛为里，能穿裘皮大衣也成了尊贵和地位的象征。后来"裘"字字形也一变再变，从象形字变成了形声字，意符也由原来的"𧚍"换成了"衣"，加了音符"又"后又换成了"求"，虽然从衣，求声的形体最后固定了下来，但"裘"毛朝外的特点在文字形体中却不见了踪影，这大概与古人着皮衣的习俗改变有关吧。

人类早期以渔猎为生，在长期的渔猎过程中，他们发现兽皮（包括鱼皮）都是极好的御寒护体之物，于是猎获野兽以后，兽肉用以果腹，兽皮则拿来制作衣服，这是再自然不过的了。兽皮衣既可用于抵御寒冷保护自身，也可满足狩猎者装饰自己甚至自我炫耀的目的。然而，对原始狩猎民族而言，兽皮服饰更为重要的功用是可以作为捕猎野兽时伪装自己的一种重要装备，从而使狩猎者可以更好地接近猎物并避免受到野兽利爪的伤害。

兽皮衣的外形特点及其功用，在今天中国北方的一些狩猎民族中，仍然有所保留。如鄂伦春人的狍皮帽子是用猎获的狍子头做成的，狍皮帽形态逼真，就连狍子的角都保留着，狩猎者戴上这样的帽子足以迷惑猎物；赫哲族的鱼皮衣更是赫哲先民在长期渔猎生活中智慧的结晶。

从以上汉字的解析，可以了解古代服饰的两种重要材料——丝绸和皮毛及其使用特点。随着社会的发展，新的服饰质料不断涌现，服饰制作的工艺也日益精细，各种全新设计的服饰也在不断满足不同人群的需求，由此带来了服饰文化的巨大变化。然而不管怎样，以丝绸、皮毛一类材料制作的衣服仍然成为一种时尚，一些高档的丝绸服饰、皮衣、裘皮大衣等，甚至成为时髦华贵的代名词。今天被人们认为最华贵的丝绸和皮毛，早在上古时代就已存在。溯流而上，我们可以发现，人类早期的生活方式及物质来源决定了这些服饰质料的选择和使用，它的存在也将随着人类社会的发展不断影响着人们的穿着打扮，其生命力之悠远是任何事物都无可比拟的。

（六）"尾"字

"尾"甲骨文作"🜚"，描画的是人身后长了一条毛茸茸的大尾巴的形象。人是不会长尾巴的，古代的人也不例外。古人为什么要以人带着一条尾巴的形象来表示"尾"字呢？《说文》释"尾"："从到毛在尸后。古人或饰系尾，西南夷亦然。"这里的"到"即"倒"，"尸"是古代祭祀活动中装扮祖先接受祭祀的人，甲骨文写作"🜚"，像人坐之形。"到毛在尸后"，即告诉人们"尾"字字形像倒毛在人身后。从许慎对"尾"字的解释可知，尾饰是远古时期的一种服饰习俗。这种习俗在"西南夷"，即西南地区的少数民族中也存在。

1973 年青海省大通县上孙家寨出土了一件新石器时代的舞蹈纹彩陶盆，它属于新石器时代后期的马家窑文化，距今约 5000 多年。该陶盆内壁有三组舞蹈图案，每组五人，舞者手拉着手，脸朝向一方，大家步调一致，似踩着节拍在翩翩起舞。有趣的是，舞者头上均有发辫状饰物，身后有尾饰之形。研究者认为，彩陶盆真实生动地描绘了原始先民群舞的热烈场面，传达出先民们庆祝丰收、欢庆胜利、祈求上苍或祭祀祖先的生活场景。

古代西南地区少数民族的尾饰习俗，也有文献的证据。《后汉书·南蛮西南夷列传》记载西南地区的哀牢夷有"刻画其身，象龙文，衣皆着尾"的风俗。《华阳国志·南中志》："（哀牢夷）衣后著十尾，臂、胫刻纹。"《后汉书·南蛮西南夷列传》："（盘瓠死后）好五色衣服，制裁皆有尾形。"《太平御览·四夷部》中，西南地区濮人"尾著龟形，长三四寸"。

考古及文献材料为古人的尾饰习俗提供了一定的依据。从中也可看出，"尾"作为一种服饰，被当时的人们所共同接受，在舞蹈中、在庆祝或祭祀活动中发挥着它的功用。不仅如此，尾饰还可能与原始先民的狩猎生活密不可分。如果说鄂伦春人的狍皮帽子可以迷惑猎物，原始狩猎者给自己穿上尾饰，是否同样也可以将自己装扮成某种动物，从而达到接近猎物并增加自己狩猎所得的目的呢？

总之，"尾"字所反映的远古尾饰习俗与原始狩猎方式有不可分割的联系。当狩猎满载而归，人们穿戴着象征动物的头饰或尾饰，与全体氏族成员一起载歌载舞，共同庆祝丰收并祈求上苍的恩赐，那应该是狩猎者最乐意做的一件美事了。

（七）"美"字

美的本义，与今日所理解的美并无本质上的区别，它反映的是人类用兽角羽毛装饰帽子，使得人看上去更加美丽。有关美的词组很多，如美好、美丽、美名、美誉、美轮美奂、美味等等，中国人正是在对丰美、美满的不断追求中与时俱进。

许慎《说文解字》："美，甘也。从羊，从大。"[1] 徐铉说："羊大则美，故从大。"这一解释也许自有其合理的想象空间。然而最初的"美"字却不是这个意思。

甲骨文"美"字画如"𦍒"（四角）或"𦎫"（六角）形，下部所从者为正面的人形。而上部所从形者，有四角或六角，当是羊角、牛角或鹿角之象形，可以视作一种游牧民族的装饰物，即用兽角羽毛装饰的帽子。这是"美"字的本义：一个人头上戴着兽角羽毛装饰的帽子，假借为美。

"美"字又与甲骨文"𦐒"（羋）同形。羋在甲骨文中常用作方国名。同时，古文字美从羋表声，羋音即羊鸣之声。就此可知，"美"字的本义上可以和"羌"字大体相似，都与殷商时代的民族或方国相关。而"美"字形所表现出的，则是民族的服饰风格。根据古文字学专家于省吾先生的话："美字构形的取象同于羌，系依据少数民族装饰上的特征而创造出来的。"此论中肯。

钟鼎文中的"美"字，还要可爱得多，单从字形上看，就给人一种美的享受，宛如一场视觉的盛宴，比如钟鼎文"美"字画如"𤸰、𤷾"形。看其形也如少数民族的人，犹如今日孩子们常常画的蜡笔画，饱满、丰润、可爱、童稚，充满着一种美丽和善良。这大概也是"美"字进而孳乳出美丽、漂亮之意的原因。

美，又写作从女从美之媄。许慎《说文解字》："媄，色好也。"这个"媄"字，常常用来形容一个女子的容貌姣好、漂亮。用方言说就是女儿家长得"盘儿亮条儿顺"或"样靓身材正"。

---

[1]　许慎. 说文解字 [M]. 杭州：浙江古籍出版社，2016.

由一个以少数民族服饰之象形的"美"字，进而演变为美学之"美"，审美之"美"，似乎验证了一句老生常谈的话："凡是民族的，就是世界的。"也许少数民族的服饰之美，的确从视觉冲击力上震撼了当时创造文字的人，进而把寓意一个少数民族或象征其服饰文化的"美"字，用作表义世间一切美的事物。从另一面来说，当时地处中原腹地的殷商民族胸怀博大、海纳百川，拥有对其他族群文化包容、吸收、接纳的精神境界。而"美"这个字，正可以印证这种精神境界。

五、汉字的饮食文化

（一）食物和饮品

1. "粮"字

粮，古文字写作"糧"，本义干粮或行道之粮，这种粮，专指能即食即用的食物。后来成为粮食的统称。隶变以后写如今文"粮"，从米从良，良有美善意，象征着先民对于粮食的感恩回馈之情。

钟鼎文"粮"字画如"🦎"形，上下结构，从米从量；小篆"粮"字变为左右结构，写作"🦎"，从米从量。隶定以后，从小篆字体写作"糧"。米旁表义，言指谷物；量旁表声。表声旁的部首，在汉字中对一个文字的原始意义，有时候起到更为关键的作用。从量表声的"粮"字就是这样一个文字，它代表着"粮"字的本义。

甲骨文"量"字画如"🦎"形，从日（像口者为"日"字省形）从东。东表度量、重量；从日，指明殷人在丈量土地、称重谷物时，都是在野外露天作业。

"粮"字从"量"，则取"量"字的两个意思：其一，取量是野外作业，表明粮是野外行道所需；其二，取度量，度量的目的是行程多远，要备（称重）多少干粮以供路途食用。《庄子》上说得明白："适百里者，宿春粮；适千里者，三月聚粮。"其所言粮皆指行道之粮。意思是路途远近不同，需要筹备干粮多寡不同，故耗时长短也不同。

简而言之，"粮"字本义就是外出行于道中，或军队征伐，在路途上可供及时食用的食物。这种粮是熟食，或称为干粮。制作干粮的工序种类有糒、糗、糇等，在今天来说同炒、焙、熬等。比如糗粮的制作工序，就是把米麦熬熟之后，再春成或碾成粉状。

从"粮"这个字，可以看出，古人每造一字煞费苦心。同时，"粮"字也是因事而造。古代战争、天子巡视等重大活动总是大队人马相随，路途上的饮食，要有专职官员掌管才行。周代制度中就设有"廪人"一职，专掌行道干粮。王充在《论衡·艺增》中说："周殷士卒，皆赍乾粮。"赍，指旅途携带；乾粮，即干粮。这从侧面反映出当时的干粮的用途和重要性。

隶变以后，"糧"又写作"粮"。米取其形，良取其意。良者善良、美善，把粮比喻成美善的粮，象征着先民对于粮食的感恩回馈之情。

至于粮何时从专指干粮转向粮食的统称，大抵在秦汉之际，许慎作《说文解字》之前。

2. "食"字

"食"，会意字。甲骨文写作"　"，金文写作"　"，小篆写作"　"。甲骨文"　"，下面是装满食物的食器，上面的两个点，表示食物多得已经向外流了，最上面的三角形是盖子。这样的食器是盛稻米、高粱、小米的器物，所以"食"字作名词时，表示食物，主要指主食，如"粮食、主食、冷食"等；"食"字作动词时，表示吃的动作，如"绝食、食肉动物、废寝忘食"等。"食"是个部首字，所有用"食"作偏旁的字，大多与食物或吃有关，如"饭、饼、饮、饿、饱"等字。中国的饮食文化是从原始人类吃熟食——烤肉开始的，例如古汉字"　（炙）"，上边是"肉"，下边是"火"，再现了用火烤肉的图景。在甲骨文时代，饮食文化已经十分发达，仅以青铜器为例："鼎"是煮肉的锅，"甗"是蒸饭的锅，"簋"是盛主食的大碗，"尊"是盛酒的容器，"爵"是喝酒的杯，这些器物字甲骨文里都有。甲骨文中用"食、火、禾、米、酉、皿"作偏旁的字非常多，它们构成了十分丰富的饮食字，这些不但说明中国饮食文化的源远流长，而且说明在中国这个农业大国中最重要的一个道理——民以食为天。

3. "酒"字

"酒"字最初画成酒樽的形状，写如酉形，酒既是饮品，也是重要的祭祀品，成为人与神之间的重要媒介。甲骨文中福、祭等祭祀活动，都离不开酒，这些字的本身也以酒符号会意。酒还是重要的文化载体，李白可以"斗酒诗百篇"，杜甫有"白日放歌须纵酒，青春作伴好还乡"的欢快，王翰则吟出"醉卧沙场君莫笑，古来征战几人回"的铁骨军魂。

甲骨文"酒"字画如"　、　"形。从酉从彡，或省彡。酉既表声也表义，像盛酒器物形。酒是无形之状，不好表达，故以酒樽（酉）之形为酒。从彡如水状，一是表示酒为水和谷物合酿，二是表示酒器（酉）之中是液态饮品。

在殷墟甲骨卜辞中有诸多"受黍年""受秬年"的占卜，黍、秬等谷物皆可酿酒，酒熟而进献于祖庙，以求神祖福佑和庇护，是为酒祭，酒成为沟通神鬼与人之间的重要媒介。此外，很多不同类型的祭祀活动，也都离不开酒，这可以从甲骨文中一些有关祭祀活动的文字中寻找出答案。如"祭"字，甲骨文画如"   "形，水滴状即表示酒；如"福（福祭）"字，甲骨文画如"   "形，从示从酉，意思是用酒祈福。

中国是酒文化大国。《礼记·射义》记载孔子言："酒者，所以养老也，所以养病也。"因此饮酒有养生治病的功用。传统节日中亦附加这一元素，比如，元日饮屠苏酒、椒柏酒；春秋祭社饮社酒；端午节饮雄黄酒、菖蒲酒、朱砂酒；重阳节饮菊花酒；等等。这么多的饮酒习俗都和养病、长寿、辟邪、祛毒有关。

到底饮酒是否有这么多的功用，让人怀疑。清人方成培传奇剧本《雷峰塔·端阳》一折，讲到端午节许仙强劝白素贞饮"雄黄酒"，便有"醉里现原身"，吓死许仙的一幕。有人说雄黄酒对付修炼千年的蛇妖尚且绰绰有余，对付一般的有毒小动物更不在话下了，这也许是源自人们对于雄黄酒祛邪辟毒的臆想吧。

酒还是一种文化的载体，文人雅士、将军侠客离不开酒，酒壮英雄气概，酒添文人风采，酒里还有侠骨柔情。陶渊明《和郭主簿》："春秋作美酒，酒熟吾自斟。"王翰《凉州词》："醉卧沙场君莫笑，古来征战几人回？"杜甫《壮游》诗："性豪业嗜酒，嫉恶怀刚肠。"诗酒结缘，已成为中国古典文学的一个传统。可以说酒已经融入了中国人的血液，成就了独具特色的酒文化。

4."茶"字

"茶"本字写作"荼"，是一种苦菜，因其味道甘美，如苦如饴的味蕾感觉与茶相似，故借指为"茶"。茶，不但在欧美贸易中占据重要地位，也作为一种茶文化的符号，影响深远。茶让欧美人"不再喜欢发酵的烈酒"，茶在日本成为茶道，成为"表现日本人日常生活文化的规范和理想"（日本历史学家桑田忠亲语）的载体。

古文字本无"茶"字，假借"荼"字。战国楚帛书"荼"字写如" "；小篆写如" "，从艸（草）从余，余表声。《尔雅·释草》释为"荼，苦菜"，草本植物苦菜是"荼"字的本义;《诗经·邶风·谷风》曰："谁谓荼苦，其甘如荠。"诗中所言荼即苦菜。大意是，谁说荼（苦菜）味道苦涩，它的味道就像荠菜一样甘美。由于苦菜种子附生白芒，因此荼又引申为茅秀（芽草类种子上所附生的白芒）。荼除为苦菜外，还指陆秽、蓼。陆秽者，王肃说《诗》："荼，陆秽草。"蓼者，晋崔豹《古今注·草木》："荼，蓼也。亦谓紫色者为紫蓼，青色者为青蓼，其长大不苦者为马蓼。"紫蓼即紫茶，青蓼即青茶。

由于苦菜所具的苦涩甘美味道与茶的味道相似，故假荼为茶。但是，"荼"字属于多音多义字，与"茶"字容易混淆，又假借其他文字指代茶，如槚、茗、荈、蔎等多种茶的别名。

"茶"字的出现，首见于唐代《开元文字音义》一书，此书已散佚。直到陆羽撰写《茶经》之后，"茶"字才得以普及。清代郝懿行在《尔雅义疏》中说："今'荼'字古作'荼'。至唐陆羽著《茶经》，始减一画作'茶'，今则知'茶'不复知'荼'矣。"

"茶"字演变堪称丰富多彩，同样，作为饮品，苦涩之中带有独特甘美芳香以及妙不可言的提振精神之功用的茶，不但成为芸芸众生的挚爱，更成为一种特殊的文化载体。大概在唐代时，受到当时宗教（特别是佛教）饮茶之风的推波助澜，茶已演变为一种茶文化。

伴随着茶作为商品向世界各地输出的同时，中国茶文化也在世界各地生根发芽。在西方欧美国家中，诸如葡萄牙、荷兰、西班牙、英国、法国、美国等，既是中国茶叶贸易的重要伙伴，也深受中国茶文化的影响，诚如英国人乔治·斯当东在其《英使谒见乾隆纪实》书中所载："茶叶最大的好处是它的香味让人养成一种喝茶的习惯，从此人们不再喜欢发酵的烈酒。"[1] 在东方国家中，日本饮茶习俗取经于我国唐代时期，这与中国形成茶文化的时间节点不谋而合。日本引入饮茶习俗之后，经过民族糅合，形成了独具日本民族特色的茶道文化。日本历史学家桑田忠亲在其著作《茶道六百年》一书中写道："茶道已从单纯的趣味、娱乐，前进成为表现日本人日常生活文化的规范和理想。"[2]

5. "鱼"字

"鱼"是个象形字，甲骨文和金文字形特别多，但基本上都能让人一眼就认出来。现代汉字中的"鱼"虽然已经失去了大部分古老的、富有表现力的特征，但也不难想象字形所要表达的意义。

"鱼"是人类早期生存主要的食物来源之一。在许多考古挖掘的器物中都能发现"鱼"的踪迹，如西安半坡遗址就出土了很多以鱼为主题的彩陶，第三章提到的人面鱼纹盆，其中的鱼就富有写实的特点，还有更多古老陶器上的鱼，经过一定的艺术加工，成了具有明显装饰性效果的鱼纹图案。

为什么古老陶器上会有那么多"鱼"的装饰纹样呢？这与半坡先民的物质生活主要是渔猎，鱼是他们赖以生存的主要食物有关。考古资料显示，古代半坡人

---

① （英）斯当东．（中）叶笃义，译．英使谒见乾隆纪实 [M]．上海：上海书店出版社，2005.
② （日）桑田忠亲．茶道六百年 [M]．北京：北京十月文艺出版社，2016.

生活在支流密布的渭河流域一带，那里鱼资源相当丰富。当时的半坡人已经能够用细绳编织渔网进行渔猎生产了。半坡先民打鱼、食鱼、爱鱼、画鱼，他们以各种富有变化的手法，把生活中看到的鱼的形象反映在自己的生活用品中，是自然而然的行为。同时，原始先民在捕食鱼的活动中，对鱼的繁殖能力也有了充分的认识和了解。将鱼的形象描绘在彩陶上，也寄寓了一种对食物来源的渴求、对生活富足的美好期待，同时也是对鱼的热爱和敬畏的表现。古人的这一观念，至今在中国文化中都保留着。在中国人看来，"鱼"是富余和财富的象征。因此，每当春节来临，家家户户都要贴年画。年画当中，最为人们熟悉的是一个胖娃娃骑在大红鱼上，或是把鱼抱在怀里的形象，这意味着"年年有鱼"。又由于"鱼"与"余"的发音完全相同，人们又将年画赋予了"年年有余"的意义。这与年夜饭一定要吃鱼而且不能吃完的做法是一致的，大家都期盼着"年年有余"、生活富足，这是中国人最纯朴最美好的新年愿望。

　　6. "羊"字

　　"羊"的古文字字形也非常多，但都是象形字，像羊头的正面形状，造字者特别突出了羊的两只弯角，有的还画出羊的两只炯炯有神的眼睛，非常形象。小篆的"羊"保留有甲骨文和金文的特点，不过这一字形与现代的"羊"字已经非常接近了。

　　羊是中国人最喜爱的动物之一。在中国传统文化中，"羊"被打上了美好、善良、吉祥等印迹，汉语中"美""善""祥"三字都由"羊"构成，这说明从造字时代开始，人们就将"羊"与许多美好的事物联系在了一起。

　　《说文》："美，甘也。从羊，从大。羊在六畜，主给膳也。美与善同意。"羊大为美，也许在古人眼里，对"羊"的这种美好的感受最初就是从膳食开始的。据考古资料显示，距今 6000 年前的半坡遗址就发现有羊的骨骼，这说明从很早开始，羊就是古人的食物之一。从饮食的角度而言，肥大的羊能给人舌尖上的满足，由味觉上的美感推及其他，对羊的喜爱也就自然渗透到人们的心理情感层面，由此萌生的对羊的审美认识也逐渐成了中国人的一种文化基因。

　　《说文》："羊，祥也。"在甲骨卜辞和铜器铭文中，"祥"不从"示"，直接写作"羊"。古籍中也有类似的情况，如《墨子·明鬼下》："有恐后世子孙，不能敬着以取羊。"东汉《王孝渊碑》："羊吉万岁。"两例中的"羊"均为"祥"。"取羊"指获得吉祥，后一例"羊""吉"连用，即今天"吉祥"一词。古人以羊为美味，"善""美"都从"羊"，也说明"羊"有"祥"意。《说文》："祥，福也。从示，羊声。一云善。"小篆的"祥"，应该是后起字。

羊是一种温顺的动物，也是人类最早驯服的动物之一。人类对羊的认识是从美味开始的，产生于饮食文化的"羊"渐渐有了"吉祥"的意思，人们更是将它与"美""善"等观念联系在一起。古人还常用"羔羊"比喻人的品德高洁，如《诗经·召南》："文王之政，德如羔羊。"有众多美好特性的"羊"当然也是古代祭祀的重要物品之一，羊被称为"少牢"，是仅次于"牛"的一种牺牲。在古人的观念中，"羊"也是能与鬼神沟通的一种动物，以羊为牺牲，可以带给人们神灵的福佑，保佑他们吉祥如意。在商周时代的青铜器上有非常多的羊的形象，不仅仅是因为人们喜爱羊，更多的则是羊所具有的独特的文化含义。

与"羊"有关的汉字及其器物，都证实了"羊"对人类生活的重要性以及人们对羊的认识程度。与"鱼""牛"一样，"羊"不仅仅为人类的生存提供美食，也包含着人类对大自然无限的敬畏和崇拜。与这些动物相关的饮食文化及其活动，也同时寄托着人类对美好幸福生活的向往和期待。

7. "馒"字

"馒"字最早写作"曼"，后来专门造了一个"糫"字表示馒头。《玉篇·米部》："糫，糫头。"唐代又出现"馒"字。如唐代蒋贻恭《咏安仁宰捣蒜》诗："安仁县令好诛求，百姓脂膏满面流。半破磁缸成醋酒，死牛肠肚作馒头。"不过古代的"馒头"与今天的"馒头"含义不同。古代的"馒头"指包子，是有馅的，所以上面这首诗中说"死牛肠肚作馒头"，意思就是用死牛的肠肚作馒头的馅。南宋吴自牧的《梦粱录》中提到"糖肉馒头""羊肉馒头""笋肉馒头""波菜果子馒头""辣馅糖馒头"等，都是指有馅的包子。直到元代，"馒头"一词指的仍然是包子。如《西厢记》二本楔子《叨叨令》："万余斤黑面从教暗，我将这五千人做一顿馒头馅。"但到清代，北方地区所说的"馒头"一般指无馅的馒头了。清人编的《正音撮要》卷二"馒头"下有"无馅之包"的说明，"正音"指北京话，可知当时北方话中的"馒头"已跟"包子"分了家。

（二）食物采集

1. "采"字

甲骨文"采"字，上为"⚟"（爪），像一只手的形象，下为"⚞"（果），像树木结有果实之形，上下组合表示用手在树上采摘果实。金文的"采"略有不同，除了表示手的符号不变之外，下面的"⚞"变成了"⚟"（木）。《说文》："采，将取也。从木，从爪。""将取"就是用手轻轻地摘取。摘取什么呢？当然，有很大一部分是人类生存所需要的食物。

古文字"采"反映了远古时候人类以"采集"为生的一种生产方式。在生产工具极端低下的情况下，人类食物最直接的来源就是身边自然的物产。没有生产工具，他们就直接用手采摘。"采"字以手在树上构形，无疑告诉人们，当时生存所需的食物有很大一部分来源于树上，从树上的果实、花儿到枝叶等等，只要是可供利用的，能满足人们生存需要的，都可以成为他们采集的对象。古文字"采"下部构形由"❀"到"✖"的变化，也是古代采集者采摘之物不仅限于树上的果实这一事实的反映。

人类有了采集这一本领，就为自己的生存提供了一定的保障。刚开始时，他们采集的是"草木之实"，"草木之实"给人们提供吃喝等最基本的物质上的满足，慢慢地，采集的范围不断扩大，果实之外的花草枝叶等都可以成为采集的对象，采集所得也不仅仅是提供人类果腹的食物，也可能是其他的。

2．"桑"字

"桑"，甲骨文作"✖"，描画的是一株枝繁叶茂的桑树形象。《说文》："桑，蚕所食叶木。从叒木。"小篆的"桑"写作"桑"，从"叒"（叒）在木上。有人将"叒"解释成很多手的样子，整个字形是描画树上有很多手在采摘桑叶。也有人认为叒只是"✖"的讹变，"叒"与"桑"本是一个字。《说文》："叒，日初出东方汤谷，所登榑桑。叒木也。""汤谷"也作"旸谷"，古代传说中的日出之处。"榑桑"即"扶桑"，是传说中的神木名。《山海经·海外东经》："汤谷上有扶桑，十日所浴。"许慎在解释"叒"字时，认为它是太阳所从出的扶桑，与《山海经》所记述的一致。

"叒"与"桑"是否为一字，"桑"是否为"✖"的讹变，其实并不重要。借用古人对"扶桑"的解释，"桑"也称得上是一种神树。我们身边很少有一种树能像桑树那样为人们所利用。就今天人们所了解的而言，桑树的叶子是蚕的食物，桑树枝和树皮可以造纸，桑树的果实可以吃，它的嫩枝、根、叶和果实都可入药。当然桑叶是桑树上最有价值的部分，甲骨文"桑"字特别突出其繁茂的枝叶，正体现了其价值所在。在古字形中可能看不到人们以手采摘桑叶的形象，但这也并不否定古人对桑叶功用的认识。

中国古代农桑耕织并重，采桑养蚕早在商代就已盛行。如图3-2-1所示，为战国一铜壶上的局部图案——采桑图。该图如实地描摹了古代妇女在树上采摘桑叶的劳作场面。女人们爬到树上，将采摘的树叶传递给树下的人，或置于篮筐中，篮筐就挂在树枝上。铜壶图案简洁漂亮，但它所提供的信息却非常丰富：采桑养蚕之事很早就已经开始了；在人类早期的生产活动中，女性所发挥的作用是相当突出的，这也决定了当时女性在社会中的地位；当时生产力低下，人们依靠自己的双手从大自然中采集生存所需的物质材料，同时也为身边那些为他们的生存作出贡献的动物们，如"蚕"等，采摘植物中可以供它们食用的树叶、果实等。

图 3-2-1　战国嵌错宴乐铜壶之采桑图

之后，经过无数的岁月，古人渐渐懂得去制造工具，并利用这些工具去捕杀野兽，改善日常的饮食。工具的发明，使古人获取食物的活动从最初的采摘植物的果实扩大到捕杀动物上，这就是"渔猎"。

渔猎是人类最初获取食物的另一种重要的生产方式。与"渔猎"相关的信息，在古文字中也有充分的表现。刘志基在谈到古代食物积蓄时曾经引用了一些古文字（图 3-2-2），他分析说，图中第一行三个字表现的是古人用弓箭猎杀动物的情形，其中前两个是"雉"字，为箭射飞鸟的形象；后一个是"彘"字，描画的是一豕被箭射穿的形象。第二行七个字展示的是古人用网捕取各类鸟兽的形象。第三行四个字描画了古人的捕鱼方式：或持竿钓鱼，或持网打鱼，或以鱼鹰捕鱼。第四行四个字则是古"逐"字的四种不同的写法，分别以人足在豕、兔、鹿、犬等后面构形。"这种造字的灵感，显然是从捕猎的实践中得来的。"这几组汉字直观地展示了古人所从事的渔猎生产的特点，非常生动形象。

图 3-2-2　反映渔猎特点的古文字

3."矢"和"网"字

渔猎的目的与采集一样，都是为了获取食物。然而与采集可以直接用手采摘的方式不同，渔猎更多地得借助一些捕食工具才能达到目的。汉字中所能看到的渔猎工具，主要有"矢"和"网"两种。

"矢"是个象形字，本义就是"箭"。在甲骨文和金文中，"矢"有几种不同的写法，应该是造字者根据当时人们所使用的"箭"的形状描摹而成的。各字形略有差异，但其中所反映的箭的形状却基本一致，都有箭头、箭杆、箭羽三个部分。古人用箭捕鱼打猎，为了猎获食物，箭头必须用坚硬的材料制作而成，如石头、骨头、兽角等等。如图 3-2-3 所示，是两个骨制箭头，出自西安半坡遗址博物馆，它是一种原始的捕鱼工具，一般与竹子或木头做的长棍绑在一起使用，可以在水里叉鱼，甚至可用来捕杀较大的鱼。箭也可以用来射杀飞鸟，如图 3-2-4 所示，这个狩猎图表现的是人们朝天上飞过的一群大鸟射箭的情景。值得注意的是，有几只大鸟被射中后，其身上有一根长长的绳索连着，这是系在箭上专用于射鸟时使用的生丝绳，叫作"缴"。这根长绳，一方面可防止被射中的鸟再次飞走，也是为了让射箭的人在没有射中目标的情况下可以及时把箭收回来。

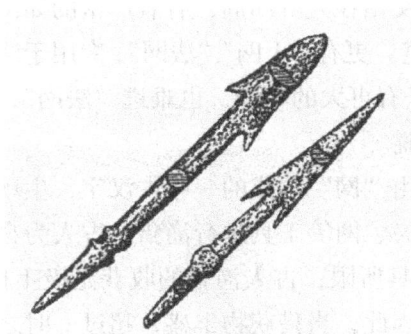

图 3-2-3　半坡的骨制箭头

图 3-2-4　战国嵌错宴乐铜壶之狩猎图

说到"网",人们可能马上就会联想到互联网。随着 5G 时代的到来,移动通信的网络传输向高速率方向发展,5G 使万物互联成为可能。先进发达的网络系统几乎无所不及,给现代人们提供了极端的便利。然而在古代,"网"只是古人用以捕鱼或田猎的工具。甲骨文"网"字可写作" "" "" "" "" "" "等,都像张开的网的形象,内有斜向交叉的纹路。"网"的各字形简单明了地再现了人类早期"网"的结构。《说文》:"网,庖牺所结绳以渔。从冂,下象网交文。"按许慎的说法,"网"应该是用结绳的办法,将丝线相交而形成的,这一形状描写与古今"网"的实物以及"网"的字形都相吻合。古同"幂"表示"覆盖"的意思,这说明了"网"的用法及其功能。不管是网鱼,还是捕捉鸟兽,无非就是张网于其上,网罗住这些动物,不使它们逃脱。古代用于渔猎的"网",其作用是防止鱼或其他猎物逃离。有了"网"的帮助,古人可以获得更多生存所需的食物。这是有形的"网"给予人类最大的恩泽,这样的"网"今天仍在使用着。不同的是,随着人类社会的发展,"网"的使用范围也越来越广,许多有形无形的网,遍布于人们生活的各个角落。有形的如"蜘蛛网""球网""网袋",等等。指的是形状像网一样的东西;无形的如"交通网""通信网""电力网""关系网",等等,它们似网一样纵横交错在人群四周,有着严密的如网一般的组织或系统,无处不在,人们也无可躲避。更有"天网""法网",专用于法律,正所谓"天网恢恢,疏而不漏",任犯罪分子有再大的本领,也难逃"法网",喻指法律严密如罗网一般,使犯罪分子无法逃脱。

"矢""网",包括由"网"构成的一些古汉字,生动形象地再现了古人渔猎的过程或场面。利用箭矢、网等工具进行渔猎,古人为自己的生存提供了重要的物质来源。然而由于工具所限,古人渔猎的收获是极不稳定的,有时多有时少,有时甚至会两手空空。因此,当猎获物丰盛,超过一时之需的时候,古人就把这些猎物饲养起来,以便劳而无获时食用。动物饲养的开始,也标志着畜牧时代的到来。

六、汉字的居住文化

从人类产生之初尚未摆脱猿人居住树上的习惯到穴居,再到室居,人类经历了风餐露宿到有家有室的漫长历史过程。进入室居时代以来,人类结束了长期迁徙、颠沛流离的生活,创造了熠熠生辉的居住文化。

（一）"宫"字

宫，指寝居之地，是整栋房子的统称。甲骨文作"🔲"，象形字，像屋室相连之形，为俯视图；后为了表意明确，加上了表示房屋的宀，作"🔲"，之后为了书写方便，将表示房屋的方框分离，作"🔲"，后从甲骨文到小篆，"宫"的字形不变。古文字"宫"反映出来的就是房间众多谓之宫，"宫"是房屋的泛称，先秦之前一般的房屋都可以称为"宫"，后来成为帝王或神灵居所的专称。

在先秦时期，一般小民家庭的房子也可以称为"宫"，秦以后小民家庭的房子则不再称"宫"。《孟子·滕文公上》记载，许子从不亲自冶陶，都是直接取自己"宫"中的用。许子一生贫穷，靠织草鞋、草席为生，其所住的房子也称为"宫"。又有记载苏秦游说成功后，南下楚国途经老家，父母"清宫除道，张乐设饮，郊迎三十里"，显然苏秦父母收拾的"宫"就是常居的房子。这两个例子都说明先秦时期普通民居可以称为"宫"。

生人居住的地方可以称为"宫"，神灵居住的地方也称作"宫"，我们熟知的阿房宫、未央宫、大明宫、故宫等，都是帝王的居所；西周金文中常见康宫、穆宫等，就是供奉逝去先王的宫殿，又如蜗皇宫、青羊宫等就是供奉道教神仙的地方。

（二）"邻"字

邻，甲骨文作"🔲🔲"，楚简文字作"🔲"，加上了声符"文"。与"宫"类似，这两个方框也是房屋的象形，表示两个挨着的房屋，即相邻，这个字形就是比邻而居形象的反映。邻为周代最基本的政权组织方式之一。据许慎《说文解字》的解释，当时以"五家为邻"作为组织方式。《周礼·地官司徒·遂人》也记载了"五家为邻，五邻为里"的基层居民组织方式。然而这种整齐划一的地方行政建制并没有多少可行性，所谓"五家为邻，五邻为里"只是一种理想建制罢了。但当时之所以存在这种设想，是因为邻本身就是邻近、周边的意思，引申之后就可以指周边的人，所以有"邻居"一词。今天说"左邻右舍""远亲不如近邻"，左邻、近邻就是居住在自己周边的人家，中国讲究"睦邻友好"，妥善地处理好与左邻右舍的关系。睦邻友好能够折射出中国传统文化"和"的核心特点。

（三）"邑"字

邑，本义为城邑，甲骨文作"🔲"，由表示聚落的"囗"和人民的"卩"构成，会意字，表示有众人聚居的地域。出于防卫的需要，古代的城邑一般都修筑围墙，形成一个方形的封闭空间，古文字"邑"可以反映出古人的这种聚居方式。"邑"本是人民聚居的地方，因为人民有多少之数，"邑"也就有大小之别。春秋时期有"百室之邑""十室之邑"，就是一百户人家的聚落和十户人家的聚落，这些聚落自然属于小村小邑，尤其"十室之邑"和一般的农村小聚落没有区别。《左传·襄公二十七年》有"卿备百邑"之说，百邑显然就是以一个大的城池统属周边村落，是当时政区与地缘政权的基本组织形式。小邑小村隶属于大邑，大邑称"都"，小邑称"鄙"。在春秋战国时期，经常见到赏赐县、邑的记载。叔夷镈铭文记载齐灵公赏赐叔夷莱邑"其县三百"，"黥"镈铭文记载赏赐"二百又九十又九邑"。《论语·宪问》记载管仲"夺伯氏骈邑三百"。这些邑动辄上百，不可能是大的城池，而是卿大夫采邑上的小村小邑，位于都城之外，可能就是散落在鄙野地区的小村落。

（四）"户"与"门"字

我们常说门户有别、门当户对，门和户都是指房屋的入口，现在一般连着说"门户"，除了表示房屋的入口外，还引申出了诸如门派、门第、人家等意思，但仔细说来，门和户是有区别的，这个区别在古文字字形上体现得淋漓尽致。户，甲骨文作"日"，象形，像单扇门之形。启，甲骨文作"𠙵"，像以手开门之形，表示开启。门，甲骨文作"𨳇、𨳊"，由两扇门构成，有的还画出了门楣，金文有一个繁化的门字，作"𨶙"，字形由表示房屋的"宀"、表示入口的"入"和两扇"门"组成，形象地表示门的本义是房屋入口处的大门。

《玉篇》说："一扉曰户，两扉曰门"，指的就是户与门的区别。《一切经音义》说："户外为堂，户内为室"，古人的房子布局是前堂后室的，堂的入口称为门，室的入口称为户，今天的传统民居也是如此。最初门与户的区别只是大小和所在位置的不同，后来逐渐演变为身份地位的象征。

普通人家房屋都比较矮小，入口自然就低矮，不设大门直接用单户，或者大门矮小。"西南其户""夜不闭户"都是针对小民家庭的房子而言的。宋代诗人叶绍翁《游园不值》中的"小扣柴扉久不开"之"柴扉"就是单开的"户"，代指门。因为一般家庭房子的门矮小，所以"户"在古代逐渐成了小民家庭的代名词，政府统计人口称"编户齐民"，以"户"代指小民家庭，如《白虎通义》所云："户，所以纪民数也"，反映了古人统计户口的方式。

相反，达官贵人们的府邸一般都恢宏气派，大门自然也高大、雄伟。一些达官贵人家庭的房子，为了显示权势与地位，房子正门也会修缮得富丽堂皇。唐代诗人杜甫《自京赴奉先县咏怀五百字》有云："朱门酒肉臭，路有冻死骨"，"朱门"就是达官贵人家庭房子的正门。我们现在感谢某人常称要"登门拜谢"，所谓"登"暗含着门前有台阶，这里的"门"也指的是达官贵人之门。婚姻中讲究"门当户对"，主要是说婚姻中有着门第高低的观念。古代有"门尹"一职，类似现在小区门口的安保人员，《国语·周语中》的"门尹除门"，《庄子·则阳》的"汤得其司御，门尹登恒为之傅之"，所提到的"门尹"即守门人中的长官。

因为"门"指房子的入口，故进到房子里称为"进门""入门"。古时候有文化的人招收学生或学生拜师，称为"入门"，学生就成了老师的"门生"。《资治通鉴·汉纪三十六》云："会百官及荣门生数百人"，胡三省注"门生，受业于门者也"。《日知录》云："《南史》所称门生，今之门下人也。"但是后来趋炎附势或受有司举荐者也称门生，顾炎武在《日知录》中又云："愚谓汉人以受学者为弟子，其依附名势者为门生。"受学者一般又被举荐为官，所以有"门生故吏"之说，两者不可决然分开。

（五）"郊"与"野"字

郊，城邑之外离城不远的区域。甲骨文作"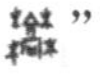"，由树木和高构成，高既是形符也是声符，高表示土台上的建筑物，与祭坛一类的建筑有关，古人修建祭坛一般都在城郊，因此古人用林和高来会城郊之意。金文作""，意符由木改换为草，会意相同。

野，跟郊相比，野距离城邑更远，已经是一些渺无人烟的地区了。甲骨文作""，金文作""，从林从土，林表示草木，土指郊野的土地，整个字形表示长满草木的荒郊野外。秦简作""，加上了声符""（予），小篆作""，原从林从土的表意部分由意符"里"替换，可能是乡里制度影响下产生的替换。战国时期，里是基层行政单位之一，最早在春秋时，已有里正一职，负责掌管户口、赋役之事，秦汉两朝沿用。文献记载，一里八十户，选取身强体壮、能言善辩之人担任里长。里是基层组织，与乡野联系紧密，所以到战国时期，"野"字也由"里"作为意符。

在周代的行政区划中，国、野对应乡、遂，国、乡地区居住的人称为国人，野、遂地区居住的人称为"野人"。国都大邑的郊外就是野，再往外就是林。其实野和林可能基本没有区别。国都郊外之野分设遂，如同国都大邑设有鄙，就鄙野连称而言，鄙也在野之内，对后世的文化深有影响。比如称没有文化的人为"野人""山野村夫"。同样的，今天稍有文化的人自称为"鄙人"，恐怕与古人居住在鄙有莫大关系。《管子·尚贤上》提到国中的众、四鄙的萌人被道义感染。其中的众即国人，萌即氓，萌人即野人。《诗经·卫风·氓》中的"氓之蚩蚩"，就刻画了野人（氓）淳朴老实的形象。

（六）"居"字

"居"，金文作"居"，从尸从古，一说从尸古声。"居"字从尸，意指"居"像人弯曲小腿蹲坐的形象；"从古"表示蹲坐时，要沿袭古代的习俗。《说文》："居，蹲也。从尸，古者居从古。"由此可知，"居"表示的是某一特定的动作，该动作应当与"尸"的样子相像，而且它还是自古流传下来的一个动作。也许有人会纳闷，"尸"不就是"尸体"吗？还能有什么样子？要解开这个谜团，需要先了解一下古代"尸"字的真正意思。

"尸"甲骨文写作"尸""尸"或"尸"，金文与甲骨文形似，作"尸"。《仪礼·士虞礼》："祝迎尸，一人衰绖，奉篚，哭从尸。"郑玄注："尸，主也。孝子之祭不见亲之形象，心无所系，立尸而主意焉。"可见，"尸"最初并不表示死者的尸体，而是古代祭祀祖先时装扮成祖先的样子并接受祭祀的人。这一点从"尸"的古字形也可看出，它像人坐之形。因为"尸"代表的是已去世的祖先，后来加"死"成"屍"字，才真正有了"尸体"的意思，因为"屍"简化为"尸"，"尸"原来的意思才逐渐被人遗忘。从古文字"尸"的形象，不难理解"居"的动作特点，即弯曲小腿蹲坐的样子。

关于古人这种常见的跪姿，我们还可以在其他汉字中找到证据。如"邑"，甲骨文"邑"字，金文可作"邑"或"邑"。"邑"字单独使用的情况不多，但在构字时却经常能看到。在古文字中，"邑"字由"口"和"人"构成，表示人所聚居的地方，"城邑""都邑"是它的本义。上面的"口"表示一定的区域或范围，下面就以一个双腿弯曲坐着的人的形象来表示，告诉人们这一区域是人所居住的地方。"邑"字中的人正是以古人居家时最基本的形象出现的。作为汉字的一个构字部件，"邑"写作"阝"（右耳旁），它通常写在字的右边。从"邑"的字也多和地名、区域有关，如"都""邦""郊""邻"等。

类似的汉字还有"即""既""妇"等。"即"甲骨文作"即"，"既"甲骨文作"既"，两字均为人和食器的组合。从甲骨文的字形中，可以很清楚地看出两字中表示"人"的符号都是以一个弯腿坐着的人的形象来表示。"即"和"既"两字，最初描画的都是与饮食有关的事情。两字中"人"的形象正是古人居家生活中最常见的样子。"食"毫无疑问是一种典型的居家行为,"妇"字也从另外一个角度向后人传达了同样的信息。进入农耕时代以后,妇女从采集等生产活动回归家中,以操持家务为其基本职责。甲骨文"妇"字写作"&#xFFFD;",左边是"帚",右边是"女",字形描画的是一个女子手持扫把的形象,仿佛正准备打扫。在传统的观念当中,居家洒扫主持家务,是古代妇女的职责所在。"妇"字中的女子姿势以屈膝长跪的形象表意,也说明这种姿势是古代居家妇女的日常基本姿态。

古代男女不论地位尊卑,都采取跪坐的姿势,这源自古代席地而坐的习俗。正如妇好墓中圆雕玉人所展示的,上古时代因为没有桌椅,人们只能长时间双膝跪地,以其臀蹲坐在自己的脚后跟上,这种居家习俗今日仍见于日韩等国。

(七)"穴"字

"穴",小篆作代,《说文》:"穴,土室也。"早期的文字资料中,单独使用"穴"字的不多,光看小篆的字形很难想象其形状,但从一些由"穴"构成的古汉字中大概可以了解"穴"最初的样子。如:

"&#xFFFD;",金文"空"字,《说文》:"空,窍也。"

"&#xFFFD;",甲骨文"突"字,《说文》:"突,犬从穴中暂出也。从犬在穴中。""犬"从洞穴中冲出,因为太快了,人没有意料到,由此会合表示"突然"的意思。

"空""突"两字都从"穴",有学者认为,从该两字的古文字字形来看,其中的"穴"都是"覆盖之下有孔洞之形"。"穴"既为孔洞之形,这也就意味着,古代人们所居住的"土室"实际上就是洞穴,或与洞穴有关。

(八)"厂"字

从汉字中可以发现古人住的洞穴还有另一种形式,这可以从"厂(hǎn)"字了解到。"厂(hǎn)"的字形像是以山崖为一面墙,以突出的一块山石为顶的居室的形状。《说文》:"厂,山石之崖岩,人可居。"山边岩石突出的部分同样可以为人们遮挡风雨,人可以在下面居住。

利用天然形成的山洞作为居室,这完全得依靠自然的恩赐。但这种恩赐并不是无所不在的。随着原始人活动范围的不断扩大,天然洞穴已经无法满足人们的需求,于是人们就不得不通过建造人工地穴等方式来寻找遮挡风雨抵御严寒的地方。人工地穴深浅不一,有的整体在地下,有的仅一半或大半在地下,这就形成了半穴居的建筑。半穴居的建筑有墙和屋顶,这就为后来人们移居地上、建造地上的房屋打下了基础。

今天，中国的河南、山西、陕西和甘肃等地人民有在山坡和平原的黄土地上自己挖窑洞居住的习惯，这其实就是古代穴居传统的一种变化和延续。

（九）"巢"字

与"穴"字反映的情形相反，"巢"字传递的是古人将居所建在树上的风俗习惯。据考古发现，穴居或半穴式建筑多出现在华北地区，这与北方气候较为干燥有密切的关系。而在中国的南方，由于水多潮湿，地上野兽虫蛇杂处，人们则喜欢在树上搭建自己的居所。

"巢"，小篆作"巢"，下边是树，树上有"ㅣㅣㅣ"（三只鸟）和"ㅌㅋ"（鸟窝），合起来表示鸟停在树窝上。《说文》："鸟在木上曰巢。"这是许慎按照小篆字形分析的结果。今天说到"巢"，人们首先想到的确实就是鸟的窝，但考察"巢"的甲骨文、金文字形及相关文献发现，它似乎并不专用来指鸟窝。"巢"，甲骨文作"巢"，金文作"巢"，"正是一个在树（木）上构筑的居处之所的形象"。可否由此证明，古人在造"巢"字时也想到人建于树上的"居处之所"？虽很难断言，但从古代关于"巢居"的文献记载中可知，甲骨文和金文"巢"字构形上部"巢"或"巢"的实际功用。《庄子·盗跖》："古者禽兽多而人少，于是民皆巢居以避之。昼拾橡栗，暮栖木上，故命之曰有巢氏之民。"《韩非子·五蠹》："上古之世，人民少而禽兽众，人民不胜禽兽虫蛇，有圣人作，构木为巢以避群害。"这里的"圣人"指的就是"有巢氏"，他是传说中"巢居"的发明者。远古时代人少而虫兽多，为防止虫兽的伤害，有巢氏教人"构木为巢"。人们白天采集树上的果实，夜晚就睡在树上。由此断定，古人有巢居的习俗。"巢居"也就是在树上搭建居室。换句话说，"巢"不仅是鸟的窝，也是早期人类建于树上供人休息的地方。从传说中也发现，古人巢居主要是为了躲避虫兽的伤害，而这种伤害在穴居中是很难避免的。

巢居的习俗早在远古时代就已经出现，而巢居的这种建筑风格在今天的干栏式民居建筑中仍能找到影子。"干栏"最初是依靠树木而建成的房子，后来发展成用直立的木头为底架，木头架上铺上竹木板，再在板上建屋子。上边的屋里住人，屋下就用来养猪或堆放生产工具或一些杂物。由于干栏式房屋高于地面，就减少了人们受潮湿环境和虫兽的影响。

今天，"巢"和"穴"组合构成"巢穴"一词，它可用来指鸟兽住的地方，有时也可以指盗匪等盘踞的地方。盗匪用暴力劫掠财物，扰乱社会治安，令人痛恨，将其盘踞的地方称为"巢穴"，也是喻指其与鸟兽别无二致。可从上文的分析发现，"巢"和"穴"竟然是我们祖先真正的居处，从"巢""穴"两字我们了解到了人类居住形态的雏形。

第三节　中华汉字的宗教文化

史前宗教的存在已经被考古发掘所证实，先民无法解释自然界的千变万化而产生的崇敬与希望，就是最早的宗教信仰。先民在有了灵魂观念之后，开始祭祀自己的祖先，在自然崇拜、图腾崇拜之外有了鬼神崇拜。无论是崇敬、希望，还是恐惧，先民都会通过祭祀的形式表现出来，创造象形或者会意文字记录自然界中无法解释的神秘事物，以表达对世界的看法。在大小之事皆须求神问卜的商王朝，很多崇奉鬼神的祭祀行为均被记录在龟甲兽骨上，也有些被作为"正体"郑重地铸在青铜彝器上。"慎终追远"的周人接受了殷商文明的文字系统，于是渐渐形成了古汉字中具有神秘肃穆特点的文字群——反映宗教信仰与祭祀的汉字，承载着先民们古老而神秘的记忆。

一、汉字与宗教信仰文化

并非每一种审美文化体系都是一种宗教文化，而每一种宗教文化却都是一种审美文化体系。宗教对民众的价值之一就必须能以文化生活的审美精神排除恐惧、减少迷惑、解决纷争。如果没有美学观念的形成，也就是说如果没有生活美感的话，宗教是流传不了这么久远的。可以说，宗教是人类所特有的，并具有神圣性、超越性，广泛群众基础的文化现象。中西宗教差异显然受到由文字差异导致的民族心理文化结构差异的影响。中国宗教的特点在于其强烈的世俗精神，高度功利化、实用化、政治化，中国信教者追求的主要不是彼岸的现实利益。

从中国信教者的行为看，大部分不像西方宗教徒那样只信仰自己皈依的唯一真神，他们什么庙（寺、观、礼拜堂）都可以进，什么神像前都可以烧香磕头，目的都是为了求得神佑，避祸趋福，求得自己和家人的现实利益。中国人的信仰行为可以带有明显的功利性、实用性，所谓"平时不烧香，急时抱佛脚"。家里，甚至有些庙里，可以同时供上如来佛、观音菩萨、玉皇大帝、王母娘娘、太上老君、关云长、赵公明等神像、牌位。在为死者办丧事仪式时，可以出现和尚、道士、军乐队各自组成的队伍，这些队伍同时并列蔚为奇观。

中国是一个多宗教的国家。中国古代有天帝崇拜、祖先崇拜、鬼神崇拜和圣贤崇拜（夏商周）。到东周时宗法神权下移，皇权确立。佛教于两汉之际传入中国，东汉时僧人多为西域人，汉末三国时，下层佛教徒逐渐增多，安息国僧人安世高于桓、灵之际来中国译佛经。东汉产生了道教，它来源于古代的民间巫术和神仙方术，又将老子、庄子加以附会引申，具有庞杂性。后来便有儒、佛、道之争。唐高祖以老子李耳为李家祖宗，宣布道教第一、儒学第二、佛教第三。

宗教，一种超越人间与自然力量的社会意识，主要包括宗教思想与感情及在此基础上产生的宗教祭祀与制度等。在人类认识水平较低的时候，先民对非人类的巨大力量与现实生活中难以理解的事物产生的认识与恐惧，就是原始宗教思想与感情产生的来源之一。无论是崇敬之情，还是恐惧避之的忧虑，先民都会报之以宗教性的祭祀。长此以往，宗教思想、感情及祭祀行为就逐渐规范与制度化，作为社会结构的一部分而存在。

（一）汉字与道教文化

1."鬼"字

天地间万物都是有生有死的，人死了称为"鬼"。古人相信人是有灵魂的，一般来说，人死之后灵魂就会脱离肉体变成鬼，并且有着可怕、神秘的形象和某些超乎寻常的力量。鬼字在甲骨文中写作"　"或"　"，是人们想象中鬼魂的样子，下半部分是一个人，上面的"田"像人戴了面具，表示鬼的脑袋。在先民的观念里，鬼神一般都面目狰狞，这样才能震慑万物生灵，因此甲骨文鬼特意突出了其诡异的头部。历史悠久的傩戏，表演时演员会戴上各种狰狞的面具扮演各路鬼神。

除了鬼魂、鬼怪以外，鬼也表示祖先，人们认为人死之后会一直关注自己的子孙后代，变成祖先鬼，这种鬼和孤魂野鬼有本质区别。每个人都有责任和义务去祭祀供奉自己的祖先，一方面是为了祖先不被遗忘，另一方面是祈求获得祖先的保佑。《论语·为政》中讲："非其鬼而祭之，谄也"，就是说不是自己的祖先而去祭祀、去祈福，是献媚的表现。这里的"鬼"就是祖先的意思。儒家对鬼是主张敬而远之的，"子不语怪力乱神"就是说孔子不谈神秘鬼怪的事，教育人们应该把精力更多地放在现实生活中。

殷商先民十分迷信鬼神，先考虑神事，再考虑人事，到了"率民以事神，先鬼而后礼"的地步。后来虽然"尊神""先鬼"的商王朝的统治最终被崇礼的周人所取代，但人们对祖先的祭祀传统一直延续至今，中元节就是很好的例证。

2. "神"字

甲骨文"神"字本字写作"申","申"像闪电或雷电之形，而闪电或雷电有高深莫测、威力无穷的意思，故称之为"神"。许慎说："神，天神，引出万物者也。"在古人看来，世间万事万物，皆由神出，神者成为主宰世间的至尊之神。神又引申为精神之"神"，孟子说："圣而不可知之之谓神。"这里的"神"已经是圣人之神，道之神。

从文字流变历史看，甲骨文时期，很多文字不从表义旁的"示"部，其实是同样的字义。比如"土"字不加"示"旁表示"社"，"巳"字不加"示"旁表示"祀"，"且"字不加"示"旁表示"祖"。此汉字字形流变之通例。甲骨文"神"字亦如此，"申"即是"神"。

甲骨文"神"字不从示旁，写如申，画如""""或""形。"神"字具象无法表达，但是，人类在观察天象时发现，闪电或雷电高深莫测、威力无穷，伴随着雷电还可能出现风、雨，故借雷电屈伸之形，会意为申（神）。许慎在《说文解字》中记载认为："申，神也。七月阴气成，体自申束。"又："神，天神，引出万物者也。"申，引出也。所以说天降神气，以感化万物，所以许慎解释说"引出万物者"为神。

事实上，"申（神）"字的产生，与远古时代人们的自然认知、原始宗教崇拜等密不可分。古人认为，神的作用远远强于人的精神意志。所谓神者，是一种超自然超人类的神秘力量，拥有至高无上的权力，其不但可以决定自然现象的产生，比如云彩、雷电、风雨、冰霜等，也可以主宰人类的生、老、病、死等生理现象。而这些现象却关系着人类的生存状态——它既可有益于人类的生活和生产，又可破坏人类的生活和生产。在这种自然认知情况下，殷商君王常常借助占卜询问上天之神（自然神）的旨意，一切天象或气象，皆由至尊之神掌管，而申（闪电）只是这个过程的抽象化义符（"申"的字形），实际表达的却是虚拟对象——上天之申（神）。如《甲骨文合集》一书中载有卜辞："贞：呼申（神）藉于明。"藉者，藉田。藉田，是古时候天子、诸侯"躬耕藉田"的一种仪式，既传递出对农业的重视，也是一种祈求上天之神赐予丰收的原始宗教崇拜。这片卜辞的大意就是：商王在进行藉田时，祈求神能够保证丰年。我们知道，雷电出现的自然现象，表达的可能就是降雨，而万物生长却需要雨水的滋润。那么掌管雷电者，在殷商人民眼里看来，不是雷电本身，而恰恰是天帝。如果雷电或闪电出现了，表明天帝已降神兆，预示着丰年。

以雷电为神之载体的国家不只有中国，它是很多古文明国家所共存的一种文化现象。学者郭静云曾说过："帝令电之观念，不仅在中国上古文化有之，在其他古文明中也认为天帝以发电申明天意。例如，古希腊宙斯帝神、古伊特鲁斯坎霆神、古罗马朱比特神、印度教中的印得拉神、斯拉夫民族的佩鲁恩神、普鲁士与波罗的海民族信仰中的佩鲁誊那斯神，皆为发电者。犹太教的耶和华神帝也以发电降雨表示天意而发出神兆。"

因此，由"申"字孳乳出多种引申字义："申"有電（电）之形，能兴风作雨，故加"雨"旁，表义自然现象闪电之"電"，钟鼎文的"电"字即从雨从申，画如"電"形；又"申"像雷电曲折之形，表义"屈申"，故加"人"旁为"伸"字，钟鼎文画如"伸"形；作为上天之"申"，加"示"旁作"神"，钟鼎文画如"神""神""祖"或"祖"形，加"示"部用意极深，在古文字中"示"字表达的是祭祀，是庄重，是敬畏，是一种庄严的礼仪。而"申"字却另有所专，成为天干地支的名词。

随着从"申"到"神"的字形演变，"神"字字义也走向多元化。《易·系辞上》言："阴阳不测之谓神。"《礼记·祭法》言："山陵、川谷、丘陵能出云为风雨，皆曰神。"由于不断赋予"神"字新的解读，神已延伸到各个角落，神不只是代表至高无上权力的上帝之神，也是原始宗教信仰之神。同时，在中国传统文化中，神也是精神之神、道之神。孟子说："充实而有光辉之谓大，大而化之之谓圣，圣而不可知之之谓神。"显然孟子所言的神已是一种站在道的高度上的精神领袖。

3."仙"字

"仙"本字写作"僊"，异体写如今文"仙"。刘熙在《释名》中说："仙，迁也。迁入山也。"山在古代有"天地定位，山泽通气"的能量，因此，人到山上就可以成为仙。仙是古代文化中，介于神与人之间的一个存在，正如其字的美妙意境一样，仙者，缥缈、自由，不食人间烟火、不问红尘俗事。因此，修炼成仙，做仙人，成为古人孜孜以求的梦想，或者说仙人生活成为古人渴望拥有的理想生活。

"仙"字本为"僊"，小篆写如"僊"形。仙本为形容舞袖飞扬，由于舞袖飞扬，有曼妙之姿，故引申为仙人之"仙"。许慎作《说文解字》言："僊，长生僊去。""僊"字的右边部首表示升高的意思，并会意成人升高而成"僊"。至于升高到哪儿去了？大概是到天上去了，需要指出的是，此"僊"与山无关。

写如今文从人从山的"仙"字，在汉代已经出现。但是，此"仙"字许慎作《说文解字》时并未收录。按照段玉裁在《说文解字注》中的说法，"字作仙，成国字体与许（慎）不同。用此知汉末字体不一。许择善而从也。"意思是，关于"僊"与"仙"字体不一，许慎只认为"僊"是"僊人之僊"，而仙无此意，是许慎择善而从。

　　而东汉末年，另一位文字训诂学家刘熙则在其《释名》一书中训释道："老而不死曰仙。仙，迁也。迁入山也。"此时"仙"字，开始与山发生瓜葛。

　　既然与山有关，则取山义。山有"天地定位，山泽通气"之能量，古人以山为阳、为高、为尊、为上、为刚。同时，山很少受到世俗气息的沾染和烦扰，故能养人，因此，"仙人"常常迁入山上居住。

　　不同于神，因受到人类的祭祀与祈求，常常要过问人间烟火事；也不同于人，为生存，为名利，一生劳碌奔波；仙是介于神与人之间的一个浪漫自由体，不闻人间天上，不问红尘俗事，秉承无事无为的生命姿态。诚如《庄子·逍遥游》中所描述的神仙生活："藐姑射之山，有神人居焉，肌肤若冰雪，绰约若处子，不食五谷，吸风饮露，乘云气，御风龙，而游乎四海之外。"这种不为物累、游息自在的理想生活状态，被芸芸众生疯狂追求。

　　然而，这种仙的生活，实在不好达到。不过从另一个角度讲，"仙"字的确很中国化，几千年的专制政权，压抑了人性，禁锢了思想和思考的权利，人们渴望自由、率真、无拘无束的生活美景，而成仙恰好成为这种强烈需求的一种精神寄托。

　　4. "卜"与"占"字

　　卜，甲骨文作"卜、卜、卜"，金文作"卜"，象形字，像甲骨占卜兆象之形。3000多年前的商人使用龟甲和兽骨（以牛肩胛骨为多）作为载体进行占卜，占卜前先要在甲骨背面进行钻、凿，然后用火灼烧钻、凿处，因甲骨厚薄不匀，正面即出现"卜"字形的裂纹。其中钻处裂纹称兆枝，凿处裂纹称兆干，甲骨文卜就是灼烧后正面兆象的象形，竖笔像兆干，斜笔像兆枝。有学者指出卜的读音也与灼烧甲骨时甲骨龟裂发出的爆裂声有关。

　　"卜"后来引申为"占卜"，与用蓍草所进行的占筮活动合称为"卜筮"。古人有"筮短龟长"的说法，即认为占筮不如龟卜灵验，由此可见古人对"卜"的推崇。古人相信龟具有某种神力，上千岁才能长满一尺二寸，因此王者将要用兵之时，一定会在庙堂之上钻龟甲来决断吉凶（此外被作为牺牲的兽之余骨也被认为具有相同的功用）。不仅于军事占卜，在热衷侍奉鬼神的殷商文化中，举凡征伐、田猎、年成、天气、出入、疾病、梦幻、生育、死亡等一切大小事务，莫不占卜。周代虽然不如殷商热衷鬼神之事，但也盛行占卜。周王室专设有掌管占卜及相关事宜的官员"太卜""卜师""龟人""菙氏"等。《史记》中记载了周文王通过占卜遇到姜太公的事：当时周文王还是西伯侯，准备出门打猎，在打猎之前做了一次占卜，占卜的结果显示他这次打到的猎物"非龙、非彲、非虎、非熊"，而是会获得"霸王之辅",结果西伯侯去打猎时果然遇到了姜太公。

占,甲骨文作"占、占",会意字,从口从⊡,"⊡"像灼烧成像后的肩胛骨板,整个字形像对着骨板说话,意为根据兆象预测此次占卜的含义,对占卜事项的结果进行预测。占的本义就是对甲骨兆象所表现的吉凶休咎进行判断。甲骨文又省作"占",后世继承此字形,从卜从口会意,也表示根据兆象进行判断。

今天所见的为数众多的商代甲骨刻辞,就是以卜辞为主体的,保留了很多占卜的记录。占即读兆,是甲骨占卜最重要的一步,从甲骨卜辞来看,占一般由商王亲自进行,也就是说占卜结果的决定权在王。商王会观察甲骨面上裂开的"兆纹",看是不是吉兆。在分析了"兆纹"之后,如果判断出会发生不吉的事情或者灾祸,就要提前应对。古人具体是如何读兆或通过兆象判断吉凶的,今人已经不得而知。《周礼·春官宗伯·占人》中记载:"凡卜筮,君占体,大夫占色,史占墨,卜人占坼。"体是指兆象,色指兆气,墨指兆的大小,坼指兆的微明,说得很含糊,今人也是一知半解。"占"又泛指观察其他预兆而做判断之行为,如"占梦""占星"等。

(二)汉字与佛教文化

在中国汉字发展史上,宗教中佛教和道教具有较强的影响力,尤其是佛教。佛教自汉代传入中国后,经魏晋南北朝至唐宋,有了极为广泛的传播,特别是达摩以后禅宗盛行,佛教文化深入人心对汉语产生了巨大的影响。

1."禅"字

禅,本字作"墠",指祭坛。后封、禅合用,成为古代社会帝王重要的祭天大典。禅又是中国式的宗教信仰,是一种超越世俗的禅宗和禅道。

"禪(禅)"字本从"墠"字演变而来。"墠"字简帛文为"墠"形,在土上加高台为壇(坛),即祭壇(祭坛),称之为"墠"。"墠"字小篆写作"墠",隶定以后,从土从單,單表音。墠与祭天发生瓜葛,源于天高不可及,故于泰山之上封土成高台,就离天近一步了,称封壇,也即封墠。由于祭天与示神有关,所以后来"墠"改为"禪(禅)","禪"字小篆写作"禪",封、禪连用成为祭天大典的专有祭名。

后来,佛教一支传入中土,梵语 Dhyana 音译为"禅那",简称"禅"。作为祭祀用的"禅"字被借用,指佛教的一种修持方式。如果对某事物极其专注,而心无旁"骛",则被视为"禅那"。参禅、悟道这些词,皆与宗教信仰有关。

《韵会》："禅，静也。浮图家（对佛与佛教徒的称呼）有禅说。"事实上，禅已从外来宗教的一种修持方式，转为中国本土的一种宗教形式：禅宗。中国式禅宗杂糅了儒家、佛家、道家、释家、仙家、养生家等理论，令禅学成为一种中国式的精神信仰和寄托。

在唐代的时候，禅学发挥到极致，一些浮图家已经设立公开禅堂，开始向信徒布道。于是禅学一时兴起，唐封演在《封氏闻见录》中有一段记述："开元中，泰山灵岩寺有降魔师，大兴禅教。学禅务于不寐，又不夕食，皆许其饮茶，人自怀挟，到处举饮，从此转相仿效，遂成风俗。"为了修禅，不睡、不食，乃至为了保持精神的亢奋，只饮茶提神。同时，一些诗人与僧人也参与创作有关禅学的诗歌，使得唐代的禅学无论在宗教史上或是诗歌史上，都大放异彩。

如今，人们说起禅时，多是一种超越世俗的禅宗和禅道，从自我修身养性的角度，去完善自我人格，追求一种明心见性、与世无争、清净示人的境界。

从"禅"字的意义变迁之下，或许能够捕捉到一些时代变迁、文化转承启合之关系。这也是汉字所独具的一个典型特征，文字本身没有改变，而在不同社会状态、语境下衍生出另外一种意境。汉字能够保持持久生命力的原因也就在于这里。

2. "佛"字

"佛"的本义是判断事物虚实模棱两可，有模糊不清的意思。而印度佛教传入中国，"佛"字被借用，"佛"字字义也有了完全不一样的意思，佛教的目的是"明心见性"和"见性成佛"，"佛"有了觉悟和顿悟的意思，成为一种超越世俗的大智和大慧。

小篆"佛"字写作"𢤱"形，从人从弗，从人表义，人有"相蔽"义，从弗表声。许慎《说文解字》："佛，见不諟也。""諟"即"是"，是者，理也，正也。什么意思呢？表示一个人在判断事物时，不敢确定，模棱两可。就是看到之后，若似非似，似又不似。这是"佛"字的本义。通常"仿佛"二字连用，表示模糊不清。

"佛"又通假"弼"。《诗经·周颂·敬之》："佛时仔肩，示我显德行。"郑玄笺曰："佛，辅也。""佛"即"辅弼""辅助"的意思。马瑞辰在《毛诗传笺通释》中说："古'弼'字其音均与'佛'近，故'弼'可借作'佛'也。"

佛，即佛教的佛。佛是佛陀的简称。佛陀是由古代印度语 Buddha 音译过来的，也翻译成"浮屠""浮图""勃驮"等。俗话说："救人一命，胜造七级浮屠。"这里的"浮屠"已借指佛塔了。佛是佛教徒对它的创始人释迦牟尼的尊称。释迦牟尼也就是通常所说的如来佛。公元前 6 世纪至公元前 5 世纪，释迦牟尼开创了佛法，它反驳传统婆罗门教的种姓，倡导"众生和平"，以超越了生死的理念境界，得到了许多穷苦民众的支持，很快便蓬勃发展成了具有全球影响的现代佛教。相传于东汉明帝年间进入我国，后在曹魏、西晋、南北朝时期有所发展，在隋唐时代到达鼎盛，并产生了天台宗、律宗、法相宗、净土宗、华严宗、禅宗、迷踪道以及三阶教等中国禅宗教派，对中国的文化、艺术、哲学乃至社会的风俗习惯和审美观念等均产生过重大的影响。

3."悟"字

"悟"字，从心从吾。觉，悟也；悟，觉也。二字互训，意思是，什么时候看见自己的本心，就悟了。悟不是宗教，胜似宗教；悟，不是信仰，胜似信仰。悟的过程，是国人孜孜以求的一种生存哲学。

说"悟"之前，先说"觉"字。小篆"觉"字为"■"形，写为"覺（觉）"，从见表义，从學（学）省形表声。那么，觉是什么意思呢？意思是一个人眼目虽闭合，尚保持清醒状态，能觉察，而可见，为觉。许慎《说文解字》："觉，寤也。"寤，又同悟义。即觉和悟常常互相训释字义。觉，悟也。悟，觉也。孔子的孙子孔伋说过："吾终日思而未之得，于学则寤焉。"说明寤又是从见事物之外观，到逐渐感知其本质的一个过程。

小篆"悟"字为"■"形，从心从吾。吾即自我、自身。从吾亦表声。从心什么意思呢？人的心在古代非常重要，像人的目（眼睛）一样可以代表头部或全身。心则代表一个人的本性，古人以为人的本性好坏是心的作用，而不是别的。而现代神经科学的解析却不是这样的，因为心不能思考、记忆等，全部神经中枢系统则在于脑袋。但古人既然认为心是重要部位，便以心为训，什么时候能够发现自己的本心，看到自己的本心，就是悟。

班固《白虎通义》说："学之为言觉也，悟所不知也。"自己学习的知识，观察的事物，第一感官的印象，即第一眼看到的事物的外在表象，这是察觉、发觉。没有吸收并且转化成自己的理论，此为觉。而悟呢，则是在视野以外，无法通过视觉感知的事物，进行自我思考，直到自己有所知，有所领略，为悟。

屈原作《离骚》："路漫漫其修远兮，吾将上下而求索。"这是屈原的探索精神，且过程是漫长的、未知的。什么时候，能发现自我、明见心性了，一个人便真的达到所谓的悟了。

悟不分对象，知识分子通过自己的知识体系，发表言论或著作，是悟；宗教信仰者达到修行上的参禅悟道境界，也是悟；芸芸众生，即使未必认得几个字的村野之人，同样知道悟，那些善男信女朝拜自己信仰的神鬼人祖，日复一日，年复一年，永不停歇的过程，就是一种悟。在中国的哲学体系里，对于天道、人心等这些看不见、摸不着的抽象词，通常用漫长的悟的方法来领略其真意。而悟的过程，也是国人孜孜以求的一种生存哲学。

二、汉字与祭祀文化

祭祀是先民面对神秘力量时以虔诚信奉的心态通过祭祀的形式来表达崇敬或恐惧之情的宗教行为与仪式，是先民无法理解超人类与自然力量之后产生的虚幻信仰下导致的宗教行为。

（一）"祭"字

祭，甲骨文作"⿰月又、⿰月又"，金文作"⿱⿰月又示、⿰月又⿱"等形，基本由肉、示、手三部分会意字，像持肉于神主前之形，本义就是"祭祀"。

古时不同种类的祭祀名目繁多，如四时之祭（祠祭、禴祭、烝祭、尝祭）；天子诸侯所行的分别祭祀天地和山川的郊祭、望祭；求雨的雩祭；祈求土地神的社祭；对天神、祖先进行的大祭（禘祭）；集合远近祖先神主于太祖庙的大合祭（祫祭）；为禳除病患而进行的禬祭；岁终的祭祀（腊祭）；以时鲜的食品进行祭献的荐新祭等。

因为在祭祀之时大都需要牛、羊等牺牲的肉，所以字形从肉。甲骨文中的"祭"字有的在肉旁的上下左右分布小点，表示血滴，可知殷商习俗很可能是在神主前荐生肉的。《论语·乡党》说："君赐腥，必熟而荐之。君赐生，必畜之。侍食于君，君祭，先饭。"所谓"腥"，是一种生的胙肉，可见在春秋时代的礼节中，要将生肉煮熟而放置在神主前祭奠祖先。"君祭"，指的是国君以食物来行祭礼，是一种食祭。据先秦礼书记载，食祭是一种很常见的典礼。在各类礼节中，凡涉及食物需要入口的，都要首先进行食祭，如祭脯醢、祭醴、祭酒、祭豆、祭黍、祭肺等。水饮都是用一种类似小扁勺的枢稍稍舀取，再小心倒在席前；固体食物则用手取少量置于地上以完成祭礼。

有意思的是，古人认为一些动物也会举行相似的祭礼，且当作节候现象看待。如白露降下，凉风吹来的时节，鹰开始祭鸟（猎取鸟而不食，先将它们摆放好，犹如祭祀）；菊花开放的时候，豺开始祭禽兽；孟春东风解冻之时，獭开始祭鱼等。后人将读书人堆砌典故、堆放书籍喻作"獭祭"，就是基于獭摆放鱼的现象。

（二）"坎"字

坎，甲骨文基本字形作"㘡"，从凵从牛，"凵"就是在平地挖掘出的坑洞，这里指祭祀坑，字形像将牛埋于坑中之形，小点表示泥土。坎的本义就是坎祭，即用挖坑埋葬物品的方式来祭祀神灵的一种方式。文献记载"祭山林曰埋"只是坎祭的一方面，我们结合甲骨卜辞和考古发掘材料可以知道，埋物以祭是先秦常用一种祭祀方式，可以用来祭祀天神、地祇以及先祖等。由于牛是殷商时期最常见的牲畜之一，也是最重要的祭牲，因此许多跟祭祀相关的字都从牛。

（三）"册"字

甲骨文的"册"字，像栅栏之形，"册"也是"栅"之本字。"册"在商代是牲畜的刍养与侑荐的神圣礼仪，后引申为书籍。所谓"有册有典"，既是典章制度的凭借，也是记录每一个时代重大事件的史册。

甲骨文中的"册"字，一直被认为是书写的竹简（或其他载体）装订为册。作为简牍或简札之"册"非本义，而是引申义。我们先看甲骨文"册"字字形，画如"ㅛㅛ""ㅛㅛ"或"ㅛㅛ"形。如果说没有先入为主的意识，甲骨文"册"字的形状，给人第一印象恐怕是用高低不等的木橛或其他材质的桩围成的栅栏或篱笆之形。如日本汉学家高田忠周所言，"册"是后起之字栅栏之"栅"的本字。《说文解字》："栅，编树木也。从木从册，册亦声。""栅"字的释义，正如甲骨文"册"字的象形。

有训字学者认为，用木简或竹简编订为册，其上写祝文，即祭祀神祖时，主祭祀者所口诵的文辞。对于这种说法，汉学家白川静在其《作册考》中写道："原始的奉奏神灵的祝词，无疑都用最素朴的形态，多半只列举供物的名称，因而册又衍变为记载祝词簿书之意，至于奉奏祝词，则另用嗣字来表示。换言之，册是名词，嗣是动词。"这一推论是对的。"册"的本义不在简札，也不在龟板，而是起源于牲兽的刍养（饲养）与侑荐（献祭）的神圣礼仪。由此知"册"字本义是养豕羊的栏橛象形，进而引申为神圣的祭祀礼仪。

与"册"一样作为神圣的祭祀礼仪有关的甲骨文，还有一个"典"字，画如"典"形，从册，像双手捧举之形，"典"字本义为神圣的、庄重的祭祀典礼或大典。从册到典，正是从牲兽的刍养，到举行神圣的侑荐牲兽的过程。当然，在殷商时期，册和典已有简札和典籍的意思。《尚书·多士》有言："惟殷先人，有册有典。"记录的也是实情。只不过，本义与引申义之间的先后关系还是有差别的。

"册"从神圣的祭祀礼仪又引申为符命、册立和册封。《尚书·洛诰》说："王命作册。"《说文解字》也说："册，符命也。诸侯进受于王者也。"符命即册命文书，是帝王对诸侯封土、授爵的文书和凭证。而册立、册封之事，又成为帝王家大事，旧制封立皇后、太子之礼称为册立。册立是一项极其庄重的典礼，其中有诸多难以表述的繁文缛节，以凸显"册"的庄严和隆重。而这些大事件，被记录在诏书或文书中，最终载入史册。

（四）"舞"字

"舞"字在甲骨文中写作"席"，像人两只手拿着东西在舞动，在金文中"舞"字增加了双足，变成襄，强调了手舞足蹈的形态。《吕氏春秋·古乐》记载："昔葛天氏之乐，三人操牛尾，投足以歌八阕"，描绘的就是上古时期"操牛尾以舞"的场景，与古文字舞两相印证。

舞蹈最早是作为一种与神沟通的方式出现的。我们知道，风调雨顺对于农业社会来说十分重要，大旱是农作物的灾难，因此从原始社会时起就出现了求雨的活动，而进行祈雨等活动时必定要跳舞。到了西周时期，有一种官员专门负责在国家大旱的时候率领一众巫师用舞蹈的方式来求雨。另外，除了祈雨，舞蹈也出现在祭天、祭祖、敬神、驱邪、祛病等活动中，那些巫师用歌舞的方式与神对话，所以舞蹈是巫术中最重要的一个部分。史前时代的壁画、岩画、彩陶上也有关于舞蹈的图画或纹饰，延续到后世，舞蹈则演变成宗教仪式的一部分。

在我国，敦煌壁画中的"飞天"和各种乐舞形象，表现的都是佛教舞蹈，而其他宗教也有自己的舞蹈形式。在东南亚的一些国家，舞蹈都与宗教密不可分，比如印度舞中常有双手合十置于胸前的动作，这个动作其实最开始就是表达对神的崇敬。

（五）"巫"字

巫，甲骨文作"田"，金文作"田"，象形字，像两玉交叉之形。我们知道，玉在古代有着通神的作用，比如良渚文化的玉琮，就是通天的神器，所以巫很可能就代表一种巫师用来通灵的工具。秦简文字作"玉"，小篆作"巫"，字形发生了讹变。另一种说法是，"巫"是"筮"的本字，甲骨文"巫"像交叉的蓍草之形，字形是占筮活动的反映。

巫是指有特殊能力，能够沟通鬼神、占卜祈祷，并且能够通过跳舞的方式使神灵出现的人。"巫"最初指女巫，男巫被称为"觋"，后来也作为巫师的通称。巫在商代有着极高的地位，掌握着祭祀的大事，周代也为巫设有专门的官职。该官职国家大旱的时候，负责跳舞求雨；国家有大灾，要率领群巫去找解决灾情的旧例；祭祀的时候，要准备祭祀用具。男巫、女巫有不同的职能分工，男巫掌管望祀、望衍这两类祭祀，冬天要举行堂赠之祭，送走不祥，春天要招求福气和祥瑞，去除疾病。如果王要去参加吊唁，男巫就要走在王的前面驱邪。女巫则主要掌管每年的被除、衅浴等祛邪除灾的仪式，还负责跳舞求雨，在王后外出去参加吊唁的时候，女巫要走在王后前面驱邪。另外凡是国家发生了重大的灾祸，女巫还要悲伤地唱哀歌、大声哭号，请求神灵消除灾祸。

在商周之后的几千年里，也一直有巫的存在。因为巫有着通神的能力和超自然的力量，人们认为巫能够通过诅咒或祈祷的方式害人或救人，不但会用咒语、符咒，还会占卜、治病以及迷惑他人，于是秦汉时期巫术在各阶层之间流行，不仅是巫，寻常人也能利用巫的方式或是通过巫对他人实施影响。相对于春秋时期儒家的不语鬼神，汉儒对巫术还颇有研究。正是因为这种超自然力量可以让人通过非正常的途径达成某些目的，所以与巫有关的祸端在历史上常常发生，其中最著名的事件就是汉武帝晚年发生的"巫蛊之祸"，造成了牵连数万人的冤案。

（六）"焚"字

甲骨文中有个"焚"字，其形象焚烧一位突胸仰面、小腹膨大的畸形人。焚人祭天通常是用来消灾弧患。《左传僖公二十一年》就有"夏，大旱，公欲焚巫尪"的记述。杜预注曰"巫尪，女巫也，主祷告请雨者。或以为尪非，巫也，瘠病之人，其面上向，俗谓天哀其病，恐雨入其鼻，故为之旱，是以公欲焚之"。就"主祷告请雨者"来说，焚女巫当然是希望让她的魂魄升天，在天庭中直接向上天祈雨。这个焚祭方法看似残忍，却是对献祭功用的最直观的认识。就"瘠病之人"的"尪"字来说，焚毁他也是因为让他解脱，魂魄可以升天，也不再急需上天的同情，而告别了旱情。唐兰在解说"焚"字时说"黄字古文，象人仰面向天，腹中膨大，是《礼记·檀弓下》'吾欲暴尪而奚若'的'尪'的本字。"如此看来，"焚"字形的"古形古义"均与用火献祭相关，是中国这个原始宗教献祭文明的一种现实的镜像。

第四节　中华汉字的政治文化

政治是维护统治与治理社会的行为，早期国家时期有关维护统治与治理社会的字是不太多的。统治国家与治理社会的人员主要包括王、尹、侯、史等人员，通常国家是以城市统属周边聚落的方式建立和组织起来的，这就是所谓的"封邦建国"，早期国家的政治形态大致就是如此，对后世也深有影响。

一、"帝"字

甲骨文"帝"字画如"帝、帝、帝、帝、帝、帝"形。这个字形，如果没有非凡的观察自然界的能力，我们是无论如何也不会联想到"帝"字的本义是什么。"帝"字也属于象形文字的范畴，其形就是花蒂或花萼，其下像植物根茎之形，上像花蒂之形。清代金石学家吴大澂《字说》："蒂落而成果，即草木之所由生，枝叶之所由发。生物之始与天合德。故帝足以配天。"这一释义成立的前提，和殷人的天神崇拜有关，崇拜天神等于崇拜自然界的一切生物，而其所生都由天帝掌管。天帝是个什么样子，殷人不能作一个象形的解释，故以花蒂（雌性）代表天帝。

在商王武丁及其以前，帝被赋予了超自然的神奇力量。帝既创造天地万物，亦主宰着人类社会，成为宇宙之内的最高上帝，这里的上帝专指自然神。甲骨卜辞有"帝其令雷""帝其令凤（风）""帝不其令雨""帝其令雨""帝令多雨""帝令雨足年""帝令雨弗其足年"等占卜，打雷不打雷，刮风不刮风，下雨不下雨，足雨不足雨，谷物丰年（谷物丰稔）不丰年，都是天帝所决定的。

在商王武丁以后，帝亦指祖先神。也许受人法自然的哲学观影响，果实有花蒂，而人亦有宗祖。武丁的儿子祖庚、祖甲就把他们的父亲与帝相提并论，甲骨卜辞中称武丁为帝丁。同时，商代君王只称其直系先王为帝，而旁系先王则不在其列。直系先王者，就是死去的父辈先王才可以称为帝，言外之意，只有嫡系后代才有继承帝王的权利。这种帝系观念在殷商初具雏形，自此伊始，三千多年间一直贯穿于整个传统政治架构之中。

二、"王"字

王，甲骨文作"王、王、王"，金文写作"王、王"，象形字，像刃部向下的斧或钺之形。在原始社会，石斧是重要的生产工具，但也是难得的工具，一般为部落首领拥有，因此被赋予了特殊的含义，后逐渐成为权力和权威的象征，后来成为最高统治者的称号。除了斧之外，钺也是重要的杀伐武器，也被用来象征最高权力。天子赐钺，则表示授予征杀之权。《尚书·牧誓》是一篇记载周武王伐纣之前，在牧野誓师的誓词，其中有一句讲"王左杖黄钺，右秉白旄以麾"，表明誓师的时候武王手中拿着钺，所以钺也是军权的象征，有着崇高的地位。昔日周公在明堂朝会诸侯的时候，天子也带着斧钺向南而立，以示威严。

王代表着王权，是天下土地和人民的最高统治者。所谓"普天之下，莫非王土；率土之滨，莫非王臣"，奴隶社会时期天下的土地全部属于天子，天子再以宗主的身份将土地和人民分封给他的宗族、亲戚、有功之臣等，土地的收入一部分归被封者，一部分上贡给天子。土地的所有权属于天子，天子能够收回或转赐别人。但是后来土地关系逐渐走向私有化，比如公元前 594 年，鲁国颁布了"初税亩"的法令，承认了私田的合法存在，打破了"莫非王土"的传统。而自从平王东迁以后，王室徒有虚名，"率土之滨，莫非王臣"的观念也随着形势的改变，被完全抛弃了。

王字小篆写作"王"，这与早期有很大区别，而且汉儒多依小篆说经，所以汉代的人对王的字形又有一番新的解释。他们认为三画而连其中，就是王。三道横画，代表着天、地、人，而连其中，就是将天地人三道都已经参通了。所以这种将三道都已参通了的人，不是王还能有谁？这种说法虽然符合当时"天人合一"的思想，但其实已经偏离了本义。

三、"或"字

或，金文作"或、或、或"等形，由"戈"和"口"组成，"口"的上下或四周常常用短横围起来，表示城邑。整个字意思是用戈守城或者驻兵守疆，其本义是邦国、封国，又可指边界、疆界，即今天的"域"。毛公鼎铭文"康能四或"中的"或"就通"域"，是边境、疆界的意思，后来加"土"繁化，分化出小篆的"域"字。

而将"或"的上下短横相连（也有人认为是直接加口），则分化出"國（国）"字。土地、主权为一国必不可少之要素，"口"表示地域，"戈"代表兵器，兵器用来保卫国民、抵御外敌，也用来管理国内民众、维持秩序、维护王权。"国"在古代除了表示我们所知道的"国家"以外，还表示都城、都邑、古代王侯封地、地方地域等。

由于生产力水平不高，古代奴隶制国家的垦田主要集中在王都和诸侯国都的近郊，即"国中"。居住在"国中"的平民被称为"国人"，他们大多是各级贵族的疏远宗室成员，也有一般居于社会下层的平民，他们和居住在郊外的"野人"共同承担着农业生产，受到剥削和压迫。而各级奴隶主贵族却垄断着社会的物质财富，国人的生活和权力不断受到威胁，所以那些贫困的失势贵族十分憎恨当权者，常常开展各种形式反抗国君和当权者的斗争，"时为王之患，其惟国人"就反映了当时尖锐的社会矛盾。到了周厉王的时候，由于周厉王的贪婪暴戾，出现了"国人谤王"的情况，所以周厉王不得不用强硬暴力的手段来钳制舆论。可是

"防民之口，甚于防川"，不到三年，就爆发了我国历史上第一次群众暴动，史称"国人暴动"，最后不但周厉王出逃，西周的统治基础也被动摇了。

四、"侯"字

侯，甲骨文作""、""，金文作""、""等形，像春飨时所使用的射侯，也就是一张挂着的布被箭射中的样子，此处的布即"射侯"，又称"鹄的"，即箭靶。

"射侯"起源于普通的兽皮，后来演进成为各种规格的箭靶，从公卿到大夫、士各有不同。在"大射礼"中，公、大夫、士各有一个侯：公射"大侯"，大夫射"参侯"，士射"干（豻）侯"。又说，天子用熊侯，即熊皮所制的箭靶；诸侯用麋侯，即麋鹿皮所制的箭靶；大夫用布侯画虎豹，即绘制虎豹形象的布质箭靶；士用布侯画鹿豕，即绘制鹿豕形象的布质箭靶。

在上古时代，须凭借勇力来保卫部族，所以像后羿这样擅长弓矢的人，就会被拥戴为"侯"，成为部族首领。在商代甲骨刻辞中，"侯"就是一种有很高地位的职官，和"甸""男""卫"一样主要在外服役，主政一方，拥有领地。"侯"所进行的活动多与军事有关，有时也有进贡活动。周代侯成为爵位的一等，但也延续了商代作为一方首领的地位，所谓"诸侯"，也就是"众侯"，即众多地方首领之意。在西周崩溃之后，诸侯国迅速崛起，成为半独立的政治单位。

五、"尹"字、"君"字

尹，甲骨文作""、""，金文作""、""，会意字，像手持某种杆状物之形，一般认为所持之物为笔，用来表示手握笔以治事，其职在于书王命或公文，所以"尹"字一般表示治理或治事的职官。

清王夫之的《读通鉴论·秦始皇》中有"于是分国而为郡县，择人以尹之"的说法，这里的"尹"就是治理的意思。而在古籍中，"尹"多用作名词，作为一种职官名。在周代及以前，"尹"可表示百官之长。比如商代著名政治家伊尹，伊是他的氏，尹代表官职。伊尹擅于烹调，还将烹调与治国相联系，用"调和五味"的观念来治理天下，在军事、辅佐帝王等方面成绩卓著，地位极高。后世还设置有河南尹、京兆府尹等官职，历朝历代都有"尹"的存在。

"君"字由"尹"字分化而出。"君"字甲骨文写作""，金文作""，由"尹"和"口"组成，从尹，表示掌握权势的人；从口，表示发号施令的人；从尹从口，表示握有治理权势又能发号施令的人。"君"有十种别称，分别是林、烝、天、帝、皇、王、后、辟、公、侯。"君"不仅有君主至尊的意思，天子、诸侯、卿大夫及所有拥有土地的人都可称为君，是古代大夫及以上有土地者的通称。"君"和"尹"一样有掌管治理的意思，甲骨文、金文中有时"尹""君"用法相同，《周书》中的《君奭》《君陈》《君牙》等篇就相当于《尹奭》《尹陈》《尹牙》。

"君"作为与民对立的概念，高居众民之上统治人民，但是在先秦的民本思想里，"君"也不过是被委派来保护教导人民的，并非天生有所不同。上天降生下民，为他们安排了君长和师傅，就是让后者帮助上天来爱护四方之人民。在孟子讲述的周礼里，"君"也和卿大夫、士一样，是爵禄中的一等，并非有所不同。《荀子》中也说："天之生民，非为君也；天之立君，以为民也。"这种民本思想影响非常久远。

六、"势"字

"势"字繁体作"勢"，最早见于东汉时期，如东汉张芝的书帖中"势"作"![字形]"，三国钟繇的《宣示表》书帖中作"![字形]"，可知"势"字东汉已在流行。但东汉许慎的《说文解字》中没有收录这个字，因为"势"字在当时还只是一个俗字，没有得到社会的普遍认可。在汉代以前的典籍中，势字一般写作"埶"。如1993年湖北荆门市郭店乡的战国楚墓中出土的《老子》竹简中有这样的话："埶大象，天下往。"这是说势力强大的地方，天下的人们就会归附。这里的"埶"字就是势力的意思。1972年山东省临沂市银雀山西汉墓中出土的《孙膑兵法》竹简中，所有的"势"字都写作"埶"。我们今天看到的汉代以前的传世典籍中的"势"字，那是后人在传抄刻印的过程中用后世通行的字改写的结果，并不是作品产生时代的原貌。由于"埶"的意思是势力，为了表示意义的明确，东汉时期人们又在"埶"字下面加了个"力"字，于是便有了繁体的"势"字。

势的本义是势力或权势。我们来看东汉赵壹《刺世疾邪赋》中的一个例子："法禁屈挠于势族，恩泽不逮于单门。""势族"指有权有势的家族。这两句话的意思是说：法律禁令在有权有势的家族跟前弯曲了，皇帝的恩泽永远到不了贫寒人家。"单门"指大门是单扇的人家，富贵人家的大门都是双扇的，而且高大威严，称为"高门大户"，与此相对的"单门"自然就是贫寒人家。赵壹生活在东汉后期，当时朝政昏暗，耿介之士仕途无望，出身寒微的赵壹对此极为不满，就写了这篇《刺世疾邪赋》予以揭露。赋中还有这样一首诗："势家多所宜，咳唾自成珠。被褐怀金玉，兰蕙化为刍。"'"势家"指有权势的人家。"被"是穿的意思，"褐"是粗布衣服，"被褐"指贫寒之人。诗的意思是说：有权势的人家说的做的都是正确的，他们的唾沫也被人当成珠宝。贫寒之人即使有真才实学，也无人理睬，即便你是兰、蕙这样的香草，在当权者眼里也不过是喂牲畜的草料而已。作者辛辣地讽刺了任人唯亲、卖官鬻爵的社会丑恶现象。

七、"史"字

史，甲骨文作" 、 "，金文作" "，像手持"中"之形。但"中"未知为何物，有人说是书簿、简册；有人说像鹿角、弓箭；也有人说是盛计数用算之器，进而解释史最初是在古代举行射礼、投壶礼时计数的人员。"史"最初指在王身边担任记事的人员，地位很高，史所记之事，都是如实书写，不偏不倚，不掺杂个人意见，所以"持中"。中国古代的史官不能隐藏罪恶，也不能妄加赞美，要有"史德"。棠姜是春秋时期齐国棠公的妻子，貌美，棠公去世以后嫁给了崔武子。齐庄公与棠姜私通，在一次去与棠姜幽会的时候被崔氏杀死。后来史官写道："崔杼杀了他的国君。"这个史官就被崔杼杀死。他的弟弟们也这样写，接连被杀死。然而最后一个弟弟还是这样写，崔杼就放过了他，让他如实记载了。这个故事说明"秉笔直书"是史官的坚守。

尧命舜曰："天之历数在尔躬，允执其中，四海困穷，天禄永终。"中是天之中，中气之中，所以史也作为一种担任星历、卜筮的官员。卜筮的时候"史占墨，卜人占坼"，这里的史的工作就与占卜有关。

后来古代的文职官员、官府佐吏都有称史的情况，如小史、太史、外史、内史等。"史"有时也和"吏"同义，古文字史、吏本来就是一字同源，后来分化，才分别表示不同的意思。

八、"盟"字

盟，甲骨文作" 、 "，金文作" "，像将血滴入器皿中，代表盟誓时歃血的仪式。后金文发展作" "，从皿从囧，囧代表光明，"盟"字从囧代表盟誓是光明正义之事；金文又作" "，从明从冥，明与囧一样代表光明，明在此也作声符。有人据现代汉字"盟"解释"盟"字为盘中盛着日月，以此来表示双方结盟要包容一切，其实是望文生义。

在春秋战国时期，各国间有疑就会盟誓。诸侯两年一会，十二年一盟，盟誓时要昭告神灵，杀牲歃血。"盟"与"誓"不同的地方在于，"盟"还必须有杀牲的举措，要杀牲饮其血，而后在"朱盘玉敦"中竖立牛耳，为首者要执牛耳起誓。春秋时代的盟誓，还要加载书，记录盟誓之誓词。如齐桓公称霸的葵丘之会，诸侯虽然没有歃血，但是有"束牲载书"，可见正式盟誓里载书是必不可少的。盟誓具有神圣的约束性，所以违反誓言在载书（即誓词）中将会被惨烈诅咒。如著名的侯马盟书中，就常说若违背誓言，将受到"麻夷非是"，即夷灭其族氏的惩罚。

不但国与国之间、部落与部落之间会订立盟约，后来相互结盟也成了团体之间、人与人之间做重要约定的一种手段，男女交往中也常常会"山盟海誓"，来表达真诚相爱、永恒不变的情意。

九、"封"字

封，甲骨文作"🌱、🌿、🌾"，金文作"🌱"，会意字，字形下方表示土，上方为"丰"，即长在封土上的树，古人常培土种树作为界线，称为"封疆画界"。封的本义为封疆聚土，是古代分封制划定疆界的体现。金文有增加形符"廾"或"又"作"🌿""🌾"等形，种植封树的意思体现得更明确。

凡是封国设置社稷坛、四边疆界建立封土、都邑建造封域等事务，都须加植封树。在西周时代的一些青铜器铭文里就有相关记录。如九年卫鼎铭文就记载裘卫从矩伯、颜陈夫妇处交换取得了两块土地，勘定好并写成书契后，便在四面建好了封土。而倗生簋铭文的"殷𠫤谷杜木"、散氏盘铭文的"边柳""楮木"等都是指封土上所植的树木，即所谓的"封树"。周代各诸侯国的封疆，都是利用天然的山地、高岗、河流、谷地再加上封土和封树连接而成。

这些封疆是政治区域的边缘，各国均派遣有专员守卫，被称作"封人"。封人掌管设置王的社稷坛，在京畿堆积封土并在封土上植树。比如著名的"郑伯克段于鄢"的故事中，郑庄公与母亲决裂，颍谷封人颍考叔听说后专门从封疆赶来献计，最后使庄公母子重归于好。

第四章 中华汉字的应用系统

中华汉字在古代广泛应用在字谜、对联和故事中。本章内容主要讲述了中华汉字的应用系统，主要从三方面进行了简要介绍，分别为中华汉字字谜的巧用、中华汉字楹联的精用以及中华汉字故事的妙用。

第一节 中华汉字字谜的巧用

一、字谜的意趣文化

字谜，是一个文字游戏，它是汉族地区独特的一个语言文学现象。它主要针对汉字笔画繁杂、偏旁相对单一、构成繁杂多样的特征，利用离合形态、增损、象形、会意等各种方式创作。字谜，有广义、狭义之分。广义的字谜，即指全部的汉字和词谜，如字类谜、词类谜、句类谜等。而狭义的字谜，则特指对一个汉字的整体解谜，讲究汉字形态的结合和与偏旁部首的配合，并在形态、功能和含义上对谜底汉字的不同部分做多角度展示，而对行文措辞和谜面修辞手法技巧的要求则相当高。通过制作和猜字谜，可以加深对汉字结构之美的认识和体会，从而获得无穷的乐趣。在这里，我们主要论述狭义字谜。

二、字谜的话语构成

字谜主要由三部分构成，即谜面、谜目、谜底。谜面，是指在猜谜语时说或写出来的，为人提示猜谜信息线索的语言；而谜目则是指隶属于谜面，对谜底适用范围和数量起着某些制约作用的词汇，一般泛指该谜的隐射范围（即打什么）；谜底是谜面意义的真实所指，即要人去猜的本体事物，也就是谜语的答案。比如：

大人不在家（打一字）。

谜面：大人不在家；谜目：打一字；谜底：一。

一个好的字谜，谜面的文字简单而优美，有意趣，耐品味。谜面与谜底扣合度高，设置巧妙，谜底唯一。好的字谜往往具有令人恍然大悟、会心一笑的效果。

三、字谜的创作形态

根据字谜创作方法的不同，可以将字谜分为许多不同的体，字谜常见的六体如下。

（一）离合、并合体字谜

其主要是指利用汉字结构上的分离或合并的组合变化而形成的字谜。比如：喜上眉梢（打一字）（声）；含羞带喜（打一字）（善）。

再如：落花人独立，微雨燕双飞（打一字）（俩）；蒋介石损兵折将，北伐军二路齐上，何应钦失去左右，熊克武有点无能（打一字）（燕）。

（二）意会体字谜

其主要是指采取会意手法设置的字谜。谜面内容的含义与谜底高度吻合，含蓄婉转不直言。比如：三八列车（打一字）（妍）；男宾止步（打一字）（妪）。

再如：半边生鳞不生角，半边生角不生鳞；半边离水活不得，半边落水难活命（打一字）（鲜）。

（三）借代体字谜

其主要是不直接把要说的事物名称说出来，而用跟它有关的另一种事物名称代替它的字谜。比如：一字生得妙，刘备见了哭，刘邦见了笑（打一字）（翠）；弄瓦之喜和弄璋之喜（打两字）（姓、甥）。

"弄瓦之喜"是祝贺别人生了一个女儿，"生"和"女"合起来就是"姓"。"弄璋之喜"是祝贺别人生了一个儿子，把"生"和"男"合起来就是"甥"字。为何"弄璋""弄瓦"与生男、生女有关呢？其实"弄璋""弄瓦"早在两千多年前的周代就已作为生男生女的代称。这主要缘于《诗经·小雅·斯干》。这是一篇祝贺权贵们兴修宫室的长颂诗，诗中两句依次写道：

"乃生男子，载寝之床，载衣之裳，载弄之璋。其泣喤喤，朱芾（fú）斯皇，室家君王。

乃生女子，载寝之地，载衣之裼（xǐ，婴儿的包被），载弄之瓦。无非无仪，唯酒食是议，无父母诒（yí）罹。"

这样，后世惯以"弄璋之喜""弄瓦之喜"庆贺亲友家喜获麟儿，至今还偶见沿用。

（四）双关体字谜

其主要是指谜面字义有双关性的字谜。比如：一横又一竖，不能猜作十（打一字）（支）；不染凡间一点尘（打一字）（几）。

再如：左边不出头，右边不出头，不是不出头，就是不出头（打一字）（林）；自大一点，人人讨厌（打一字）（臭）。

"自"和"大"合起来，再加一点，就是谜底"臭"。《说文解字》："禽走，臭而知其迹者，犬也。"意思是说，无论飞禽还是走兽奔走过的地方，用鼻子一闻便能找到它们踪迹的动物，就是犬。可见"臭"的本义就是犬用鼻子闻气味，由此引申为"气味"。谜面说"人人讨厌"，是就"臭味"，说的是后起的意思。实际上，该字最初无涉香臭。《诗经》称，"上天之载，无声无臭"，是说天地处于混沌状态时，整个宇宙既没有一点声音，也没有气味。杜甫的名句"朱门酒肉臭，路有冻死骨"中的"臭"，非但不能解为"臭味"，恰恰应解为"香味"，即"富贵人家酒肉飘香"之意。

（五）增损体字谜

其指利用增加或减少字的偏旁部首的方式使得谜面与谜底吻合的字谜。比如：见火就炸，出言也假（打一字）（乍）。再如：有水可养鱼虾，有土可种庄稼，有人不是你我，有马奔驰天下（打一字）（也）；上无底，下无盖，专说神仙和鬼怪（打一字）（卜）；不要盲目（打一字）（亡）；南美（打一字）（大）；圆心（打一字）（员）。

（六）象形体字谜

其采取借喻的手法来描述或形容事物的样貌，使谜面与谜底吻合的字谜。比如：爿（打一字）（版）；夹着尾巴做人（打一字）（个）；一手撑破天（打一字）（扶）。

四、字谜的文字教化功能

（一）文化载体的教化功能

我国古代字谜具有文学价值，现代字谜具有文化教育功用。对猜字谜的人而言，不仅是熟悉了谜底的一个汉字，而更多的是深入理解了谜底后面的传统知识。因为中国历史源远流长，传统文化也源远流长，唯有熟悉了谜底的历史背景，才能够更进一步地认识字谜的人文含义。

（二）文化精神的化育功能

作为我国传统民族文化的重要组成部分，字谜并不是一个单纯的文字游戏，更是中国古代的智慧结晶和传统文化产品。对于汉字的构造与搭配而言，字谜还有着更深厚的人文含义，它所表达的文化内涵，并不仅仅是对过去社会历史的反映，在很大程度上也体现着当时社会的人文特征。

五、字谜中汉字运用之巧

（一）汉字拆合中的"巧析"

只要是字谜，就会用到拆合汉字的方法。拆合汉字结构是创造字谜的基本方法，也是解谜者解答字谜的必经之路。所谓拆合汉字，应分为两个部分——拆字、合字。拆字，即将某个汉字拆分成多个独立的汉字或者偏旁甚至笔画；相对应地，合字自然是将单独的几个汉字或者偏旁笔画合成一个字。拆合汉字的出现和发展得益于汉字字体结构以及汉字运用理论的完善，比如汉字笔画的规范、文字学的发展以及六书说的出现。但拆合汉字并不是严格按照文字学理论以及"六书"规则来的，实际上在字谜中汉字结构形体的拆合具有相当大的随意性和主观性。比如字谜"汨罗一大夫"打一字，此谜的谜底为"潜"。作者将"潜"字拆分成了"氵""一""大""夫"四个部分。若单纯按照能不能成字的标准来评判，此处的谜面是符合标准的。若按照六书理论，"潜"字却万万不能拆成这四个部分。这便是我们所说的随意性、主观性了。它给予谜作者更多地发挥空间，字谜也因此而妙不可言。

从古至今，"拆合"在字谜中的运用比比皆是，各种诗谜、字谜著作中都能看到其身影。我们通过对其中一些案例进行分析，字谜的制作和解答方法也得以一窥。汉代时，较为完善的成品谜已出现，比如著名的孔融诗谜、曹娥碑谜，与这两则字谜相关的故事在民间也多有流传。孔融诗谜全称《离合郡姓名字诗》，分属于离合诗，且被视作离合诗中的代表之作。顾名思义，离合诗以拆合汉字之法为基，具体表现为合体字各取一半先拆后合。有关《离合郡姓名字诗》的内容在下文将具体介绍。曹娥碑本是为纪念孝女曹娥而立的石碑，后有东汉著名文学家蔡邕感曹娥孝德题"黄绢幼妇，外孙齑臼"八字而成碑谜。曹娥碑谜因蔡邕而诞生，可其传世却与曹操和杨修关系密切。据《世说新语·捷悟》记载："魏武（曹操）尝过曹娥碑下，杨修从，碑背上见题作'黄绢幼妇，外孙齑臼'八字。魏武谓修曰：'解不？'答曰：'解。'魏武曰：'卿未可言，待我思之。'行三十里，魏武乃曰：'吾已得。'令修别记所知。修曰：'黄绢，色丝也，于字为绝；幼妇，少女也，于字为妙；外孙，女子也，于字为好；齑臼，受辛也，于字为辝（辞），所谓绝妙好辞也。'魏武亦记之，与修同。乃叹曰：'我才不及卿，乃觉三十里。'"[1]

　　曹操和杨修都是名垂千古的人物，他们二人对"黄绢幼妇，外孙齑臼"的解答是"绝妙好辞（辝）"。字谜的解析在《世说新语》中也有直接记载。"丝、女、子"是从"绢、妇、孙"三字拆下来的，一望即知，无须多说。"色、少、女、受、辛"却分别隐含在其余五个字的字义中。黄隐含色，幼隐含少，外隐含女（女系下辈都冠以外），齑臼隐含受辛（臼是舂物器具，齑是辛辣物，如姜、蒜之类的调味品，所以齑臼隐含受辛二字）。可见，曹娥碑谜在单纯的拆合字体之外，还运用了汉字修辞格将字谜的答案隐含其中，引人深思之外更让人不得不感叹着实是"绝妙好辞"。

　　从解读字谜的角度看，拆合汉字的关键点在于将拆分出来的汉字或部首合成一个字。不论谜眼或者谜底的具体拆合方式是否在谜面中直接表现出来，解谜的关键点总是谜面中的信息点是否能合成一个汉字。寻找谜面信息点时可以优先考虑谜面中一些可以拆分成几个汉字的字或者一些较为简单的字体。比如"裁"字谜"十载枕戈不脱衣"，就是将"十""戈""衣"三字组合在一起而成。与此类似的还有"千里之行，始于足下"，谜面中的"千""里""足"中可组合成汉字"踵"。这两则字谜中解谜的关键信息点在谜面中都毫无掩藏，一望即知。但还有一些字谜会表现得更为曲折。例如字谜"牛过独木桥"，此谜的谜底字为"生"。解谜的关键点在于"独木桥""牛"，此处的"独木桥"可会意为"一"，而"一"与"牛"则可合为"生"；再如"雪"字谜"雨余山色浑如睡"，首字"雨"无须多说。关键点在于"山色浑如睡"一句中谜作者将"山"想象成横卧的"彐"，以此入谜确实妙不可言。

（二）汉字增损中的"巧思"

　　基于拆合汉字结构，增损汉字在字谜中的运用也十分广泛。

　　增损汉字俗称增笔、减笔。在字谜中，总会出现以有意减少汉字笔画来成就

---

[1]　刘义庆.世说新语[M].北京：中国文史出版社，2003.

谜底的现象，此即减笔。减笔又分为直接减笔和间接减笔两种。直接减笔，顾名思义就是直接减少字体的笔画。而间接减笔，则与直接减笔相对，即不主动减少字体的笔画，而是通过读者的联想会意实现笔画的减少。一般来说，间接减笔的出场率更高。比如之前提到的孔融诗谜基本上是在拆合汉字的基础上运用间接减笔来实现的，非常典型。

若将其全部合为一体，则为"鲁国孔融文举"（孔融，字文举，东汉末人，鲁国曲阜人，名列"建安七子"之一）。如果将此诗的每一句单独拎出来，则是十一则字谜。以第一句诗为例，"渔父屈节，水潜匿方"中的谜眼是"渔""水"以及"潜"，而"潜"则是谜眼的精华所在。"潜"字的出现意味着"渔""水"的拆合方式是"渔"离"水"而成"鱼"。以此类推，后面出现的"出""阖""无""回""逝""行"等都明确表示"没有""去掉"的意思。基于此思维方式，便可推论出谜底。

与此相似的字谜如"句"字谜"向西一直去"，此谜的谜眼是"向""一"二字，"去"字则表示笔画的取舍。再如"终日不成章"—"辛"，"东西南北燕分飞"—"口"，"水流绝涧终日"—"门"等。值得注意的是，这些谜面中大都运用了表示"减损"意义的汉字，这些汉字暗示哪些笔画需要减损，如上面所提到的"去""终""分"。除此之外，有一些人运用了表示方位含义的汉字，如东、南、西、北、中、上、下、左、右、先、后、头等。这些方位词都是为了进一步提示人们怎样取舍笔画、部首的。

这类字谜的特点是表达简单直白，少有复杂曲折。当然也有字谜谜面上会对已减损的笔画引申附会，以增加表现力。此类字谜便更为曲折，但趣味性也随之增强。比如"一"字谜"春雨连绵妻独宿"。此处的谜眼即为"春"，打眼一看，谜面中并未直接地发现表减损含义的汉字。可仔细琢磨后，发现"雨连绵"即缺少阳光，故"雨连绵"就意味着"春"无"日"，而"妻独宿"可会意推出"夫不在"，即从中减去"夫"字，最后剩下就是"一"。因此，在解读运用减笔的字谜时，关键在于准确地找出被减损的汉字，然后根据表减损意义的汉字找出要减损的部件，如此就能准确地解读出谜底。

所谓增笔就是直接或间接地有意增加一些汉字的笔画。增笔的构成要素同减笔一样，有三种，即原字、表示增加意义的汉字、将要增加的汉字或者笔画。比如"习习入户驱炎暑"打一字，此谜的谜底为"扇"，谜眼则是"习"字与"户"字，"入"字则表示增加的意义。同减笔一样，增笔中也常有表示"增加"意义的汉字，比如"添""加""增""要""进""入""来""钻""补"等。关于如何解答运用增笔的字谜在此就不再赘述，其原理同减笔是一样的，关键点在于找准增笔的三要素，即被增加的汉字、表示增加意义的汉字、将要增加的部件。

（三）汉字修辞中的"巧使"

一些较为复杂的字谜还会出现修辞综合运用的现象，如比喻、双关等常见修辞格。这些修辞格往往不会单独出现，而是和拆合、增损同时出现。加入了比喻等修辞格的字谜往往更具画面感、更显雅致，比如之前说过的曹娥碑谜、"雪"字谜（"雨余山色浑如睡"和"春雨连绵妻独宿"打一字），都是将关键的提示信息隐藏在一两个词语中，需要猜谜者积极会意想象才能与谜底沾上边，解答此类的字谜，对猜谜者的想象力确实是一个考验。

以往解析字谜总是在汉字的形体上下功夫，但是除了"望形析义"之外，我们还要掌握一些字谜的常用"套路"，比如顿读、别解、异读。

顿读，实际上就是断句。但字谜中的顿读和常见的文字断句不同，这种顿读要改变以往的习惯顿读。比如"花前半隐听琴声"打一字，若按常规的断句规则会让人摸不着头脑，无法得出谜底。若顿读为花前 / 半隐听 / 琴声，则一目了然。"花"之前为"艹"，"听"半隐为"斤"或"口"，"艹""口"两偏旁不能组合成字，只有"艹、斤"能组合成谜底"芹"字。

字谜中的"别解"，则是赋予一个字、词新的意义。运用别解拆词的同时，往往还会与语音异读的手段结合起来。比如字谜"尽没重点"打一字，这是一则运用减笔成谜的字谜。显然，在"尽"字中去掉"两点"就可得出谜底"尺"。乍看之下很简单，但谜面中的"重"字实则运用了别解和语音异读两种手段。我们知道，"重"字有两个不同的读音，读音不同，语义也不同。现代汉语中"重""点"连用时，"重"读 zhòng，表示重要的意思，可于解谜来说并不妥帖。反而是"重复"的"重"更加贴合，意为两点。如此一来，谜底"尺"字便呼之欲出了。

字谜是极具娱乐性、充满想象力的一种汉字文化。它要求我们具有汉字智慧，又不拘泥于文本知识，往往别具一格、新意层出，这也是字谜为何流传数百年到今日又重现生命力的原因吧。

六、字谜依托的"乡土"文化背景

（1）依托自然景物。如"一对明月，完整无缺，落在山下，四分五裂"，打一字。字谜依托自然景物的月、山，该字上部为一"山"字，下部为一"朋"字。"一对明月""落在山下"是就"朋"在"山"之下而言的。"四分五裂"是"崩"

就含义来说的。《说文解字》称："山坏也。从山，朋声。"说明该字为形声字。该字后来用指帝王或王后逝世，意即他们的去世影响很大，犹如山崩一般，如诸葛亮《出师表》中的"先帝知臣谨慎，故临崩寄臣以大事也"。

（2）依托民居环境。如"开窗乘风凉，门下立大将，你说楚霸王，我说关云长"，打一字。字谜依托农居的门、窗、扇，开头两句是"扇"的"户"字头，"窗""门"都与"户"义相关。《说文解字》说："户，护也。半门曰户。"这就是说，户指门，门有保护作用。后两句是"羽"字，楚霸王项羽、关云长关羽姓名中均有"羽"字，故云。《说文解字》将"扇"解为门扉，形声字，户为形符，翅省为声符。由"户"和"羽"组成的"扇"的意思就是如鸟翼一样能开能合的门扇。

（3）依托乡土生活。如"两个幼童去砍柴，没有力气砍不来，回家又怕人笑话，躲在山中不出来"，打一字。字谜依托自然山、柴，前两句是谜底的两个"幺"。"幼童"没有"力气"，即"幼"去掉"力"，就是"幺"。末句是两个"幺"夹在"山"字的三竖划之间，显然是"幽"。

（4）依托文化先贤。如"孔子登山"，打一字。字谜依托文化人孔子赴乡登山，谜底的上部为"丘"，下部为"山"。孔子，名丘，字仲尼，丘在山上，当然是"岳"。该字本作"嶽"，从山，从狱，形声字。义指五岳，即东岳泰山、南岳衡山、西岳华山、北岳恒山、中岳嵩山，这些山都是帝王巡视疆土所要到的地方。丈夫对妻子的父母称为"岳父""岳母"，是因为泰山以丈人峰为最高，又为五岳之长而得名。

七、文学经典中精巧的字谜

《红楼梦》是中国文学的经典，其中字谜文化内容与字谜文化活动比比皆是，行酒令、制灯谜、打坐参禅、讲笑话等，无不蕴含着丰富的汉字知识，是汉字学习的重要素材。其中一些精巧的字谜，时至今日仍然耐人寻味。这些字谜利用汉字的结构特点制成谜语，给读者以丰富的想象和暗示。有的字谜以灯谜的形式出现，有的以揭示人物命运的判词的形式出现，有的以拆字揭帖的形式出现。了解这些字谜，有助于感受汉字神奇的美感魅力。

（一）《红楼梦》灯谜中的字谜

1.《红楼梦》第二十二回，写到众人制作上元节灯谜。其中，李绮作了一个字谜。

谜面：萤。

解析：萤在夏季多就水草产卵，化蛹成长，古人误以为萤是由腐草本身变化而来。《礼记·月令·季夏》称："腐草为萤。"唐·李商隐《隋宫》诗"于今腐草无萤火，终古垂杨有暮鸦"即化用了腐草化萤的典故。故黛玉道："'萤'可不是草化的？""草化"为"花"字之分拆。

谜底：花。

2.《红楼梦》第二十二回，李纹的灯谜。

谜面：水向石边流出冷（打一古代人名）。

解析：此谜虽然打古代人名，实际上隐藏着一个字谜。谜面出自宋代苏洵的"冷香联句"："水向石边流出冷，风从花里过来香。"此谜隐着一个"涔（cén）"字。如果没有这个"涔"字，此谜便不成立。"涔"之"山"即"石"；"岑（cén）"亦指小而高的山。所谓"水向石边流出冷"，意指"涔"字之"水"从"石"（山）边流出一个"泠（gàn）"字，"涔"字则因此被分拆为"山"和"泠"两字。而"泠"同"淦（gàn）"，是河工术语，指起伏很大的激浪，所以"山泠"即"山涛"；"涛"即大波浪。"向"，从、在。谜面之"冷"字则是因水之流动从"泠"字转化而来。

谜底：山涛。山涛，字巨源，三国及西晋时期名士，政治家，竹林七贤之一。

（二）《红楼梦》人物判词中的字谜

1. 贾迎春判词："子系中山狼，得志便猖狂。"

解析：子系中山狼，"子"，古代对男子表示尊重的通称。"系"，是。"子""系"合而成"孙"，隐指迎春的丈夫孙绍祖。"中山狼"语出无名氏《中山狼传》，说东郭先生救了一只被猎人追杀的狼，危险过去后，它反而想吃掉东郭先生。后来把忘恩负义的人叫作中山狼。两句诗暗指迎春的丈夫孙绍祖是忘恩负义的像中山狼一样的人。

2. 王熙凤判词："凡鸟偏从末世来，都知爱慕此生才，一从二令三人木，哭向金陵事更哀。"

解析："凡鸟"是隐"鳯（凤）"字，暗指王熙凤。"一从二令三人木"，脂批说此处用了"拆字法"，究竟如何拆，没有说明。著名红学家吴恩裕解为"凤姐先是对贾琏言听计从，继则对贾琏发号施令，最后事败终不免休之，故曰'哭向金陵事更哀'"，可备一说。"人木"即为"休"字，全诗意在暗示王熙凤的最后结局是被贾琏休掉。

3. 香菱判词："根并荷花一茎香，平生遭际实堪伤；自从两地生孤木，致使香魂返故乡。"

香菱是甄士隐的女儿，她一生的遭遇是极不幸的。名为甄英莲，其实就是"真应怜"（脂评语）。"自从两地生孤木，致使香魂返故乡"，两个"土"加一个"木"，就是"桂"，意为薛蟠娶夏金桂后，香菱就被迫害而死。

（三）《红楼梦》揭帖中的字谜

《红楼梦》第九十三回写道，贾府到处散发一些揭发水月庵窝娼聚赌的帖子，贾政严厉指责贾琏，并叫赖大前往处理。赖大来到水月庵，贾芹正在与沁香等女尼饮酒作乐，心中大怒，但因主子交代不要声张，遂装笑传命叫大家收拾东西进城。贾琏叫来贾芹严厉斥责，贾芹磕头流泪请贾琏救他，贾琏也因怕事情闹出去不好听，只得指示贾芹咬定不承认，并要求赖大为贾芹遮掩。

其中的帖子内容如下："西贝草斤年纪轻，水月庵里管尼僧。一个男人多少女，窝娼聚赌是陶情。"

解析："西贝草斤"，采用拆字法暗示，合而成"贾芹"二字。贾芹，贾府本家，母亲周氏托凤姐谋事，被安排在铁槛寺管理小沙弥，为非作歹被贾珍斥责。贾芹的"不肖"，影射的是他的主子贾琏之流。该回中贾琏担心闹出去不好，并指示赖大遮掩，即说明这一点，贾府腐朽透顶，此为明证。

第二节　中华汉字楹联的精用

日常生活中，楹联可说是无处不在。我们现如今所说的对联，在古代常被称为楹联，也是对联的雅称。所谓楹是指堂屋前的柱子，常用木、石制成。古代建筑多有楹，从现今保存下来的古建筑中仍可看到，而贴或挂在柱子上的对联，就叫楹联。除此之外楹联还有一些俗称，如联语、联句、联对、对句、偶语、对语、对子、门贴、门联等。

《现代汉语词典》将楹联解释为："写在纸上、布上或刻在竹子上、木头上、柱子上的对偶语句。"楹联一般分作上下两联，偶尔还有横批。就上下两联来讲，楹联一般要求字数相等、平仄相对、左右对称、词类相同。以郑板桥的名对为例，"春风放胆来梳柳，夜雨瞒人去润花"。对照楹联成联的基本原则，此联上下字数相等，均为七言，十分对称；平仄也完全相反，前一联是平平仄仄平平仄，后一联是仄仄平平仄仄平，读起来朗朗上口；词性完全相同，均是名对名、动对动。郑板桥此联可谓标准经典，数言之间便将汉字的字形、字音、字义发挥到极致。可以说楹联就是中国汉字文化的一种独特产物，是中国文坛的一朵奇葩。

一、楹联的由来与发展历程

楹联孕育于先秦时期的对偶句式，植根于中国古典文化、民间文化的沃土之中，直至清代才算得上完全发育成熟。对偶句式在先秦典籍中不胜枚举，如《诗经·卫风·淇奥》中的"如切如磋，如琢如磨"，《诗经·郑风·子衿》中的"青青子衿，悠悠我心"，《论语·雍也》中的"君子坦荡荡，小人长戚戚"，《楚辞·离骚》中的"朝饮木兰之坠露兮，夕餐秋菊之落英"等。楹联的诞生并不是凭空而出的，对偶修辞文体就是楹联最初的文学来源。

至秦汉年间，民间出现了一种桃符。所谓"桃符"，实际上是一种桃木板。古人将《山海经》中执掌鬼神的两位神仙"神荼"和"郁垒"的名字或者画像写画在桃木板上，再将其悬挂或者张贴起来，以此压邪驱鬼、辞旧迎新、庆祝新年。随着时代的推移，桃符也逐渐脱离了以往"神荼"和"郁垒"二言对的形式，出现了所谓的消灾降福的诗句，即"桃符诗句"。据《梁史·蜀世家》等书记载，后蜀国主孟昶于除夕亲自题写"新年纳余庆，嘉节号长春"一联。不少研究者都认为这是在史书上见到的最早的一副春联。

明清两代，楹联的发展真正进入鼎盛时期。明清两代皇帝、官吏及知识分子都酷爱楹联，并极力倡导，且此间的科举取士尤注重骈文，由此楹联在明清两代迅速发展。如明代开国皇帝朱元璋就极力提倡作楹联，据说，朱元璋曾于微服出访之时为一屠户人家写下一副春联"双手劈开生死路，一刀割断是非根"。清代的几位皇帝如康熙、乾隆等都十分喜爱楹联，常于微服游玩之际作上几副楹联。此外，明代的解缙、唐伯虎、祝枝山、徐渭等，清代的纪晓岚、翁方纲、阮元、袁枚、郑板桥、俞樾等都是当时闻名的楹联高手。

二、楹联中的汉字趣拆

中国文化多有奇趣，古往今来的诗人墨客玩味其间可为乐趣。还有一类的文字游戏叫作"拆字"，被人们普遍用来作诗、填词、撰联等，并用作隐言、制谜、葡萄酒令等。

宋代胡仔《苕溪渔隐丛话》有一句拆字诗句："日月明朝昏，山风岚自起。石皮破仍坚，古木枯不死。可人何当来，意若重千里。永言咏黄鹄，志士心不已。"在每一篇中均有拆字，结构独特而有趣。

拆字法用来撰联的情形则更多了，如："张长弓，骑奇马，单戈独战（戰）；嫁家女，孕乃子，生男曰甥。"上联拆拼为"张、骑"，"单""戈"二字又整合为

"戰"字；下联拆拼"嫁、孕"，"生""男"二字又整合"甥"字，依次展示了驰骋疆场与儿女情长的二种场景，具有高度情趣与艺术魅力。现选录几则拆字趣联，在有趣的故事中感悟汉字的神奇魅力。

（一）趣拆"蚕、鸿"

南朝时代的江淹，是中国文学史上相当有名的作家。而和他相关的，妇孺皆知的成语就有两种："梦笔生花""江郎才尽"。相传在被权贵贬黜到浦城当县令时，江淹漫步浦城郊外，歇宿在一小山上。睡梦中，见神人授他一只闪着五彩的神笔，自此文思如涌，成为时代文章魁首，时人誉为"梦笔生花"。中年之后，江淹官运亨通，官运的顶峰却导致了他诗歌创作上的低潮。据钟荣的《诗品》记述，江淹有一天晚上梦见有人自称郭璞（晋代作家），他对江淹说道："我有一只五颜色笔留在你处已很多年，请归还给我吧！"于是江淹就从怀中拿出，并交给了那人。其后他所留下的文字也就日见黯然失色，时人谓其才尽，所以便有了"江郎才尽"一说。

江淹少年时家贫但才思灵敏。有一次，与一帮文友在江边漫步，忽然遇到了一位蚕妇，当时有一位颇负盛名的诗人即兴出联曰："蚕为天上虫。"将"蚕"拆为"天"和"虫"，别出心裁，一时难倒许多才子。正巧一队鸿雁飞落江边，江淹灵感触动，对曰："鸿是江边鸟。"他将"鸿"拆为"江"和"鸟"，与将"蚕"拆为"天"和"虫"有异曲同工之妙，不但反应地很快，且贴切工巧，人们当然为之叹服。

（二）妙解"器、来"

宋代文坛的著名诗人苏轼和一名和尚是至交朋友。一次，苏轼去找这名和尚，发现他正和三位木匠对庙顶设计雕塑的一条木质的小狗品头论足，于是灵机一动，想到了一组拆字的上联。苏轼便上前对和尚说："我有一上联在此，佛兄可对否？"随后出口吟道："四口围狗终成器，口多犬少。"

和尚一听，就心想这是个拆字联，四口人围住着一条狗，就是个"器"字，而四口人对着一条狗，可不就是口多犬少么？当佛印正在皱眉挠头之际，忽然看到二人抬着一把木料跑了出去，和尚眼前一亮，联从口出："二人抬木迈步来，人短木长。"

苏轼听罢，连声称妙。原来，"来"的繁体字是"來"；"木"字腰窝二个小"人"，大木挺长，人却极短，和尚也用拆字法对出了下联，堪称天衣无缝。

（三）巧答"僧、奴"

相传，和尚与苏轼的姐姐苏小妹也曾妙对了一次"拆字联"。有一日和尚去看望苏轼，并声称"佛力大广、佛法无边"。坐在一旁的苏小妹故意开了他的玩笑："人曾是僧，人弗能成佛。"和尚一听，也反戏她一联："女卑为婢，女又可为奴。"苏小妹和和尚的妙对，便是运用拆字法巧拼"僧""佛""婢""奴"四个词相互拆字，意趣美妙。

（四）勤学"饮、泉"

宋朝仁宗时期有名宰相叫吕蒙正，年少时家境贫寒，缺衣少食。但他学习刻苦，天赋颇深。一日，私塾先生带领几个学童上山游览，吕蒙正因未吃早饭，肚中饥饿，看到有一处山泉，忙跑过去伏下身子饮水充饥。先生见此情景，知其必是饥饿所致，便即景出联问他："欠食饮泉，白水岂能度日？"吕蒙正知道这是一副拆字联，"欠""食"是一个"饮"字，"白"与"水"是一个"泉"字。此联触到了他的痛处，勾起他无限愁情。他当即对出了下联："才门闭卡，上下无处逃生。"他将"才"与"门"组成"闭"字，"卡"拆为"上""下"二字，既说出了自己的家境，又与上联相对甚妙。先生见吕蒙正说得可怜，又深爱其才，当下便把他领到自己家中，让他和自己的儿子一起读书，并免除他的一切费用。后来，吕蒙正终于考上状元，后来又成为朝廷首辅。

（五）精用"冻、洒"

明朝时有个诗人叫蒋焘，年轻时就能诗善对。某日，家里来了宾客而室外正下着细雨，宾客要考考他，便说："冻雨洒窗，东二点，西三点。"这句话中"冻"字拆开是"东两点"，"洒"字拆开是"西三点"，对普通人来说要拆字相当困难。这时，只见蒋焘从屋里抱出了一个大西瓜，并切成两半，其中一半切了七刀，另一半切了八刀，对着来客说："请各位指教，我的下联对过来了。"他见来客纳闷，补充说："切瓜分客，上七刀，下八刀。"来客赞不绝口。"切"字拆开刚好是"七""刀"，而"分"字拆开是"八""刀"。此可谓汉字拆字的精巧之至。

（六）机对"妙、倪"

乾隆皇帝也擅楹联，并经常借此戏人。有一场，他乔装改扮与友人在酒楼上喝酒。席间，他趁酒兴指着一位歌姬，出了上联"妙人儿倪氏少女"，要友人接对。这上联是"妙""倪"二字的拆字联，友人一时苦思莫对。歌姬在一旁随口答出"大言者诸葛一人"，将"大""诸"二字拆开。乾隆大大欣赏，要向歌姬赐美酒三杯。很不巧，美酒早已喝完，倾壶后只滴出几点。歌姬见此，微笑着对乾隆道："'心水（冰的异体字）凉酒一点两点三点'，下联请先生赐教。"上联既暗含前三字的偏旁，又带上了数字，乾隆好生尴尬。幸好在此时楼下经过了一位卖花人，于是客人便灵机一动，对道"丁香花百头千头万头"，大家齐言精妙。

三、汉字楹联的文化形态

历史上楹联之多，数不胜数，其中不乏一些读来令人醍醐灌顶的经典名联。而今时今日，楹联在我们日常生活中的出场率也只高不低。面对如此庞大的楹联家族，我们很难对其做出十分细致精准的分类。只能根据楹联所处场景、表达方式、表达情绪的不同、字数的差别、结构形式的差异、运用的技巧等方面进行基本分类。

（一）长短篇幅的楹联

以楹联字数之长短可将楹联分成短联、长联两个大类。一般来说，楹联的长短之分以七个字为界限，七字以下为短联，七字以上则为长联。而短联最短可短至一字，如"墨／泉""墨／柏"；这种一字联虽然短小，却五脏俱全。以"墨／泉"为例，这"墨"字由一个"黑"字和"土"字组成，而"泉"字则由"白"字和"水"字组成。两相对比，二者词性相同，词义相反，和谐对称。长联最长到十几字、几十字、百多字、几百字，乃至上千字。号称"海内第一长联""古今第一长联"的昆明大观楼长联洋洋洒洒有一百八十字，而钟云舫拟题的重庆江津临江楼长联更是长达一千多字，比大观楼长联更长，只因是拟题，没有刊刻在临江楼之上，所以并没有大观楼长联有名，但实际上这对长联应属长联之最了。

（二）悲喜美感的楹联

以楹联表达的感情色彩可将楹联分成喜庆联、哀挽联两个大类。喜庆联常见于婚嫁、节庆、乔迁、生辰祝寿、升职升学等场合。为表喜庆美好，喜庆联的书写一定要用红纸，红纸上又常用黑色或者金色的颜料书写。比如说春联就当属喜庆联的典型代表。每逢春节，家家户户都不会忘了往大门上贴上一副红底黑字或者金字的春联，诸如"岁岁平安""财源广进""出入平安""五谷丰登"，以此寄托一家一户对新年的美好愿望。

与喜庆联相对，哀挽联是表示对死难者的哀悼、惋惜，常见于葬礼灵堂。人去世之后，亲朋就要准备哀挽联，诸如"月照寒枫，空谷深山徒泣泪""霜封宿草，素车白马更伤情"，并将其张贴在灵堂之上，或悬挂于花圈两旁，以示对死者的悼念和尊重。与喜庆联相反，哀挽联一定是白底黑字，且字体也要求为楷体。只有这样才能衬托出葬礼庄严肃穆的气氛，表示对死者和死者家属的尊重。

（三）张贴雕刻的楹联

以楹联存在形式的差异可将其分为张贴悬挂式楹联与雕刻式楹联两个大类。张贴悬挂式楹联都是张贴或者悬挂在门两边或者室内的楹联，以门联和堂联为典型代表。门联就是张贴在门两旁的楹联；堂联，又称室内联，最为常见的就是中堂两侧所张贴或者悬挂的楹联。这些张贴类的楹联一般来说都是临时性的，保存性较差。

雕刻式楹联就是将楹联以雕刻的方式刊刻在一些古建筑或者楼堂馆所里。其中最为典型的就是名胜联和馆堂联。名胜联是雕刻在名胜古迹上的楹联，而馆堂联则是雕刻于楼堂馆所门楣上的楹联。张贴悬挂式楹联与雕刻式楹联二者最大的区别就在于贴挂撰写的方式不同，雕刻式楹联更易保存。

（四）结构工巧的楹联

按楹联对仗的宽严可将楹联分为工对、宽对两大类。楹联的创作是要讲究格律的，楹联最大的格律就是对仗、对偶。除此之外，上下两联要保持字数相等，词性相同，结构相同，平仄相对，避免重复。但这个规则存在很大的灵活性，所以我们常常会看到上下格律相当工整、对仗的楹联，如前文提及的郑板桥名联，即工对；也会看到一些不那么工整规律，语言结构大体相同，平仄大体协调，并允许少数字重复使用楹联，即宽对，如苏州灵岩山馆的楹联："白鹤归来，崖畔千年红杏；绿云深处，天下第五名山。"其中"归来"和"深处"，前者是联合结构，后者是偏正结构；"杏"与"山"，前者是植物，后者是地形；而"红"表颜色，"名"表程度。

（五）意指风趣的楹联

与律联相比，机巧联对格律和平仄的要求较为宽松，形式更灵活多变，也更讲究文化知识的厚积薄发，因此趣味性、游戏性、知识性更强。机巧联的内容集时事政治、文字游戏、诗词歌赋、成语俗语、古今中外历史典故、天文地理、自然等为一体，表现手法上尤重视对汉字文化的理解与研究，涵盖范围广而深，是楹联文化中相当重要的一部分。限于篇幅，只得就其中的常用技巧举例说明，包括拆合、复字、叠字、顶真、连环、双关、集名等。

拆合是机巧联中最为常见的一种技巧，拆合即将汉字的字形或拆开或合拢，再赋予其新的含义。用这种方法所做之楹联，谓之拆合对，又称拆字联。如"鸿为江边鸟，蚕是天下虫"，上联是将"鸿"拆开成"江"和"鸟"，下联则将"蚕"拆成"天"和"虫"。又如"竹寺等僧归，双手拜四维罗汉；木门闲客至，两峰出大小尖峰"，此联将"竹"和"寺"合成"等"，两个"手"字合成"拜"，将"四""维"合成繁体的"罗"，将"木""门"合成"闲"，将两个"山"字合成"出"，将"大""小"合成"尖"。

楹联中还会出现一个或者数个同样的字相继重复出现，我们将之称作叠字联或复字联。如"高高下下树叮叮咚咚泉，重重叠叠山曲曲折折路"，利用叠字的技巧把"树""泉""山""路"这四个景象活灵活现地展现在我们面前，凸显了画面感。所以这一类字联常常出现在一些园林景观建筑中，比如西湖天下庭园的一副著名叠字联"水水山山，处处明明秀秀；晴晴雨雨，时时好好奇奇"，抑扬起伏，清脆悦耳，显得生动活泼。浙江奉化休休亭上的叠字联"行，行，行，行行且止；坐，坐，坐，坐坐何妨"，联语声情并茂，富有节奏感。山东济南千佛山趵突泉观澜亭上的叠字联"佛脚清泉，飘飘飘飘飘下两条玉带；源头活水，冒冒冒冒冒出一串珍珠"，栩栩如生地摹拟出泉飘水冒的动态美和色彩美。观泉读联，令人赏心悦目，心旷神怡。除此之外，还有一类联语中通过字词反复出现达到连绵不断回环往复的效果，我们称之为连环对。实际上，连环对使用的技巧同样也是叠字、复字，如"无锡锡山山无锡，平湖湖水水平湖""南通州北通州，南北通州通南北"。

顶真和双关是诗词歌赋中的常用技巧，所谓顶真是将上句最后一个词作为下句开头的词。用这种方法作楹联，首尾相连，类似于我们熟悉的成语词语接龙游戏。如"金水河边金丝柳，金丝柳穿金鱼口""玉栏杆外玉簪花，玉簪花插玉人头"。双关即一语双关，如"因荷而得藕，有杏不须梅"。其中"荷""藕""杏""梅"四字谐音双关，摇身一变就成了"因何而得偶，有幸不须媒"，音同义异，十分巧妙，别有深意。

集名则是将同属性类别的名词聚集连缀起来，使用这种技巧创作出来的楹联就被称为集名对，集名对，又俗称名称对。集名对可细分为人名对、地名对、戏名对等。人名对，如："蔺相如，司马相如，名相如实不相如；魏无忌，长孙无忌，彼无忌此亦无忌"。地名对，如重庆十大地名组合的楹联："西峡东林，北碚南泉中渡口；黄山青木，红岩黑石白沙砣。"戏名对，如："琼林宴后千钟禄，招赘女状元，花魁独占白玉带；汾河湾边万里缘，教子双宫诰，墙头马上金银台。"还有其他名字相同的集名对，如金木水火土的五行对，春夏秋冬的时节对，东西南北、内外正反、上下左右的位置对，还有树名对、草名对、花名对、词牌名对、歌名对、刊名对、书名对等形式各样的汉字楹联。

楹联是中国文学所特有的艺术形式，它建立在汉字文化的基础上，是地地道道的汉民族特产。正如鲁迅所说汉字有三美："意美以感心，一也；音美以感耳，二也；形美以感目，三也。"楹联讲究对仗工整、节奏和谐、言简意深，短短数言间就完美展示了汉字三美——形式美、音韵美和意蕴美。可以说，汉字的楹联艺术完美承载着汉字文化，汉字文化也促进了楹联艺术的发展。

四、汉字楹联的审美形态

楹联也常称为对联，楹联的形式特征还有它的巧思妙对都是根据汉字的形式特征而确定的，从某种意义上来看，楹联选择了汉字，而汉字也造就了楹联，楹联的形式特点也正是汉字特性的产物。汉字的词形音义，共同决定了楹联的整体美感。

（一）楹联的字形美感

汉字的所谓形式是指汉字的外部构造，汉字的内部写法，决定着楹联的形式之美。而楹联的所谓形式，是指外在建构，亦即上下联之间要大体一致，以形成整体对称。

（二）楹联的字音韵味

汉字的发音，即它的发音、读法。楹联的声音，即上下联句中汉字的发音，要达到句中平仄相间，上下联之间平仄相应的特点，这样的话听起来才会抑扬顿挫，可以让读者获得听觉美的体验。而汉字单音节、多声调的音声特征，也决定了楹联的音韵美感。

（三）楹联的字意蕴含

楹联汉字的所谓意义，是指汉字在楹联文化中所表示的含义、内容。在楹联的汉字中，一部分汉字是一词一义，而很多汉字是一词多义，所以每个汉字都蕴含着丰富的含义，也代表了丰富的内容。而楹联的所谓意义，是指楹联的句子，含义一定要通顺明白，上下联之间意思贯通，内容相应，不可脱节，结合起来共同表示一种主旨或中心思想。楹联的形式很简单，但为了表达含义，就必须语句精炼。而汉字作为一类表意丰富的汉字，为楹联的含义传达创造了基本条件。也唯有汉字这样源远流长，内涵丰富，善于以语表意的汉字，才可以帮助楹联在所限定的文字内表达最重要的含义，才可以帮助楹联产生某种寓意美感。

第三节　中华汉字故事的妙用

一、泰山摩崖"虫二"

泰山摩崖刻石上有"虫二"两字，这是清光绪二十五年（1899）由山东济南名士刘廷桂所题镌。身为泰山刻石中的佼佼者，"虫二"刻石的外观较为奇异，"虫二"这两个大字却又生涩难懂，令人摸不着头脑。"虫二"，是泰山刻石中为数不多的字谜之一，它是繁体字"風"和"月"的内芯。去除这两个字外边的架构，就剩个下一个"虫"和"二"字，寓意为幽静秀丽和雄浑高远，心裁。以"虫二"暗喻泰山自然景观"风月无边"，形式简单而精确，情感表达得细腻入微，将作者对泰山自然景观的眷恋情感表达得淋漓尽致，恰如其分。这副刻石的原作者刘廷桂，在泰山上留下的行书刻石创作大概有几十副，"虫二"是他的名作。这副刻石全是行书，笔力沉着挺拔，激情昂扬，两字相间，动静适宜，前呼后应，意蕴无限。

二、智答"松"树

唐朝时有个贾嘉隐，在他七岁时遇到了两个诗人，两个诗人知道他很会讲话，就和他开起玩笑。年长的诗人靠着棵槐树便问道："小朋友，我靠的这棵树叫什么树？"嘉隐想这还用问我，哪个小孩不知这叫槐树。他瞄了瞄诗人，脑子一闪，便回答说："这是松树。"诗人哈哈笑起来说："你说错了。"嘉隐说："你年纪大，我叫你公公，'公'靠在'木'旁，不就是'松'吗？"年轻的诗人听了嘉隐的话，立刻靠在槐树上，毫不客气地说："现在你该叫我公公了。"嘉隐看到他那傲慢的神情，摇摇头，改口说："你靠的这棵树是槐树。"年轻诗人问："为什么不一样？"嘉隐说："不是树不一样，而是人不一样，'公公'靠着'木'像棵不老'松'，'鬼'靠着'木'，那就是'槐'。"能言善辩的小嘉隐使得这位诗人瞠目结舌，哭笑不得。

三、和尚之"秃"

苏轼被贬岭南，一次外出游山，见一小和尚被罚跪，上前一问，才知是小和尚因不慎打碎了油灯，被老和尚处罚。小和尚身上、脸上满是伤痕，苏轼心想，出家人以慈悲为怀，对徒弟怎么可以这么狠毒？于是进庙见方丈。方丈见苏轼来访，不禁大喜，提出要苏轼留个墨迹。苏轼提出要门前的小和尚磨墨，方丈立即答应。于是他为老和尚写了一副楹联"一夕化身人归去，八千凡夫一点无"，方丈以为是赞誉自己年高德劭，便叫人刻于门上，以此炫耀。一天，名噪一时的佛印和尚云游至此，见此楹联不禁仰天大笑。方丈问其缘故，和尚说这是咒骂你的两个字谜：上联隐"死"字，"一"加"夕"，"化"去掉"人"，合起来就是"死"字。下联隐"秃"字，"八""千"为"禾"；"凡夫一点无"，"凡"去掉一点，即为"几"；合起来就是"秃"字。上下联合为"死秃"。方丈听后，气得火冒三丈。

四、县官买"舌"

传说从前有一位县官，写字很潦草。一天想吃猪舌，就写了个纸条让仆人去买。古代是竖行书写，县官把舌字写得很长，致使仆人认为"买猪千口"。买千头猪谈何容易，仆人到处奔走，忙得不亦乐乎。县官见很久没有买回，就又派人去催，没想到去催的人也是一去不回，县官又气又急。天黑了，外出的仆人回来报告说："你买的东西恐怕今天是买不齐了。"县官不由得怒从心起："你们出去一整天，连个猪舌也买不回，不是存心和老爷捣乱吗？"仆人听后，恍然大悟，连忙说："老爷，误会了，我们见条子上写的是'买猪千口'，我们忙了一整天，还没买够半数。若早知道是买猪舌……"县官一听，脸涨得通红，露出无可奈何的表情。

五、曹操见"绢"

《世说新语·捷悟》记载，魏武帝曹操曾率军路过曹娥碑时，见到碑上题写："黄绢幼妇，外孙齑臼。"便叫来杨修，问道："解否？"杨修答道："解。"魏武帝说："卿暂且不说，待我思之。"行军三十里，魏武帝才说："吾已得之。"两人互对答案，知"黄绢"是一种有色的丝，"纟""色"相合为"绝"；"幼妇"是"少""女"，合之为"妙"；"外孙"，乃"女"之"子"，相合为"好"；"齑"，指姜、韭菜等带有辛辣的调味品；"臼"，是舂米的器具，用石头或木头制成，中间凹下，这里是指捣制调味品的器具，是承受辛辣之物，"受""辛"相合为"辤"（辞的异体字）。

石碑谜隐"绝妙好辞"四字。此谜一揭，魏武帝十分感叹，说："我才不及卿，乃觉三十里。"

六、嵇康用"凤"

《世说新语》载，有一次，吕安跋山涉水去拜访嵇康，恰好嵇康不在，并且还要四五天才能回来，吕安打算立即回家。嵇康的弟弟嵇喜再三挽留，可他还是要走，临走时在嵇康的门上挥笔写了一个"凤"字。嵇喜很高兴，认为客人是在恭维自己是"鸟中之王"，后来，一位朋友告诉他："凤，从鸟，凡声，客人在讥讽你是一只凡鸟。其意思是不屑与你交谈，因此就走了。"嵇喜这才恍然大悟。

七、朱元璋释"殊"

"殊"，左边为"歹"，本义为"剔去肉后剩下的残骨"，引申为"死人"。在汉字中凡是以"歹"为偏旁的字意义都与"死"有关。在汉代的律法中，"殊死"是一种非常残酷的刑法，就是"砍头的死罪"，因此有人认为"殊"的右边的"朱"不只表音，也有表意的作用，"朱"指鲜红的血液，因此"殊"字表现了人死时鲜血四溅的情景，也说明了"殊死"之刑的残酷性。传说朱元璋年少时曾削发为僧，所以他一生与和尚交谊很深。一次，他请以前和他认识的一个和尚吃饭，和尚很高兴，在酒宴上即席赋诗一首献给朱元璋，其中有一句"金盘苏合来殊域"，意为：金盘里装的苏合香是来自不同的地方。朱元璋抓住"殊"不放，认为"殊"的左边"歹"字，本义为"死"引申为"坏"，右边为"朱"代指朱元璋或朱明王朝，"殊"就是"死朱""坏朱"之意，这是有意在骂他，于是下令把这个和尚杀了。

第五章　中华汉字的美感系统

中华汉字的美体现在方方面面。本章内容讲述了中华汉字的美感系统，主要从三方面进行了介绍，分别为中华汉字的形态之美、中华汉字的意蕴之美、中华汉字的书法之美。

第一节　中华汉字的形态之美

一、"味"美形态

"味"是个会意字。《说文解字》认为，"味，滋味也。""从口，未声。"清代段玉裁解释说："滋味多也。"意谓"味"的意思是味道很多，很丰富。古代有"五味"之说，五味，即酸、苦、甘、辛、咸五种不一样的味觉体验。五味调和，是创造味觉之美的基础。"滋"有增加、生长之意，这是食物在口中产生味道的过程。未，既是声旁也是形旁，表示将要但还没发生，"口""未"结合，或可理解为食在口中，未下咽时的感觉，即是品尝、辨别滋味，正所谓"五味之变，不可胜尝也"。

味的愉悦感是美的最初体验。味字从"口"，即人的嘴。古人把来自嘴巴味觉的愉悦感看作是"美"的最初体验。孟子通过告子的口吻而言："食色，性也。"食，饮食，中国人最初的审美意识大概起源于味觉。美学大师朱光潜先生在《谈美书简》中说："艺术和美也最先见于食色。汉文'美'字就起源于羊羹的味道。"[1] 日本学者笠原仲二的专著《古代中国人的美意识》中提到"中国人最原初的美意识确是起源于味觉美的感受性"[2]，事实上在孟子那里"味"还不具有"目之于色有同美"的美感意义。在先秦之后的中国古典美学中，美感理论才开始确立以"味"为中心范畴的。中国人讲究"民以食为天"，"味"把饮食与礼制联系起来——《礼记·礼运》说："夫礼之初，始诸饮食。"

---

① 朱光潜.谈美书简 [M].南京：译林出版社，2018.
② （日）笠原仲二.古代中国人的美意识 [M].北京：生活·读书·新知三联书店，1988.

"味"从本质上说是一种通过人的味感而展开的主体审美活动，而这种主体审美最初强调的就是"本味"。据《吕氏春秋·孝行览第二·本味篇》记载："凡味之本，水最为始。五味三材，九沸九变，火为之纪。时疾时徐，灭腥去臊除膻，必以其胜，无失其理。调合之事，必以甘、酸、苦、辛、咸，先后多少，其齐甚微，皆有自起。鼎中之变，精妙微纤，口弗能言，志不能喻，若射御之微，阴阳之化，四时之数。"《本味篇》的"本味"，一是指烹饪原料的自然之味，二是指经过烹饪而出现的美味，即五味调和。所谓"凡味之本"中的"本"字，就是指调味乃制作肴馔的根本。魏晋时期则发展出美学的滋味说，影响深远。

二、"秀"美形态

"秀"字的上部是"禾"，其字形像麦穗之形，下部的"乃"有孕育之意。这个字展现出了丰收季节中最令人感到喜悦的谷物抽穗扬花的样子，展示了大自然厚美的生命力。

大抵植物的生长，皆可以称之为"秀"，故以娇嫩的新芽为"秀甲"；以茂盛之草为"秀草"；山陵秀美草木繁茂为"秀蔚""秀茂"。

"秀气"是人的一种气质美。"秀气"原指自然万物的秀美之气。晋代画家顾恺之从会稽游玩回来，人们问他那里的山川有多美，他说："千岩竞秀，万壑争流，草木蒙笼其上，若云兴霞蔚。"山川之间有秀气，真是美极了！"秀"字更常被用以形容流水，唐代王昌龄论诗也以山水秀美为标准，所谓"极丽绝秀"，再如成语"山明水秀""山清水秀"，大抵将川河之水清澈宁静而不失流动的状态与"秀气"的美学特质联系在了一起。

汉字之美宛若人的气质，展现出秀气的一面，颇具有阴柔的、精致的美感。这种气质的表现，往往与人们生长的汉字地理文化有着密切的联系。例如，相对而言，南方人比北方人显得秀气。正所谓"一方水土养一方人"，丰富的河川土地面貌孕育了多样的人文环境。江南固有一种阴柔清秀的生命力，江南一带的昆山腔婉转流丽，自有一番细致处，它内蕴着淮河与扬子江所孕育的人文环境。南宋以来，这一带一直是全国各地的画家和艺匠的家园，此地的汉字书写形态都有精细入微、惟妙惟肖的特点，此地的雕版印刷，在雕刻、用纸、用墨方面都无不考究，这种地理文化的独特气质也成为中华汉字承托思想与灵魂之玉盘，成为书法家探寻心灵归宿的独特方式，造就了一种"秀气"的汉字书写形态。

三、"香"美形态

香道是一种味觉艺术，自然之美与人性化香韵的融合，体现了一种天人合一的美学观念。从香料的配制，到熏点、喷洒所形成的香气、烟形，创造出了令人愉快、舒适、安详、兴奋、感伤的气氛，向人传达智慧、自由、爱和希望，它已然超越了单纯的嗅觉体验，而臻于一种心灵的修养。

香，会意字。《说文解字》解释"香"："芳也。"又解释"芳"字曰："草香也。"这说明"香"字的本义与草木特别是稻谷的气味有关。《左传·僖公五年》："黍稷馨香。"《诗经·大雅·生民》："印盛于豆，于豆于登，其香始升。"此之谓也。

"香"是身心的收获之美。"香"字从"黍"，黍是五谷之一，是一种一年生草本植物。古文字的"黍"中有"禾"有"水"，孔子曰："黍可为酒，禾入水也。"这是从字形的角度说明了它在古代的广泛作用。黍子的籽实煮熟后有黏性，可以用于酿酒、做糕等，黍是古代很常见的农作物。

农耕是中国传统的生产模式，耕种谷物是中国人谋食的重要手段。这种"靠天吃饭"的状态，往往带有不稳定因素，难免会失收、歉收，若处在战乱的年代，要想远离饥荒，就更不容易了。所以，中国传统上特别注重麻、黍、稷、麦、豆等谷物的耕种。"香"字从"黍"，从造字特点上看，人们以黍物健康、丰实之状态，传达出人们对于丰收的喜悦之情，从而表达"香"这种特殊的味觉美感。

"香"进而传达出一种精神上的收获之美，由嗅觉等外在感官层面转化为内在的精神层面。例如，人们从书籍的味道中体味"书香"，进而以"书香"指代家庭、社会的读书风气与传统。这种嗅觉感知，已然超越了书籍纸张、墨迹的美好味道，而强调一种获得知识的美学体验。又如，《尚书·君陈》："至治馨香，感于神明。黍稷非馨，明德惟馨。"意谓美好的味觉体验，不是仅指来自黍、稷等谷物散发的香气，更重要的是来自"明德"。这里做了一个譬喻——真正能够感发心灵、激发情感的"气味"，是人的美德。

古代的文学性措辞，往往用"香"譬喻与女子有关的事物。如女子所用的纱罗，称为"香罗"，贵族妇人所乘用的车马，称为"香车宝马"，旧时妇女裹过的脚，亦有"香钩"之说。这在某种程度上反映了当时封建社会贵族阶级的审美情趣。俄国文艺批评家车尔尼雪夫斯基曾经谈过审美趣味受阶级意识制约的问题，他认为"鲜嫩红润的面色"，是劳动妇女"美的第一个条件"，相比之下，这种以"香"为喻的审美趣味，显然带着一些历史和阶级烙印。当然，中国传统以"香"譬喻美人，甚至赋予了它更大的褒义属性，有其深层次的含义在。

四、"听"美形态

相比于人的一般美感体验，"听"的体验对象要抽象得多。声音依赖于空气等媒介传播，往往不存在具体的形态，这种"有所凭"的状态使听觉对象拥有很大的主观性。而当外界的声音被人的意识感知并接受之后，其实相当于在人类的意识中，又进行了一次主观性的演绎与反馈。也就是说，对于听觉所感受到的无形世界，人类具有很大的美学诠释空间。听的艺术，其实来自人的一种再传播、再创造，在人类情感的催化作用之下，它已然变成一种诗化的语言。

我们凭借耳朵感受空气的律动，察觉外界的声音，并因此感知大自然生生不息的脉搏。我们通过耳朵探索一个无形而精彩的世界。然而，真正将自然万物的声音之美传达给人类的，并非作为听觉器官的耳朵本身，而更多的是来自一种心灵的体悟。

听，形声字。在今天，汉字"聽"字已经简化为"听"，表示聆听之义。在古代，这两个字却不一样。"聽"从耳，《说文解字》中解释为"聆也"，即用耳朵聆听的意思。"听"是个形声字，字从口，斤声，《说文解字》中解释为"笑貌"，即表示人笑起来的样子。

聆听是一种美德。"聽"从"悳"。在古文字中，"悳""德"二字相通。《说文解字》谓"悳"是"外得于人，内得于己"，意谓为人处世能够惠泽社会，内心有所修养。由此可见，在聆听的行为过程中，其实亦反映了一种美好可贵的道德品质。

简化字"听"，亦体现了一种道德之美。"听"原指人笑起来的样子。笑是人类因为心情愉快而发出的欢喜的表达，在声音上能够给听者传递美的信息。后来"听"字引申出聆听之义，这种字义上的变化，大概可以看出古人对于听觉感官的美学追求。善于聆听，是尊重他人的表现；善于表达，能够为聆听者带来精神上的愉悦。这种聆听与交流，凸显了一种社会道德之美。

五、"凉"美形态

凉，形声字。东汉经学家郑众解释"凉"是"寒粥，若糗饭杂水也"。《说文解字》："凉，薄也。"清代段玉裁解释说："盖'薄'下夺一'酒'字。以水和酒。故为薄酒。"意谓《说文解字》的解释中，"薄"字后面缺了一个"酒"字，"凉"的意思应该是"薄酒"，即是兑水之后味道浅淡的酒。《周礼·天官》中记载了"六饮"，是周代祭祀礼仪中所用的六种流质——水、浆、醴、凉、医、酏，

"凉"即其中之一。郑众、段玉裁的意见都认为，"凉"是利用水调配出来的食用之物，通过稀释它的浓度，使它变成一种味道较稀薄的液体。正因如此，此字便有了"薄"义。

凉快、凉爽是一种舒适的美感。清代段玉裁说："薄则生寒，又引申为寒。"今天我们通常将"凉"字理解为寒凉、寒冷，便是取其引申义。《集韵》曰："薄寒曰凉。"《字林》曰："凉，微寒。"《尚书》的疏文中说："凉是冷之始，寒是冷之极。"由此观之，"凉"作为一种温度上的感受体验，它是指较轻程度上的寒冷，介于热与寒之间，是一种低温而不过分的适宜感官享受。

今天规范汉字的"凉"是两点水旁。在古代，"凉"是"凉"的俗字，两字意义相通。在古汉字中，两点水"冫"像冰块凝结之形；三点水"氵"则像流水之形。相比之下，"凉"似乎比"凉"更有"寒意"。

文学作品中也常描绘出"凉"之美。三国曹丕的"寥寥高堂上，凉风入我室"，写出一种高邈的君子风骨。唐代杜牧的"天阶夜色凉如水，卧看牵牛织女星"，写出了秋天夜晚的凉爽与安静。宋代陆游的"水纹竹簟凉如洗，云碧纱幮薄欲无"，写出了迟日睡起的闲适。宋代陶谷《清异录》中有"凉友招清风"，把能够带来清凉的扇子称为"凉友"，赋予凉爽的空气一种富于美感的生命力。

悲凉、苍凉的情感是一种悲剧美。"凉"描绘了荒芜悲凉的环境，譬如大自然中的大山大峰、大江大河、大漠大湖、大风大雪，无边无际、铺满沙砾的戈壁，连绵不断、五色流动的沙丘，层峦叠嶂、覆盖白雪的高峰，水天一色、平静浩瀚的湖泊……这些自然景色，总是于苍凉之中展现出博大、深远与浑厚。并激发出人们内心某种凄凉、悲壮的情感。这种悲凉、苍凉的内心情感体验，甚至带给人们对于人性、社会中诸多苦难、伤痛、无奈等的共鸣与理解，由此形成一种具有悲剧性的美学色彩。

第二节　中华汉字的意蕴之美

一、汉字意蕴美的表现形式

形美以感目，音美以感耳，意美以感心，这是鲁迅在《汉文学史纲要》中提出的汉字"三美"。意，指内涵、意蕴、意境，它是汉字的精神内核。汉字意蕴美的表现形式有以下几点。

（一）表达语义，传承文化

汉字传承迄今仍拥有无比强劲的活力，究其原因就是汉字带有象形表意的特点。而身为中华传统文明的重要符号载体，汉字本身也负载了丰厚的历史文化内涵和中华民族的哲思精髓。璀璨的中华文明，带来了"天人合一"的东方主义美学观、"人因物本，物因人用"的造物文化和以"和"为内核的美学思维。古人用汉字记载和传播了中华文化，中华文化的发展也进一步地丰富着汉字的内涵、提升着汉字的审美品格。

（二）传递智慧，启发生命

汉字演变的过程，是一个从具象到意象、再到抽象符号的文化创造过程。作为一种抽象的文化符号，每一个汉字似乎都蕴含着中国人的思想意识、价值取向、道德观念，蕴含着中华民族数千年来对待自然界、社会生活、精神文化的造字心态，以及整个中华民族的文字精神。汉字造字流程中，指事、会意、形声字的创作，既能展现文字隐喻、含蓄的表现，也能体现汉字启迪人生、传递智慧的特点。

（三）营造意境，感悟心灵

汉字的意，还蕴含意境之说。汉字的意蕴美，可以由营造汉字意境来表达。汉字用小小方块的字形构造了无限文化蓄积的"心象"艺术，通过阅读主体的视觉把握，通过社会文化交流可以更好地营造汉字所表达的"境生于象外"的唯美形态。汉字意境之美的根本在于汉字文化形塑的精妙心理体验，在于书写着在汉字文化生发的社会语境所传递的生命体验。

二、甲骨文中的意蕴美

想象是审美意象得以生成的关键因素，在汉字从创造到使用的过程中，汉字符号隐喻和汉字艺术隐喻思维在汉字文化中不断运行。汉字想象力就是在碰到一种对象时，将对象进行汉字化构造，中华汉字的想象力就是把文字符号相互结合起来。汉字隐喻思维正是汉字在想象力的引导下，在不同对象之间建立起相似或相关性的联系，同时也在汉字符号与艺术审美之间，建构起"文—物"的同构关系。这种同构关系不仅表明甲骨文的创造过程蓄积了丰富的审美意蕴，也表明造字是将审美功能作为人类符号信息传导的重要维度。用羽毛喻雨雪形态的"䨮"（雪）、用纤细的竹枝喻女子柔弱姿态的"姍"（姍），用细小的蚕丝喻微弱的火光

""（幽），这种在艺术审美活动中构建汉字符号意义的方式，正是汉字美感生成的想象功能所在。

第三节 中华汉字的书法之美

汉字作为古老的意音文字，从甲骨文时代算起，到今天已经过了 3300 多年的传承，汉字发展的各阶段都极具自身魅力与特色，体现了世人对汉字审美的追求，而"汉字书法"就是中国人对汉字字形之美独具韵律的告白。

一、笔墨之美

提起书法，人们最先想到的就是笔、墨、纸、砚这四种被称为"文房四宝"的文书工具。元代诗人王冕曾诗曰："吾家洗砚池头树，朵朵花开淡墨痕。"由此可见古代文人使用笔墨纸砚之频繁。因其常用，古人就不免重视其制作，如同古人总结出的"剑号巨阙，玉出昆冈"（最锋利的宝剑名为巨阙，最上等的和田玉产于昆仑山）一般，历代文人都会总结出当时公认的最好的"笔墨纸砚"产地。

历史上，因为制造工艺的发展与进步，公认的"笔墨纸砚"最佳产地屡有变化。在南唐时，"笔"特指宣城诸葛笔，其笔锋毫尖锐、提起不散，南唐后主李煜的妻子娥皇就深爱此笔；"墨"特指徽州李廷圭墨，该墨以松烟、珍珠、龙脑等为原料，墨坚如玉，称得上是闻名遐迩的徽墨的宗师；"纸"特指澄心堂纸，其产于徽州，美术史家曾称澄心堂纸"肤卵如膜，坚洁如玉，细薄光润，冠于一时"，南唐后主亦深爱此纸，赞其为纸中之王，乃至后世仍对澄心堂纸多有仿制；"砚"特指歙州砚，产于安徽黄山山脉与天目山、白际山之间的歙州，因其"发墨益毫、滑不拒笔、涩不滞笔"的效果，受到历代书法家的喜爱。

在"笔墨纸砚"之中，对书法艺术影响最大的是笔和纸。自宋朝以来"宣笔""宣纸"兴盛，宣笔又称宣州笔，主要由动物的毛制成，选料精严、制作考究，毛纯耐用、刚柔并济，在今天仍深得书法家喜爱。古代文人认为宣笔有四德：尖、齐、圆、健。尖是指笔毫聚拢时，末端要尖，这样的笔易出锋；齐指笔尖润开压平后，毫尖平齐，这样笔才能在运笔时"万毫齐力"，使笔画更显苍劲有力；圆指笔毫圆满如枣核之形，书写时才能笔力完足；健指笔腰富有弹力，笔有弹力才能运笔自如，收放得宜。宣笔以四德评判其优劣，而这四德均与汉字的书法艺术息息相关。元代时，盛行已久的宣笔逐渐被湖笔所取代，湖笔又称湖颖，颖便是其最大的特点。所谓颖，就是指笔头尖端有一段整齐而透明的锋颖。锋颖一般以山羊毛制成，白居易曾以"千万毛中拣一毫"和"毫虽轻，功甚重"来形容制笔技艺的精细和复杂。湖笔不仅具有宣笔的四德，还在此基础上增加了"三义"，"三义"指精、纯、美。"精"指拣、浸、拨、梳、结、配、择、装等多道制造工序都一丝不苟；"纯"指选料严格细腻；"美"指形、色及配合的毛杆、刻书、装潢等高度统一。元代书画家赵孟頫于湖州府任职时，对当地制笔十分重视，有一支不如意也会令其重制。赵孟頫的严格要求，使湖笔在元代时盛行，直至后朝仍为文人所重。令人惋惜的是，因中国近代战乱频频，湖笔的生产难以为继，今时已不似宣笔常用。

宣纸始于唐代，产于泾县，因泾县在唐代隶属宣州，故称宣纸。宣纸易于保存，经久不脆，不易褪色，故有"纸寿千年"的美誉，至今为人们所常用。宣纸根据其纸张洇墨程度，可分为生宣、半熟宣和熟宣。生宣顾名思义，是指没有经过处理的宣纸，其纸吸水性较强，能产生丰富的墨韵变化，泼墨山水多用此纸。熟宣是在生宣的基础上上矾、涂色、洒金、印花、涂蜡、洒云母等，不易洇水，宜于工笔画。半熟宣，则介于熟宣与生宣之间。

中国的书法艺术不仅仅局限于纸和笔，所谓"善书不择笔"，在纸、笔诞生之前中国就已经有了悠久的书法艺术传统。在甲骨文和金文之中，汉字的美感已经初见端倪。

二、书法艺术

中国悠久绚丽的传统文化是汉字书法艺术成长的沃土，自汉代以来汉字已具有完整系统的书法理论，"笔法""字法""章法""墨法""笔势"这一系列专有名词便是古代文人智慧的结晶。

（一）笔法

唐代张怀瓘道"大凡笔法，点画八体"，所谓笔法，就是用笔的方法，"点画八体"则是指根据汉字不同笔画使用不同笔法，亦可以用"永字八法"来概括。"永字八法"相传为东晋王羲之或隋代智永或唐代张旭所创，为书写楷书的基本法则，楷书为正体，因此后人又有将"八法"用来表示书法的代称（图5-3-1）。

图 5-3-1　永字八法示意图

所谓永字八法，就是以"永"的八个笔画：侧、勒、努、趯、策、掠、啄、磔对应不同的书写方法。其点为侧，也就是书写时需要把毛笔的笔锋侧过来，如鸟之幡然侧下；其横为勒，其起笔与收笔均需勒住笔锋，如勒马之用缰；其竖为努，书写时笔锋犹如拉弓射箭，苍劲有力；其钩为趯，其笔画形状犹如长空之新月，跳跃活泼；其提为策，落笔快而有力如策马之用鞭；其撇为掠，落笔要轻柔顺滑，如用篦之掠发；其短撇为啄，如鸟之啄物，落笔迅捷且有力；其捺为磔，裂牲为磔，指落笔之时笔锋开张之意。

（二）章法

汉字书法讲究"书画同源"，如同国画讲究留白以表现山水之美难尽的意蕴，书法中的章法亦是如此。汉字书法作品中，字与字、行与行之间的呼应便是章法，也就是书法中的"布白"。

王羲之的《兰亭集序》因其字皆映带而生，被董其昌赞为古今章法第一，由此可见章法在汉字书法中的重要地位。汉字书法的章法，一般由正文文字入手确定其位置，题目、提名等则居次位，要做到主次分明。正文文字除需醒目之外，还需疏密得宜，布局均匀。作品整体中应开合呼应、参差错落，文字大小得宜。

（三）墨法

古代文人有"墨分五彩"之说，是指墨、水相和洇墨浓度的不同所带来的不同的书写效果，也就是书法中的用墨之法，又称墨法。其五彩，是指用墨的焦、浓、重、淡、清和水的枯、干、渴、润、湿的不同组合，主要有水润墨涨法、破墨法、淡墨法、焦墨法等，书法中较为常用的是焦墨法。"焦墨法"顾名思义就是以干涩枯笔行字，因其运笔速度较慢故能使笔画凝练，比湿笔更能突显汉字书法的苍劲有力。

（四）笔势

笔势是指运笔的风格与姿势，不同汉字书法对笔势有不同的要求。比如隶书要求其朴素，草书要求其不羁，楷书要求其端庄平直，笔势及审美因人而异。

三、书法艺术的功能

汉字在长期的演变过程中，融合了汉民族的文化精神。自有文字以来，书法便成为教育上最重要的学科之一。古人重"六艺"，即礼、乐、射、御、书、数。其中的"书"就是指书法。

（一）可以加强德性修养

法就是楷模，就是标准。历史上著名的书法家创作的作品，成为书法的标杆。同时，他们的人品，也是后世学习的楷模。

"心正则笔直"，说的就是这个道理。写到一横，就有如平直的观念和锻炼；写到一竖，就有如竖直的观念和锻炼；写到一撇，就有丝毫不苟的观念和锻炼；写到一点、钩、折、剔，就有如切如磋、如琢如磨的观念和锻炼。长期练习，就能潜移默化地养成良习。

就临摹字帖而言，我国流传的碑帖及昔人墨迹，皆为贤哲、豪杰、忠臣孝子所书，我们在临摹中必然受到他们事迹的熏陶感染。字如其人，写刚毅凝重的字，为人自然刚毅凝重；写潇洒豪纵的字，为人自然潇洒豪纵。书法修养的功效，从小处言可以正心诚意，从大处言可以继往开来。所以历史上有名的人物，莫不把书法当作有恒的功课，修身的爱好。

（二）有利于训练科学素养

有优美的汉字，自然就有优美的书法。书法讲究结构和运笔，又充满了科学性。字体结构与建筑学相通，面积解析，通于几何学。笔画的长短与字体的分配，必先精心着意，全视面积而定，精美精致，通于绘图学。汉字象形，写马字像马，写虫字像虫。汉字会意，写会意的字，一见便使人心领神会，回味无穷。

（三）有利于强身健体

书法要求有端正的姿态，即头要端正，两臂相平齐，胸张背直，两脚放平。

这样可以使人体肌肉保持舒适状态。楷书的执笔动作，要指实、掌虚、腕平。尽管执笔用的是指尖，但在写字时还需运全身之气至五指以达笔端，如此才能"万毫齐力"。而书写大字时，除了需要提肘悬腕，更需要调动手、腰乃至发挥身体的运动能力。如今的书法场面已越写越大，有双手抱笔的行书，劲发乎腰，以通身之力奔于腕下之笔。每一个大字写罢，书法者都已是大汗淋漓，感觉书法作品的锻炼功效远远胜过一套太极。它自然地可以流动身体气血，调整肌体的各部分机制，运动四肢关节，提高身体新陈代谢，增加抵抗力，更有效地预防慢性病，推迟身体老化过程。

（四）有利于了解中国文化

传世的书法作品，往往与文学、历史紧密相连，比如《兰亭集序》《祭侄文稿》等。因此，可以说，文学是书法最核心的美学元素。

书法是中国文化的重要组成部分，不认识书法，就无法了解中华文化的博大精深，就很难了解自己的文化基因。而不了解自身文化，也就不会珍惜自己的过去，更难展望未来。侯吉谅在《如何看懂书法》一书中提到，中国书法的发展已有几千年历史，关于书法的美学理论，早就形成一个庞大的书法体系，而且成为文化基因的重要组成。不了解书法，就和自己的文化绝缘。

四、书法艺术的美学真谛

汉字书法是艺术思想自由驰骋的产物，而汉字美学的实质就是要为汉字艺术寻找精神性的寄托。而中国书法艺术作品在表达出我国书法家人生感悟的同时，又需要遵循美学的普遍原理与审美基本准则。中国书法艺术作品的审美魅力并不止于文章内涵自身，也在于曲线的起落之间所体现的个人的情绪节律改变。唐代孙过庭曾在《书谱》中说："写《乐毅》则情多怫郁，书《画赞》则意涉瑰奇"，表明书写在截然不同的艺术作品中产生的审美效应也绝不一样。我国书法家们带着生活的温度表达生命体验，或雍容深沉，或清丽简远，或雄奇刚健，都折射出了书法家对大自然、人生的深切感受。那些写作于摩崖、峭壁之上的汉字，历经了千年的磨砺而漫溢、斑驳，它们的残缺形态更折射出我们对生活中永恒美感的向往。书法家们在汉字美学的空间和社会文化时光中流动，更能体会汉字书法的美好景观所在。

五、中国古代的书法美学

中国历史源远流长，历史的厚重感绽放在汉字书法中更为瑰丽多彩。从先秦时期的大篆、小篆，到后来的秦隶、汉隶，东汉魏晋的楷书、行书、草书等字体，汉字书法之美被中国历史赋予了不同的内涵。

（一）甲骨文与金文的美感

古有仓颉造字的传说，《淮南子》载："仓颉作书，而天雨粟，鬼夜哭"，以此来表明文字出现所带来的非凡影响。但上古时期的甲骨文与金文比起这份惊天动地的气势，反而更偏向于古朴平直，大概汉字也在以自己的书法表明，其创造者不是有四目的圣贤仓颉，而是质朴平实的古代人民群众。甲骨文多书写于龟甲、牛肩胛骨上，因甲骨坚硬，文字均钻刻而成，故笔画平直少有装饰，笔法以勾廓为主，以细笔较为多见。龟甲质地坚硬，在甲骨上刻字时转刀很困难，故而多使用单刀法，即一刀一个短直笔画，较长的笔画也多是由数刀接续而成的，这种笔法赋予了甲骨文坚实峻朴、简洁果敢的风格，这种风格在甲骨文早期最为明显。

金文，一般指刻于殷周青铜器上的铭文，也叫钟鼎文。其因铸造工艺的不断进步与各地区特色文化的形成，相较于甲骨文的简朴，其更具特色。甲骨文因其材质所限，以细笔画为主，线条粗细变化不明显，在笔画的两端多呈锐角且较为纤细，而金文的书写材质不再局限于兽骨龟甲，笔画多圆润匀称，起笔、转笔、收笔多为圆笔，且起笔和收笔时具备了藏锋、露锋等丰富的笔法变化，更为雄壮丰满、圆润有力。

（二）秦代篆书的美感

秦朝是中国历史上第一个统一的多民族国家，战国纷乱的局面在秦代走向了终结。在秦始皇书同文的诏令下，战国繁多的字体被整理统一，这称得上是中国古代文化史上的一件大事。许慎在《说文解字·叙》中说："秦书有八体，一曰大篆，二曰小篆，三曰刻符，四曰虫书，五曰摹印，六曰署书，七曰殳书，八曰隶书。"秦书八体或来源于战国时期不同地域，或承载于不同的器物，各有特色，极富美感价值。篆书在字法结构上，脱离了甲骨等硬性材料的限制，字体变得更为疏密有致、方正匀称，在字形上更为注重和谐的美感，字的排列上也更注意字距适中、排列整齐，使整体更为舒朗开阔。

（三）两汉隶书的美感

汉承秦制，如同这个承上启下的朝代一样，汉代的隶书在承载秦朝文字古朴整洁的审美风格之外，有了对美的进一步追求，汉隶笔画中所具的"波磔"之美便是这一追求的最好体现。波磔，"波"谓隶书笔画左行如曲波，"磔"谓右行笔画的笔锋开张，收尾时有形如燕尾的捺笔。

（四）魏晋南北朝行书美感

行书是介于楷书和草书之间的字体，行书之名最早见于西晋卫恒的《四体书势》一文，行书在西汉晚期就已出现，于南北朝盛行一时。行书字体风格多放纵不羁，书写时若行云流水、酣畅淋漓，且放中求收，形容其字体静若处子、动如脱兔，甚为合适。

（五）隋唐五代楷书美感

唐朝是中国古代最为繁盛的时期，唐代的楷书也如同这个辉煌的时代般空前兴盛，有唐一代书家辈出。其中欧阳询的正楷承接汉隶，融以六朝书风，独创一格，被称为欧体。颜真卿则笔法遒劲，其正楷端庄雄伟，影响后世，被称为颜体。此后，柳公权在颜体的基础上进一步发展，其字体均衡硬瘦，与颜真卿并称"颜筋柳骨"。

（六）宋明清的书法美学

提到宋代的书法，就不得不提及名震后世的宋四家——苏、黄、米、蔡，即苏轼、黄庭坚、米芾、蔡京。

明清时期是中国古代文化最后的巅峰，当时理学兴盛，汉字书法也被赋予了"藏理"的需求。因其时书法尚质，书法的载体为当时书家所重视，衍生出帖学和碑学两大门派。帖学主要研究法帖，崇尚魏晋以来的法帖作品，字体追求飘逸、潇洒之美，代表人物有董其昌、张瑞图等。碑学主要研究考订碑刻源流、时代、内容等，崇尚碑刻书法，内有南北之分。碑学强调书法古朴庄重，相较帖学的秀美，更为刚健，代表人物有李瑞清、孙诒经、李文田、陶濬宣、康有为等。

（七）现代汉字书法美学

随着时代的发展变迁，汉字的载体和书写方式都有了极大的改变，但植根于民族灵魂中对汉字美的追求却从未停止，中国的传统的汉字书法在现代仍得到了很好的保留与发展，现今的硬笔书法，也在实用的基础上为汉字书法增添了几分意趣。

现代书法有别于传统书法，在艺术风格和篇章结构上有着自己的创新和突破。首先，现代的书法作品常常打破了线性结构的窠臼，不再遵循依行比格的原则，也不再受限于轴线。欣赏现代的书法作品时，人们更关注作品整体的艺术美感，而不拘泥于字与字的前后顺序。其次，现代书法向国画学习了水分的应用，在创作过程之中极大地发挥了水分的功能，以水分的晕染丰富了作品的表现力，营造出朦胧飘逸的美感。最后，在传统书法的基础上，现代书法家进行了书体的扬弃。为了凸显书法艺术的个人特质，讲究书体严谨的隶书、楷书等书体使用渐少，创作自由、灵活多变的行书、草书受到青睐。在此基础上，有些书法家更进一步深入汉字的象形领域，以甲骨文、金文、篆体书体演绎书法作品，兴起书法领域的"复古"潮流。

六、欣赏书法的三个层次

欣赏书法有三个层次：第一是获得粗略的视觉印象，很多人欣赏书法便只停留在这个层次；第二是辨认书写内容及书写技巧；第三是整体观看，观看什么呢？除了字体、风格，还有行距、字距、天地左右等格式，以及文字和书法的搭配等。

学习书法，应该充分地认识到：书法不只是视觉艺术，还有更为重要的传承文字的、文学的或文化的作用。比如书法往往跟文学紧密相连，现在流传下来的最好的书法作品也是文学作品，如《兰亭集序》《寒食帖》等。

七、书法美的主要特征

（一）书法的文化依存

研究专家们发现在中国山东省临沂市银雀山上有汉简的书作，内容是大多失传已久的古籍，包括了《老子》《孙子》等中国古籍的部分抄本。从宋代开始，诗人地位的提高使得我国书法艺术和古代文化著作的结合越来越密切，显示着汉字书法对中华传统文化文本的对象依存性。

（二）书法的美感呈现

汉字书法颇具美感。正如南朝梁武帝在《答陶弘景论书启》中认为，汉字书法有"肥瘦相和，骨力相称"之美。如果说儒家思想下汉字艺术追求"中和"之美，以此引导人的身心达到和谐统一；那么，道家思想下的汉字书法艺术追求的则是一种自由、古拙、清淡之美。因而，书法艺术是中华文化中一种既富有哲理，又具有美感的艺术形式。

（三）书法的篇章连缀

书法作品是汉字连缀成篇的有机整体。丰子恺在《艺术三昧》一文中曾经专门讨论过书法章法的整体感。他讲："有一次，我看到吴昌硕写的一方字，觉得单看各笔画，并不好；单看各个字、各行字，也并不好。然而看这方字的全体，就觉得有一种说不出的好处……"可见，在汉字书法中，字与字、行与行乃至全篇是一个不可分割的整体，再加上牵丝引带的运用，使整幅作品顾盼生姿，如同音乐一般，给人以整体美感的完美享受。

（四）书法的艺术灵动

书法的灵动特点体现在艺术大家的汉字书写形态中，宛若在颜真卿的字中见出其端庄的神态、在赵孟頫的字中联想到漂亮的妇人形象。行书的书法更具灵动，行书书法将艺术家的整个主体灵性嵌入作品，最直接地影响着艺术阅读的灵魂，能够激发欣赏者对艺术人生的激情和向往，仿佛细腻的情感涤荡着人的心意，给人以优美的肯定的感受与明快的充实。正是在汉字书法的艺术场域，中华文化的灵性与人文的诗意情怀得到完美契合。

八、书法的字体功能及美感

篆、隶、行、草、楷，五体各有其功能，这些功能决定了这五种字体的形象和用法。

小篆是秦朝宰相李斯为了秦始皇统一政令而创制的字体，垂直、水平、等距，不但成为小篆的基本特色，也成为汉字发展极为重要的特点，而且决定了汉字字体的美感原则。小篆字体庄重、大方、严肃，用于政令倡导，效果显著。后代的碑刻，往往在最显著的位置——碑额上，用篆书来刻写标题，使其显得十分庄重，而其他字体并没有这个特点。

隶书本是走卒贩夫所用，是一种在日常生活中实际应用的字体，笔画随意，运笔快速。隶书有速度、节奏、粗细的变化，加上"蚕头雁尾"的笔法，其表现力相比篆书更强，同时也开启了后代的书法艺术。

行草是速写技术应用的产物。行草的出现与发展，意味着书法笔法从隶书的古朴变得更为自由和多变。而毛笔的使用，更加快了这一趋势。行草的线条自由流畅，变化多端，给予书写者更大的表现空间，因而字形结构更美。行草是上至帝王将相，下至走卒贩夫都使用的字体。草书在唐朝有了突破性的发展。由于书写快速，需要精熟的技法与专注的写作状态，因而草书书法往往可以表现出书写者的心理状态。草书应该是所有字体中要求最为严格的，因为，一点一画的结构都不能改变，如转弯的大小、弧度和角度均不可超过字形结构尺度，否则就不能辨认字形，造成阅读困难。一方面，没有纯熟的书写技术写不出草书；另一方面，没有经过一定的训练，也没有办法判断作品的好坏。

字体发展到唐楷，其发展历程也就结束了。楷书字形、结构、笔顺的定位，以及字体的容易辨认性，使得这种字体更容易学习和普及。楷书也就成为后世初学书法的第一选择，楷书的美，也就成为大家认识书法工整、规律美的开始。在普遍使用毛笔书写的时代，楷书的运用并不普遍，仅用于碑文、公告等（后由于书写工具的改变，如钢笔的使用，这一现象才有所改变）。楷书过分强调书法的方法，从而造成了书法与大众的隔阂。

第六章　中华汉字美学特质

本章内容主要讲述了中华汉字美学特质，主要从三方面进行了介绍，分别为中华汉字美学的传承发展、中华汉字的感悟体验美学、中华汉字的艺术设计美学。

第一节　中华汉字美学的传承发展

一、汉字美学的教育传承

中华汉字历来重视汉字美学的传承。鲁迅在谈到汉字之美时认为，"汉字有三美：意美感心，音美感耳，形美感目"。诚然，汉字就是美的载体，笔横万里书卷，千里豪情，书写尽了中华的辽阔和舒展；在万千素静的字体中，透出中华文化性格的坚韧和顽强。每个汉字的教学传承都需要有自身鲜明的个性和色彩，在汉字文化的教育传承过程中，需要把汉字传承教育变成文明传播、审美训练和智慧启蒙的过程，使接受者全面地体验汉字之美，从而实现基于提高汉字素养目的的初始段识字与书写，成为一种汉字审美文化的再创造。

汉字审美文化的鉴赏与创造、文化传承与发展是汉字文化核心素养的重要组成部分，也是汉字语文素养形成的重要标志，国家化的汉语教育尤其要注重对语文核心素养的汉字教育过程。因此，将识字作为语文教学的重要组成部分，在教学中既要注重对中华汉字文化的传承与渗透，使初学者感受到汉字文化之美，也能引导其产生热爱中国语言文字的汉字情怀认同。

二、汉字美学的电子传承

汉字发源于中国象形文字，有着得天独厚的文化审美能力，是一个颇具诗情画意的字体，汉字书法作品将汉字的书写审美美感流传了下来，给后人以美的艺术体验。同时汉字的美学形态中还蕴含着种种哲学意义，是对有限空间的无尽展示，而汉字书法与文化意义的结合又表现了中华文化空间在汉字结构中互不相让的美感平衡。因此，电脑的汉字库并不仅仅是科技产物，是体现人类灵性、艺术性和社会性的综合产物。好的词库不但要做得全，更要再现文字书写的艺术美感。制作电子化的汉字词库时，人面对汉字要坚持谨慎与敬畏的心态。同时，制作词库也需要艰辛与长久的积累过程，需要掌握计算机技能、艺术设计以及拥有丰富文化底蕴的复合型人才与专业性队伍。

从 20 世纪 80 年代初我国的电子印刷和电子排版技术还不强大时，科学家们就着手研究汉字电子化问题。有意思的是，当时的美国硅谷公司对研发中华汉字库还没有浓厚兴趣，不过现在更多的外资文化公司已经十分关注于我国汉字电子化研发，中国汉字电子化成就已广泛影响世界文化发展。目前我国对自身汉字的电子化技术革新还比较滞后，但是方正集团的专家以及清华大学的陈楠等一批研究人员，正在不懈努力地研究汉字艺术设计。中国汉字的文字库产业需要走出模仿复制外国科技、追逐外来的技术潮流的圈子，也必须回头正视自身历史与文化根基，将中华汉字的美感形态展示出来并弘扬下去。汉字电子化建设与中国汉字字库产业都应该共同努力，创造具有高新技术含量、自主知识产权与中华民族历史文化品牌的中国字库产业，使传统悠久的中华汉字文明在网络时代继续弘扬下去，释放新时代强劲的文化活力。

第二节　中华汉字的感悟体验美学

一、在展览中感悟体验汉字的书法美

汉字书法是中华民族文化的标志性字符，是东方文化美术的瑰宝，它独特的美术特质已经被世界上很多的人所喜欢和认可。因此，我国的汉字书法展览一直是世界影响力最强、参加者最多、美术水准最高的书法展事。每年全国各地展出的书法作品多达上百万件，这些书法艺术品或篆刻作品，反映了当今我国书法艺术创造的总体水准和精神风貌。

二、在书写中感悟体验汉字的形体美

在人类创造的整个文字系统中，汉字以其形神兼具的独特之美享誉人类文化史，并流传至今，且越来越散发出迷人的艺术魅力。汉字是中华文化的艺术载体，不但沉淀了中华民族的智慧、中华民族的精神，更汇聚了一个中华民族文化的审美意蕴，所以，我们要在书写的过程中感受汉字的形体美，开展不同群体的汉字书写中，不仅有利于我们在轻松愉悦的氛围中感悟书写的技能，同时有利于体验汉字美感的不同生成过程。

激发兴趣，强化"字美"的体验。汉字是线条组成的具有审美价值的方块字。写字实际上是以点画的轻重、结构的疏密、行笔的徐疾等方法来抒发情感和描写意境的，以其特有的表现形式传达书写者对"字美"的理解和演绎。只有当我们体验到汉字结构的"字美"和意境的"字美"时，才会对汉字书写感兴趣。

三、在观察中感悟体验汉字的象形美

从结构上观察，汉字的创造是在自然物象的自觉感知下，依照自然事物的外在轮廓特点抽象出一个个汉字形体。汉字发明的千百年来，中华文化在不断推移，时代政治在急速发展，汉字也一直在改进，但无论如何改进，汉字象形的造字本体未有改变。因此，我们可以穿梭中华汉字文化史，回溯中华汉字家园，与先民们一同体验相同的象形美。我们可以在日常生活中进行细心观察，形象地感知汉字与自然物象的关系，比如汉字"口、耳、目"和器官口、耳、目的关系，汉字"日、月、火"与自然界日、月、火物象的关系，汉字"羊、鸟、兔"与动物羊、鸟、兔形体的关系。除此之外，我们还可以与历代文人一同进行共同美的想象，从字形想象远古的自然物象，从而体验久远的汉字魅力。比如"米、雨、串、大、山、川、弓、爪、天、王、井、云、凸、凹"等，都可以从字形想象其所表现的远古事物。我们在观察和想象的过程中，不仅可以体验到古今汉字象形的共同美，同时还发展我们对汉字文化的审美想象力。

第三节　中华汉字的艺术设计美学

一、汉字艺术设计的美学特征

（一）汉字视图的形式感

汉字形态的图形审美，是指汉字的外部形体所显示的形式美。这些审美主要表现在汉字的整体形态和个体特征上。这种形状迥异、美轮美奂的汉字形体，让

人有气象万千的感受。但各种汉字的构造有所不同、笔画也不尽相同，从形式学视角出发来看待汉字，可以发现各种汉字均由点与直线所组成。部分汉字在保持了天然界形体之美的时候，还具有协调美和风韵美。汉字具有天然的浑厚神韵，也有其形式的审美内涵。比如说"艹"，凡是含有"艹"的汉字都和植被有一些联系，例如"莜"和"蓿"都是杂草植被。所以汉字是一个富有审美与想象的文字，不仅生动地表达了某种事物，而且还蕴含着物质的精气神。当人类将汉字当作一幅幅活灵活现的图画时，艺术设计创作中需要传达的情感也就可以水到渠成地表达了。而在艺术设计制作中，利用汉字形式的图画美可以将汉字对应的事物形象具体化，给人一种直接的字形画面感，有助于人们体会到汉字设计创作中需要传达的原初情意。

（二）汉字构造的层次感

层次结构之美是汉字形体层次所体现出来的文字美学特征和美学功能。汉字具备着结构鲜明、和谐统一的层次特点，其自身除了对称美、和谐美之外，个性特点也十分明显，从而更加具备书写展示的艺术活力。在汉字艺术设计的不断发展和演化过程中，汉字结构设计出现了一些层次变化，尤其在汉字意蕴不断发展中，字形结构的扩展也越来越凸显了条理性、质地感、重力感，字体的整体重心性更加突出。在进行艺术设计过程中，利用汉字不同结构层次的重心特点，可以更好提升整体的美感设计效果，让汉字设计的时尚效果更加具备新颖性和独特性。商业汉字设计成果对汉字的艺术性、文化性进行综合提高，就会成为商业文化借助汉字传递文明、表达文化、渲染情感的广告媒介。那么，在进行汉字艺术设计时，就可以根据汉字结构层次，利用结构自身的美感形式，进一步提升整体的字形展示效果，从而更好传达前卫审美情感，提升汉字艺术的先锋文化品格。正因如此，汉字艺术设计就也可以加以有效利用汉字自身结构美，从而提升汉字在艺术设计中的整体感，凸显文化表达能力和艺术渲染效果，将汉字艺术设计效果推向商业文化创意的最前沿。

（三）汉字表意的生机感

汉字的生机之美是以点、线为载体，通过审美感受来表达汉字的生命动感、表现性和力量感。汉字并不若绘画、雕刻等一样具备事物形象的艺术再现能力，但汉字利用各种字体、各种风格的章法布置以及总体气韵，来展现变化的生机勃勃之感。而汉字在书写中往往利用静止的点、线来表达出如叔本华所谓动态的生机意志，及其所蕴含的自然形态之美与社会意义之美。如甲骨文"雨"代表从云层连绵不绝地降下的水滴；金文"步"代表正在行走的脚掌形式；篆书"川"则代表液体上下流泻的动感，这些文字都很生动活泼地表现了汉字的字义和律动之美。用汉字简单、明了、生动的点、线条，将人与自然的关系表达得非常生动而又特征明显的方式，正是艺术设计所需要的生机之美。

汉字通过长期笔墨式的书体表达，已具备了生机之美的特点。几千年来，中国书法家们创造了仪态万千、风韵万种的富有生机之美的艺术作品，如初唐以前"书贵瘦硬方通神"，中唐以后"丰腴雄浑才传意"的旋律美。当然，汉字笔画自身也富有强烈的生机感。点、横、竖、撇、捺、折、弯、勾等在方块汉字内部产生了微妙的变化节奏，蕴藏着多少、刚柔、重轻、起伏、呼应等的对立统一，通过字体书写的收、放、急、慢、转、停、提、按产生无穷的笔墨情趣，从而达到了一种无声胜有声、以静制动的艺术声韵之美。可以说，生机感是书法家毕生追求的艺术美感境界。

二、汉字形态在艺术设计中的美学功能

（一）审美文化传播

在近年才兴起的汉字艺术设计领域，各种汉字载体都传递着汉字文化美感。汉字形态在艺术设计中的视觉传递效果是十分明显的。汉字艺术设计形式的美感特征丰富而多彩，在文化交际中具有精准性、直观性、情感化、趣味性、时尚性、民族性等特点，从而具备现代审美文化传播的商业功效。而上述特征可以互相补充印证，充分利用汉字形式设计中字形、字义与时尚艺术的融合，将字形设计所传达的商业文化信息精准、全面地传递给大众消费群体。

（二）视觉审美愉悦

在汉字艺术设计中，文字的选择与设置是必不可少的，这主要由于文字本身具有特定的感情色彩，能够带给人一种艺术快感。现代汉字从形态、审美价值上都在不断地发展中，渗透到了商业艺术设计的各个领域，逐渐形成了一个充满意趣与艺术感染力的设计文化产业。不同审美风格的汉字设计，在构造质地变换、笔画变异、形状变换、色彩变幻等方面，都会给人一种不同的前卫视觉愉悦。

（三）时尚审美消费

　　由于生存条件的逐渐提高，人类的消费观开始从单一的物体购买消费变为了文化精神购买消费。在平面绘画设计、产品、环保设计等文化艺术应用领域，都运用汉字的美感功能来满足消费群体的心灵需要，从而激发消费群体的购物欲。通过艺术设计的汉字美感形式也渗透到了消费文化的艺术载体中，对消费群体的动员效果也不可小觑。字形设计对消费群体的时尚心理有着直接的冲击，消费者群体对各种汉字字形都有着不同的审美感觉，从而情不自禁地对其加以对比与分类。而随着消费者群体心理审美水准的日益提升，通过汉字形体美感带动文化消费效果也就越来越突出。因此，汉字形体美感既具有激发消费者群体购物欲的功用，也具有广泛的审美文化市场拓展功能。

参 考 文 献

[1] 李学勤，李明君. 中国汉字美学史 [M]. 深圳：海天出版社，2019.

[2] 萧兵. 汉字与美学 [M]. 西安：陕西师范大学出版社，2019.

[3] 杨爱姣. 汉字与审美 [M]. 广州：暨南大学出版社，2019.

[4] 李守奎. 汉字为什么这么美 [M]. 西安：陕西师范大学出版社，2019.

[5] 骆冬青. 文艺美学的汉字学转向 [M]. 北京：商务印书馆，2017.

[6] 顾易，张中之. 汉字美学 [M]. 广州：广东教育出版社，2017.

[7] 王悦欣. 汉字审美与文化传播 [M]. 北京：人民出版社，2015.

[8]（日）杉浦康平. 文字的力与美 [M]. 北京：北京联合出版公司，2014.

[9] 童振华. 中国文字的演变 [M]. 北京：生活·读书·新知三联书店，2012.

[10] 曹伯韩. 中国文字的演变 [M]. 北京：首都经济贸易大学出版社，2012.

[11] 王建忠. 汉字美学浅谈 [M]. 沈阳：白山出版社，2011.

[12] 刘钊. 古文字构形学 [M]. 福州：福建人民出版社，2011.

[13] 邵英. 古文字形体考古研究 [M]. 北京：科学出版社，2010.

[14] 中国文字博物馆. 中国文字博物馆 [M]. 北京：文物出版社，2010.

[15] 李圃. 古文字释要 [M]. 上海：上海教育出版社，2010.

[16] 聂鸿音. 中国多文字时代的历史文献研究 [M]. 北京：社会科学文献出版社，
    2010.

[17] 沧浪. 汉字的魅力 [M]. 北京：中国妇女出版社，2010.

[18] 徐中舒. 汉语古文字字形表 [M]. 北京：中华书局，2010.

[19] 陈原川. 文字创意设计 [M]. 北京：中国建筑工业出版社，2009.

[20] 陈彬和. 中国文字与书法 [M]. 长春：时代文艺出版社，2009.

[21] 戴庆厦. 中国少数民族语言文字 [M]. 北京：语文出版社，2009.

[22] 于省吾. 甲骨文字释林 [M]. 北京：中华书局，2009.

[23] 蒋勋. 汉字书法之美 [M]. 桂林：广西师范大学出版社，2009.

[24] 周有光. 汉字和文化问题 [M]. 北京：人民文学出版社，2009.

[25] 陈彬龢. 中国文字与书法 [M]. 上海：上海古籍出版社，2009.

[26] 叶玉英. 古文字构形与上古音研究 [M]. 厦门：厦门大学出版社，2009.

[27] 拱玉书. 苏美尔、埃及及中国古文字比较研究 [M]. 北京：科学出版社，2009.

[28] 商承祚. 甲骨文字研究 [M]. 天津：天津古籍出版社，2008.

[29] 史金波. 中国历代民族古文字文献探幽 [M]. 北京：中华书局，2008.

[30] 王晟. 魅力文字 [M]. 北京：金盾出版社，2008.

[31] 洪飏. 古文字考释通假关系研究 [M]. 福州：福建人民出版社，2008.

[32] 黄德宽. 古文字谱系疏证 [M]. 北京：商务印书馆，2007.

[33] 王元鹿. 中国文字家族 [M]. 郑州：大象出版社，2007.

[34] 殷寄明. 现代汉语文字学 [M]. 上海：复旦大学出版社，2007.

[35] 段石羽. 汉字中的中国古代哲学思想 [M]. 乌鲁木齐：新疆人民出版社，2006.

[36] 佟乐泉. 中国语言文字使用情况调查资料 [M]. 北京：语文出版社，2006.

[37] 王宁. 甲骨文字构形系统研究 [M]. 上海：上海教育出版社，2006.

[38] 曹念明. 文字哲学 [M]. 成都：巴蜀书社，2006.

[39] 方国瑜，和志武. 纳西象形文字谱 [M]. 昆明：云南人民出版社，2005.

[40] 宋均芬. 汉语文字学 [M]. 北京：北京大学出版社，2005.

[41] 何琳仪. 战国文字通论 [M]. 南京：江苏教育出版社，2003.

[42] 王锋. 从汉字到汉字系文字——汉字文化圈文字研究 [M]. 北京：民族出版社，2003.

[43] 张懋镕. 古文字与青铜器论集 [C]. 北京：科学出版社，2002.

[44] 李乐毅. 汉字演变五百例 [M]. 北京：北京语言大学出版社，2002.

[45] 董明. 古代汉语汉字对外传播史 [M]. 北京：中国大百科全书出版社，2002.

[46] 陆锡兴. 汉字传播史 [M]. 北京：语文出版社，2002.

[47] 李万春. 汉字与民俗 [M]. 昆明：云南教育出版社，2002.

[48] 邓和. 中国文字结构选解 [M]. 北京：学苑出版社，2002.

[49] 郝茂. 秦简文字系统之研究 [M]. 乌鲁木齐：新疆大学出版社，2001.

[50] 王有亮. 汉语美学 [M]. 北京：大众文艺出版社，1999.

[51] 胡朴安. 中国文字学史 [M]. 北京：商务印书馆，1999.

[52] 臧克和. 汉字单位观念史考述 [M]. 上海：学林出版社，1998.

[53] 孟世凯. 中国文字发展史 [M]. 台北：文津出版社，1996.

[54] 王均. 当代中国的文字改革 [M]. 北京：当代中国出版社，1995.

[55] 陈永舜. 汉字改革史纲 [M]. 长春：吉林大学出版社，1992.

[56] 康殷. 文字源流浅说 [M]. 北京：国际文化出版公司，1992.

[57] 许逸之. 中国文字结构说汇 [M]. 台北：台湾商务印书馆，1991.

[58] 孙钧锡. 中国汉字学史 [M]. 北京：学苑出版社，1991.

[59] 周有光. 人类文字浅说 [M]. 北京：人民文学出版社，1990.

[60] 臧克和. 汉语文字与审美心理 [M]. 上海：学林出版社，1990.

[61] 刘翔. 商周古文字读本 [M]. 北京：语文出版社，1989.

[62] 高明. 中国古文字学通论 [M]. 北京：文物出版社，1987.

[63]（苏）伊斯特林. 文字的产生和发展 [M]. 北京：北京大学出版社，1987.

[64] 中国民族古文字研究会. 中国民族古文字研究 [M]. 北京：中国社会科学出版社，1984.

[65] 丁易. 中国文字与中国社会 [M]. 重庆：中外出版社，1951.

[66] 南晓民，罗爱军. 古汉字里的"开口字形" [J]. 华夏文化，2012，（01）：23-24.

[67] 李都荣. 从古汉字透视女性的"女奴"时代 [J]. 太原大学学报，2011，12（01）：49-52.

[68] 罗亚丽. 古代农耕对古汉字创制的影响 [J]. 大众文艺，2010，（12）：102-103.

[69] 许念一. 古汉字的"网络新生" [J]. 现代语文（语言研究版），2010，（10）：141-143.

[70] 沙宗元. "古文""古文字"与"古汉字"辨析 [J]. 科技术语研究，2006，（04）：45-47.

[71] 陈永生. 古汉字形声字与圣书字形声字的声旁对比 [J]. 科技信息，2006，（01）：63+61.

[72] 李宾. 古汉字下行、左行行款探源 [J]. 菏泽学院学报，2007，（04）：102-105.

[73] 杜琬晴，闫家馨，王一，刘浩歌，尹笑玉，贺娟. 古汉字构形释义法——理解《黄帝内经》术语的新思路 [J]. 北京中医药大学学报，2017，40（08）：626-629.

[74] 陆跃升. 论古汉字的构形意象对古代文明的诠释 [J]. 赤峰学院学报，2011，32（08）：190-191.

[75] 董莲池. 古汉字形义探索三篇 [J]. 中国文字研究, 2005, (00): 11-13.

[76] 金理新. 古汉字与古汉语的音节结构 [J]. 语文研究, 1999, (03): 32-36.

[77] 马海江. 古汉字中象意造字法构形特点新探 [J]. 东北师大学报, 2005, (06): 109-113.

[78] 方拥. 形胜概念在若干古汉字中的痕迹 [J]. 新建筑, 2002, (01): 74-75.

[79] 张素凤, 孙文莲. 论古汉字构形变化的规律 [J]. 河北学刊, 2007, (02): 206-209.

[80] 郝士宏. 古汉字同源分化研究 [D]. 合肥: 安徽大学, 2002.

[81] 沙宗元. 古汉字字形讹变现象初探 [D]. 合肥: 安徽大学, 2001.

[82] 刘靖年. 汉字结构研究 [D]. 长春: 吉林大学, 2011.

[83] 王宁. 汉字的优化与简化 [J]. 中国社会科学, 1991, (01): 69-80.

[84] 谭力海, 彭聃龄. 汉字的视觉识别过程: 对形码和音码作用的考察 [J]. 心理学报, 1991, (03): 272-278.

[85] 韩布新. 汉字识别中部件的频率效应 [J]. 心理科学, 1998, (03): 193-195+286.

[86] 李大遂. 汉字的系统性与汉字认知 [J]. 暨南大学华文学院学报, 2006, (01): 13-21.

[87] 施正宇. 现代汉字的几何性质及其在汉字教学中的意义 [J]. 语言文字应用, 1998, (04): 62-68.

[88] 张武田, 冯玲. 关于汉字识别加工单位的研究 [J]. 心理学报, 1992, (04): 379-385.

[89] 施正宇. 论汉字能力 [J]. 世界汉语教学, 1999, (02): 87-93.

[90] 万业馨. 从汉字识别谈汉字与汉字认知的综合研究 [J]. 语言教学与研究, 2003, (02): 72-79.

[91] 王宁. 系统论与汉字构形学的创建 [J]. 暨南学报 (哲学社会科学), 2000, (02): 15-21.

[92] 冯丽萍. 汉字认知规律研究综述 [J]. 世界汉语教学, 1998, (03): 97-103.

[93] 丁晓青. 汉字识别研究的回顾 [J]. 电子学报, 2002, (09): 1364-1368.

[94] 费锦昌. 现代汉字部件探究 [J]. 语言文字应用, 1996, (02): 20-26+113.

后　记

　　2019 年的初秋，在陕西师范大学校园遇到一位汉语研究学者，神聊中他推荐我写一本"中华汉字文化海外传播"方面的书。激动之余，我搜集了很多材料后，觉得海外传播问题的解决应该首先建基于中华汉字文化的基础认知。继续翻阅大量未曾涉足的书籍，仿佛在万花筒里确立核心，迷惑不已中，书稿写了个框架和部分章节，临近年末，大雪纷飞中搁笔了。随后 2020 年接续写了诸多的汉字文化常识，便感觉写书的工作实在是进行不下去。十分巧合的是，学校在 2021 年初夏筹备成立汉字研究中心，大家推荐我去中心做一些工作，同时武汉的一家大型"国际"文化企业也同意由我承担汉字研究的一项课题合作。于是，作为项目任务，继续这一写作……虽然是学习中文出身，然而，从事汉字基础研究并不是我一贯的主攻方向，只好一边写一边查阅文献，进行学术走访。一次在同某位资深专家从"学习书院"散步归来的路上，闲谈汉字研究的"会议纪要"时，我问他："如果《汉字研究问题的会议纪要》要记录讨论汉字史研究的基本架构，这个框架是啥？"他当即回复说："汉字系统。"我一愣，心想这"系统"二字不正是可以从美学角度系统总结一下汉字承载中华文化审美观念的形态和"谱系"吗？这样，在系统论的视角下，以美学学理为切入点，撰写"汉字美学"的工作便夜以继日。其间，也曾因为其他工作的打扰而间隔进行，因此，书写的思绪和材料的表述显得条块化特点比较突出，再加上汉字文化的系统也着实是十分庞大，致使许多地方的探索都没有深入展开，一些观点的表达和材料的使用也有不完善的情况。但是，对于汉字文化谱系的建构并以此对汉字审美特点的表达应该是贯彻本书的重要特点。

　　转眼间，2022 年的初夏就要到了，《中华汉字系统及其美学特质》一书的撰写终于在汉字研究中心筹划成立一周年之际收尾了。可以说，本书是以承担的横向课题"汉字与红色文化教育技术服务"为指导而进行撰写的阶段性成果。本书在撰写、修改过程中，得到中心各位同志的指点和帮助，也得到了学界许多专家学者的关注，同时，也参阅了诸多专家的大量相关文献，没有这些基础文献的支撑，就不会有本书系统架构的整体呈现，在此一并致谢；但是，书中仍然有诸多缺憾，例如"汉字教育系统的呈现"，因为工作量太大，只好留在下次修订时进行了。

作者

2022 年 3 月于萃园滨河宅